Introduction to Production Management

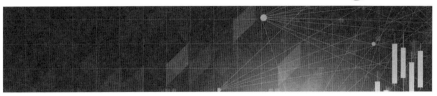

生産マネジメント論

具　承桓［編］
KU Seunghwan

辺　成祐／安酸建二［著］
BYUN Sungwoo　YASUKATA Kenji

JN063860

法律文化社

はしがき

　再び製造業が注目される今日である。

　人類の営みが始まって以来，生産活動やそのアウトプットは国家や地域の覇権の入れ替わりや，世界経済の変貌を左右してきたと言っても過言ではない。たとえば香辛料，砂糖，コーヒー，綿織物，鉄などがその代表的なものであった。今日では半導体やバッテリーなどがその座を占めているように見える。

　今日，生産活動をめぐる目覚ましい変革が起きている。当たり前だった日常が，実はそうではないことを自覚させたコロナ禍の中で起きたサプライチェーンの寸断。また，未来の国家競争力を左右する半導体やバッテリー，5G通信，次世代モビリティ，ロボット，AI（人工知能），クラウド産業などをめぐる技術覇権争いが本格化している。デジタル産業に高いプレゼンスを有する米国さえ，自国製造業の復活とともに海外からの製造企業誘致にも積極的である。さらに，ウクライナの戦争や米中の覇権争い，紛争などの地政学的リスクが重なり，これまで世界経済発展の原動力となっていた自由貿易に変化の兆しがみられ，自国優先主義に立った製造業の強化が行われつつある。

　こうした世界の流れの中で，日本の状況はどうだろうか。

　ものづくり大国といわれる日本の製造業の競争力は，労働生産性の低迷に見るように，今日その存在感が薄まっている。再び製造業を軸に競争力向上を図るには，デジタル時代のものづくりに合致した人材育成が不可欠である。本書がテーマとする「生産マネジメント論（または生産管理論）」の学びが必須となる。

　本書のテーマである生産マネジメント論は，経営学の誕生と軌跡を共にする古い学問分野である。日本の大学では，古くから生産マネジメント論が中核的な科目として位置付けられていた。しかし，時代の変貌と日本の製造業のプレゼンスの変化とともに，同分野への世間や，研究者，学生の関心も低下した。

　この分野では，これまで数多くのテキストが出版されてきた。現在の代表的なテキストであっても，刊行から年月を経たものが多い。生産マネジメントの

本質を学ぶには問題ないかも知れないが，デジタル時代の若者がそれを学ぶには問題があると思われる。これまでのテキストは，品質，コスト，納期といったキーパフォーマンスに過度な重点を置いていたり，管理ルーチンの部分的な解説に留まっているものが多かった。また，日本企業の成長期を背景とするものが多く，今日の状況を反映しつつ，デジタル技術の革新性と利活用問題に十分に触れていない。さらに，従来のテキストを実務の世界からみると，生産マネジメントの全体図や流れを理解する上では限界があると思われる。

そこで本書は，いま，生産マネジメントを学ぶ読者に役立つこと念頭に，以下のような構成・特徴を備える教科書として企画している。

①ものづくりの本質が「淀みのない流れつくり」であるという観点に立ち，世界の標準的なテキストも参考にしながら，生産マネジメントの範囲と全体の流れを描き，実際の仕事の順序に沿う形で章の構成をしている。

②生産およびサービスの現場で必要とされる主要な概念と考え方，デジタル化を含む新技術の応用および企業の課題などを取り扱っている。

③原価計算と原価管理の仕組み，生産活動と密接な関係にあるサプライチェーン・マネジメント分野の最新の研究成果，そしてデジタル化や第4次産業革命，スマートファクトリーなど，今日の生産現場および企業が直面しているデジタル技術の活用などに関する最新事例とそれに関連する諸課題を扱っている。

④さらに、原価管理においても、単なる管理目標と改善活動だけではなく、原価計算と原価管理の仕組みなどを加え，生産の流れと管理目標，特に原価との関連性を考える構成にしている。

本書は，文理系の出身を問わず，生産マネジメント論に興味のある大学生や一般，企業人などを対象に執筆したものである。変革の時代に，生産（サービス）現場の競争力を高めつつ，デジタル化の波に遅れない現場のマネジメントのあり方と生産戦略の構想，現場の状況の理解・改善を試みる読者に，役立つ一冊になれば幸甚である。

2024年2月吉日

著者一同

目　次

序 章 生産マネジメントの定義と範囲

　　　毎日使っている製品の多くは，工場で生産活動を通じて生まれたもの(人工物)です。この世に数えきれないほどの製品が存在しており，生産プロセスも多様です。しかしながら，その生産活動の流れや管理対象は共通するものが多いのです。本章では，生産活動を担う企業組織の一般的な生産プロセスと視点，生産活動が有する戦略的意義について解説します。また，「生産マネジメント」を学ぶ意義を明確にするため，近年の日本経済，製造業の現状，環境変化，直面している問題・課題などについて確認した上で，生産マネジメントの対象と範囲，学ぶ意義について考えます。

Keywords▶生産プロセス，インプット，変換プロセス，アウトプット，オープン・システム，国家競争力，生産性，3M，生産，製造

第1節　人工物の一般的な生産プロセス

［1］日常生活の人工物と生産プロセス

　われわれは電車，航空機，自動車，船舶，パーソナルコンピュータ（PC），スマートフォン，電球，書籍，建物，炊飯器，洗濯機，冷蔵庫，テレビ，カップ麺，ビール，お皿等々，数えきれないほどのもの（人工物：artificial）を利用しながら生活を営んでいる。人類の歴史は「人工物」の創造と進化の歴史として捉えることができる。人工物は，制度や法律，儀式などの無形の人工物と，モノとしての具体的な形のある有形人工物に分けられる。市場などで取引される有形人工物を，「製品（product）」という。本章の対象となるのは主に製品である。

　製品は，「工場」で造られ，トラック，船舶，航空機などの輸送手段を通じ

2

図序-1　インプット―変換プロセス―アウトプット

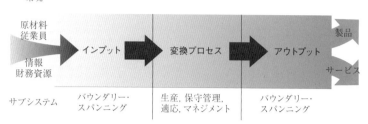

（出所）　Daft, R. L. (2001) *Essentials of organization theory & design. 2ⁿᵈ ed.*, South-Western College Publishing, p. 7 を一部改変。

て販売店や設置場所，事業所に搬送された後，顧客に販売され，消費されるという流れをたどる。一般的な製品の生産プロセスは，顧客のニーズの探索から始まり，製品の企画・設計，必要な材料や部品の調達，組立や加工に必要な機械や道具の準備，加工技術を選択し，設計図面通りに完成品として具現化していくプロセスである。言い換えると，顧客が望む機能や形状（構造）を反映した製品企画・イメージ（コンセプト）から，材料や部品の加工・変換プロセスを経て製品が製造される。

　工場で製造される製品とは少し違うように捉えられる橋や建物のような建造物の場合も，機材，部品，材料の調達が必要となるし，建造物の一部は工場で生産された後，設置場所に運搬され，組み立てられることが大半である。建造物の生産プロセスも，一般的な製品づくりとそれほど変わらない。

［2］　生産プロセスの一般化

　上記に述べた生産活動プロセスを，一般化された分析枠組みを用いて解説しよう。生産プロセスは，「インプット―変換プロセス―アウトプット」という3つのプロセスとして把握できる（**図序-1**）。この考え方は工学系の世界では一般的に採用されているが，製品づくりを担っている企業組織に重なる部分も多い（中岡，1971）。ここでは，製造業に焦点を当てて解説する。

　・インプット：従業員（労働力），設備・機械，部品，材料，情報，エネルギーなどに加えて財源資源（金）と市場情報が含まれる。企業にとってインプッ

ト活動は購買および雇用契約，教育訓練，財務などがある。

・変換プロセス：プラスチックや鉄板，アルミ，ゴム，皮，ガラス，繊維などの多様な材料を選別，活用し，熱や圧力，冷却，混合，分解などを加え，その形を変形させたり，組み合わせたり，融合したりしながら作っていく，製造活動を指す。主に製造業は，この変換プロセスの特徴によって大きく加工組立産業とプロセス産業に分けられる。

・アウトプット：製品やサービスを市場へ運搬，販売する活動を指す。

　図序-1に示したように，インプットは，変換プロセスに必要な経営資源を動員，投入，配置することを指す。主要なインプットには，設備・機械，部品，材料，エネルギーなどの物的資源，そして従業員の雇用，契約，教育活動などの人的資源が含まれる。物的・人的資源の安定供給と質のレベルは，変換プロセスに大きく影響すると同時に，アウトプットのパフォーマンスにも影響する。人的資源の場合，多様な技術や科学知識を有する労働力の量や質（教育水準，熟練度など）が重要となる。

　次に，変換プロセスは実際にインプットを用いてアウトプットに変える製造プロセスを指す。つまり，作業員が機械や道具などを使い，材料や部品を加工，組立し，製品コンセプトを具体的な形に変換するプロセスである。その際，どのような順序でものを作るのか，またどのくらいの仕事量をどのように分業し，どこで遂行するかを決めなければならない。また，どこに，どのような設備や機械を置き，どの企業から材料や部品などを調達するのか。さらには，工場で生産された完成品を，どのような手段で搬出するのかなどに関するデザインが求められる。

　そして，製造プロセスが円滑に回るためには，インプットの質や特性を見極めたり，適時に必要なヒトや材料，部品，装置を調達することができる組織の仕組みと体制，その管理活動が必要となる。さらに，機械と装置，材料・部品の調達と管理をいかに効率的に行うのかに関する購買（調達）活動が重要でもある。つまり，適切な価格と品質で部品や材料を供給できる企業（サプライヤーと呼ぶ）の探索と確保が，変換プロセスの持続性という側面では極めて重要である。

　この変換プロセスの管理においては，需要量に応じた生産量や生産品目が実

4

現されているか否かをモニタリングする業務が必要である。生産後にも，空間的に分散している市場の需要量に応じて，企業は完成された生産物を運ぶ手段や方法などを選び，適時に届けることが求められる。また，当該生産現場に，必要な材料や部材の量，労働者数に関する適切な量を算出し，それを購入・調達し，投入する計画を立てることも不可欠である。その上，効率よく効果的に活動を遂行しなければならない。こうした製造プロセスにかかわる活動をいかに効率的かつ効果的に行うかが変換プロセスの中身であり，それが競争力につながる。

　最後に，アウトプットとは，産出物である。変換プロセスを経て完成された製品やサービス，そしてそれらを顧客に提供し，販売を促す一連の活動が含まれる。また，変換プロセスの副産物として，生産ノウハウが蓄積されることにも注意すべきである。蓄積された生産ノウハウは，企業の競争力に長期的な影響を与える。

　以上の3つのプロセス（インプット，変換プロセス，アウトプット）において，共通する活動がある。それは，部品や材料，設備などのモノに関する情報と移動，そして受発注，販売などに関する情報の組織間共有活動である。つまり，変換プロセスにおいては，工場内での様々な物品や材料の移動や運搬作業が，インプットとアウトプットの両方において行われているのである。

第2節　企業における生産活動

　　1　企業と外部とのつながり

　先に説明した3つのプロセスは，組織をどのように捉えるのかというシステム観に通じる。

　企業を効率的に営むためには，自組織内部の組織設計や生産活動の効率化を工夫するだけでは不十分である。なぜなら，企業は外部環境（技術，市場，為替，規制，制度，労働市場，貿易摩擦，外交トラブル，社会的要請等）の影響を受ける。そのため，これらの外部環境と相互作用しながら，柔軟に対応することで，組織は存続と成長が可能である。こうした考えは，「オープン・システム（open system）」としての組織観である（Daft, 2001）[1]。

　企業組織をシステムとして捉え，その特性が「オープン」性を有していることは，生産活動と関連して2つの意味を内包している。

　1つは，生産プロセスにおいて，組織間に相互依存性があることである。企業の外部から材料や労働（従業員），資本，情報などを取り入れ，自社内活動を通じて変換（加工・組立など）するプロセスを経て，企業外部にアウトプットしている。自社の組織の力だけではすべての業務や機能を果たすことはできない。あらゆる企業は，社会的な分業構造の中で様々な業務や諸機能，必要な資源を，自社以外のところに依存しており，外部の多様な環境や組織と相互依存関係にあることを意味する。

　もう1つは，企業は自らを取り巻く環境と相互作用することである。外部環境は多様な経路から企業活動に影響を与える。逆に，企業は，新しい技術の創出などにより制度や規制を変えたり，消費者の行動に影響を与えたりすることができる。外部環境の変化に適応したり，働きかけたりしながら，相互作用する関係にあるのである。

［ 2 ］ 企業組織の生産機能と不確実性

　管理過程論を提唱したA.ファヨール（Fayol, 1917）によると，企業組織の諸機能は次の6つがある。その6つの機能とは，①技術活動(生産，製造，加工)，②商業活動（購買，売買，交換），③財務活動（資本の調達・運用），④保全活動（設備および従業員の保護），⑤会計活動（財産目録，貸借対照表，原価，統計など），⑥管理活動（計画，組織，指揮，調整および統制）である。彼はこれらの機能を計画，組織化，指揮し，調整・統制するという意味での管理（マネジメント）の必要性を主張した。これはほとんどの企業活動に当てはまる。

　彼が1番目に指摘した技術活動は，メーカーにとって基礎的な活動であるが，ほかの諸活動と緊密な関係をもっているため，他の活動との協同が求められる。たとえば，生産活動に必要なインプットの購入や生産活動から生み出されるアウトプットの販売は商業活動に依存している。また，商業活動は金銭的な取引を伴うため，取引の結果を記録し管理する会計活動と相互関連する。

　一方，企業活動は計画通りにいかない場面に直面することがしばしばある。予想外や想定外のことがよく起こる。これを「不確実性」という。企業を取り

巻く不確実性は多様である。たとえば，政治リスク，自然災害，伝染病，市場ニーズ，技術，労働市場（労働力の質と量，賃金など），競争環境，規制，制度，エネルギー資源の供給状況などの予期せぬ出来事や変化がある。予期せぬ外部環境変化は，企業の諸活動に大きな影響を与える。とりわけ，近年の不確実性の増大は製造プロセスに大きな影響を与える。よって，環境変化に柔軟かつ迅速に対応できる生産能力を組織は備えなければならない。

　ところが，製品の企画から完成品が出来上がるまでの現実のプロセスは簡単ではない。人的・物的資源，財務状況などの制約条件と，市場，技術，生産戦略などの方向性によって，各々企業の生産プロセスに相違が生じ，それが競争力を左右することになる。次の節では，日本経済および製造業の現状について見てみよう。

第3節　日本の製造業の現状と競争力，そして「生産」

1 日本経済および企業の戦後史

　日本の経済成長史において，製造業が果たした役割と貢献は大きいといって過言ではない。「モノづくりの日本」という言葉が多くの書籍や雑誌の表紙を飾っていることがそれを物語る。

　しかし，急速な技術転換と世界情勢の変化の中で，現在も日本は昔の栄光を維持しているのだろうか。今日の経営課題を明確にするためには，これまでの経緯や歴史を確認することが重要であろう。そこで，簡単に戦後の日本経済や企業の変化について振り返っておこう。

　1945年の終戦直後，日本経済は産業基盤の破壊，資源不足といった状況に加えて，GHQ（連合国軍最高司令官総司令部）の様々な産業・操業規制によって，日本企業はひん死状態に陥っていた。たとえば，現在，世界的なトップメーカーであるトヨタ自動車も，戦後直後には市場需要の壊滅，資源不足に苦しみ，本業とは異なる衣食住を中心に事業再建を模索せざるをえなかった時期があったという（トヨタグループ史編纂委員会，2005）。

　こうした状況が一変したのは1950年6月に勃発した朝鮮戦争であった。米国から朝鮮半島への軍事物資の輸送には時間がかかるため，地理的な条件上，日

本で物資を生産し調達した方が米軍にとって効率的である。そこで，GHQ は産業や企業に対する多くの生産規制を解除したのである。これが日本経済復興のきっかけとなった。その後，日本経済は 2 桁の経済成長率を誇るところまで回復した。世界不況を引き起こした1970年代の 2 度のオイルショック期間中と1980年代にも，日本経済は年 6 〜 8 ％の堅調な経済成長率（1970〜80年代）を見せる。

　日本企業は，欧米の先進国企業からの技術導入，製品の模倣と学習を通じて，技術力を高め，製品および生産イノベーションを行いつつ，国際競争力を高めた。同時に，日本企業は絶えず技術革新を行った。世界に名を誇る企業が成長したのもこの時期である。その中には，重工業中心とした財閥系企業もあったが，ソニーやオムロン，京セラ，カシオ，日本電産など，戦後に設立され，ベンチャー企業として飛躍的な成長遂げた企業も少なくない。これらの企業が世界の舞台で注目を集めたのはイノベーションの成果があったからである。1960〜70年に起きたトランジスターから IC（Integrated Circuit, 集積回路）への技術転換やオイルショックによる省エネへの市場ニーズの変化の中，日本企業は「小型化・軽量化」を軸に製品イノベーションを活発に行った。また，製造現場におけるイノベーションも持続的に行われ，生産性を高めていた。こうした取組みは業界全体に広がった。

　日本特有ともいわれる強い製造現場を構築し，国際競争力を高める努力と取組みが行われた。企業レベルでは，ものづくり現場での改善活動による持続的なイノベーション，高い品質の革新的な製品イノベーションが高経済成長率と輸出をけん引した。全社的品質管理（TQC：Total Quality Control）と呼ばれる品質管理が生産性本部のバックアップもあって全国の企業で展開された。これらの背後には，護送船団方式を標榜した政府の産業政策と支援があった。日本企業と日本経済の飛躍的な成長ぶりとその要因については，米国の社会学者エズラ・ヴォーゲルによる著書『ジャパン・アズ・ナンバーワン』（Vogel, 1979）にまとめられ，同書は世界的なベストセラーになるほど全世界の関心を引いた。

　製造現場におけるイノベーションの好例としては，ロボットの導入が挙げられる。1960年代にノキアによって開発された産業用ロボットを，日本企業は製

造工程に積極的に導入した。その結果，自動車産業をはじめとする日本の製造業は欧米の製造強国にキャッチアップし，高い国際競争力を誇るポジションにまで成長することができた。日本の自動車メーカーは，溶接や組立，搬送工程にアームロボットを積極的に導入し，生産性を高め，国際競争力が向上した。ロボットの導入は省人化を促すが，製造業は輸出増加による産業（規模）の成長を背景に，雇用も拡大されるようになった。同時に日本では，産業用ロボット産業が形成されたのである。

　逆に，産業革命以後世界の工場だった英国の場合，ロボット導入をめぐって労使が激しく対立し，導入を見送った結果，自動化や生産性向上に遅れをとることになった。世界の工場という地位を誇っていた英国の製造業は徐々に国際競争力を失ってしまった。このように，技術の変わり目に，どのように認識し，行動をとるかは企業競争力と産業のあり方，さらには国家競争力に大きな影響を与えることがわかる。

　一方，日本経済・企業の飛躍的な発展は，必然的に米国企業との競争激化と対立につながった。日本企業は大きく2つの問題に直面することになった。

　1つは，日本（企業）に対する危機感を覚える米国政府が，1980年代前半より保護主義に舵を切り，米国輸出が多かった日本は貿易摩擦に直面するようになったことである。特に，対米輸出主力品目，すなわち自動車，鋼鈑，繊維，機械，半導体，コンピュータなどの関税の引き上げと輸入規制が求められ，日本企業は輸出に対する自主制限を行わざるを得なかった。特に厳しかったのは米国を追い越した半導体産業であった。米国から1986年7月に第1次半導体協定（第2次協定は1997年7月）を強要され，それに合意するしかなかった。

　もう1つは，為替の切り上げであった。1985年9月のプラザ合意により，円高時代が始まったことである。プラザ合意後，ドル円レートは1ドル265円台から1年間後には150円台まで急速に円高が進行し，日本の輸出関連産業を中心に打撃を受けた。円高によって，自動車，電機，電子関連産業を中心に海外生産が本格化され，1990年代に入り，バブル経済の崩壊後，海外生産は一層堅調となった。バブル経済の崩壊余波が引き続く中，1990年代初の冷戦時代（ドイツの統一，ソ連の崩壊）の終焉とそれによるグローバル化の進展，そしてインターネットを中心とするデジタル情報通信革命といった，市場および技術環境

の変化の波が日本企業に押し寄せてきた。

　他方，1980年代より開放政策を講じてきた中国がWTOに加盟（2001年）し，安い労働力を基盤に海外直接投資を呼び寄せ，世界の工場と化した。そして，2000年には東南アジアやインド，南米地域の新興国企業の躍進も目立つようになった。

　こうした環境変化により，世界の貿易や産業構造，ものづくりのあり方，そして国や企業の競争力も大きく変わるようになった。日本の製造業のポジションと競争力にも大きな変化がみられるようになった。

［2］日本の製造業の競争力低下と生産性の推移

　バブル経済の崩壊後，失われた20年または30年と呼ばれるように，近年日本企業の競争上のポジションが停滞しつつあることが懸念される。その実態を簡単な指標，ここでは国家競争力とグローバル企業ランキングを用いて確認する。

　まず，スイスのローザンヌに拠点を置くIMD（International Institute for Management Development）が，毎年「世界競争力年鑑（World Competitiveness Yearbook）」を作成し発表している国家競争力について見てみよう。この指標は直接的な企業の競争力というよりも，企業を取り巻く外部環境として認識することができよう。国家競争力順位の推移をみると，日本の場合，年々総合的な評価において順位を落としている。最初の発表の時（日本経済はバブル期），世界第1位であったが，1997年より順位が下落し始め，2000年代には16位〜27位の中で推移し，2015年に27位，2019年に30位，2020年に34位，2023年に35位となった（図序-2）。2023年のアジア諸国の順位をみると，シンガポールが4位，台湾が6位，香港が7位，中国が21位，マレーシアが27位，韓国が28位，タイが30位にランクインしている。日本の場合，他国に比べてビジネス効率や生産性・効率などが相対的に低いことが指摘されている。

　次に，日本企業の競争力をみても類似した現象がみられる。2022年，「フォーチュン500社（Fortune 500）」にランクされている企業数の推移をみると，ランクインしている日本企業の数は減りつつある。上位100社にランキングした日本企業数を年代ごとにみると，バブル崩壊直後の1993年に23社であっ

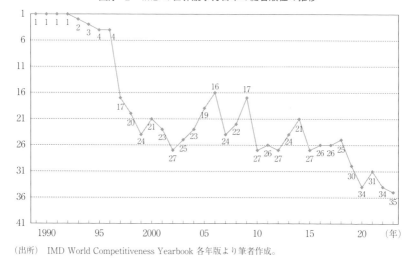

図序-2　IMD の世界競争力日本の総合順位の推移

（出所）　IMD World Competitiveness Yearbook 各年版より筆者作成。

たが,[(3)] 2010年には10社まで減少している。日本企業の競争力衰退または停滞の原因としては,新しいデジタル技術をベースとした環境変化への適応の遅れ,従来のやり方と組織体制への執着,変化を拒む姿勢,内製や企業内取引を重視する自前主義,イノベーション力不足,グローバル人材不足など多様な要因が指摘される。これらに加えて,「生産性（productivity）」の低下が注目されている。

　では,日本の生産性の現状を簡単に見てみよう。生産性は,資本生産性と労働生産性に分けるが,一般的に労働生産性が代表的な指標として国際比較される。労働生産性は GDP（国内総生産）を就業者数（または就業者数×労働時間）で割ったものである。最近,OECD 加盟国の中で,高い労働生産性を誇る国は,米国,アイランド,ノルウェー,スイス,ベルギーなどである。日本の労働生産性は1990年にピークを迎え,近年他国に比べて低い水準で推移しており,OECD 平均値を下回っている状況が続いている。「労働生産性の国際比較2022」によれば,日本の全業種就業者ベースの１人当たりの労働生産性は,2021年基準で時間当たりの労働生産性は49.9米ドル（OECD 加盟38カ国の中で27位）である。１人当たりの労働生産性は８万1510米ドルで OECD の中で29位

である。米国を基準に，時系列の推移をみると，1990年代初頭に米国の4分の
3の水準だったが，2010年代に入り米国の約3分の2前後に，2018年には米国
の6割強にまで落ち込んで低迷が続き，日米格差も大きくなっている。

　製造業に限ってその労働生産性をみると，日本は1995年に世界のトップだっ
たが，2000年以後，徐々にその順位が下がり，2020年に9万2993米ドルで，多
少回復したものの，OECDに加盟する主要35カ国中18位であり，時間当たり
の労働生産性も低い状況である。長期間にわたる製造業の労働生産性の低迷
は，製造業の国際競争力の低下の一因になるのである。2000年代に入ってから
その低下が顕著になっていることは，デジタル化と無関係ではないだろう。

　他方，製造業の生産性が継続的に低下していることに加え，ものづくり日本
の代表的な産業だった家電，半導体，スマートフォン，造船などの産業におい
てグローバルマーケットシェアの低迷も続いている。さらに，代表格な日本企
業の品質不正問題がしばしば起きている現実も懸念材料である。

［ 3 ］ 競争力としての「製造活動」

　先述した日本企業の飛躍的な成長は米国企業に危機感を植えつけた。という
のも，1980年前後の米国は，膨大な貿易赤字と政府の財政赤字，いわゆる双子
の赤字に陥っていた。貿易赤字の最大原因として，日本製の輸入品が注目され
た。とりわけ自動車や家電，鉄鋼，繊維，パーソナルコンピュータ，機械製品
の市場占有率が拡大する中，日本経済はプラザ合意による円高と貿易摩擦が起
きた。一方で，米国国内では，自国の製造業の競争力低下の原因と日本製造業
の競争力要因に関する議論が広く展開された。

　特に，ハーバード大学の学者らは，1980～90年代に，製造業の競争力の重要
性を強く主張した。代表的な研究としては，Hayes and Wheelwright（1984），
Skinner（1985），Hayes（1988）がある。これらの研究では，競争力の根幹の1
つは工場（Factory）にあり，製造戦略（Manufacturing Strategy）が製造企業の
競争力を左右すると主張され，高い競争力をもたらす製造戦略は，技術と製造
プロセスとの連携（linkage），製品技術と生産工程の連携から成り立つと論じ
られた。

　一方で，日本企業の競争力の源泉についての研究も積極的に行われた。代表

的な研究として，米国の MIT 大学の J. P. ウォマックと D. ルース教授，英国のサセックス大学の D. T. ジョーンズ教授によって纏められた著書『*The Machine That Changed The World*』（Womack, Roos and Jones, 1990）を挙げることができる。著者は日本の自動車産業を取り上げ，その競争力の源泉が製造現場のボトムアップ型の改善活動，たとえば，徹底的な無駄の排除，効率的な製造工程づくり，持続的なイノベーションにあることを発見した。これらを通じて，高品質，低コスト，早い納期を実現する生産システムが日本の自動車産業に構築されていたのである。このような生産システムは，ぜい肉をそぎ落とした生産システムという意味で「リーン生産システム（Lean Production）」と命名された。この著書は世界中に翻訳され，日本企業の競争力の源泉や生産システムへの関心が高まり，ベンチマーキングの対象となった。

　製造業の重要性はデジタル経済時代の今日でも変わらない。米国経済がICT（Information Communication Technology）産業や企業を中心に再編されたことに懸念し，再度，製造業の重要性を訴える議論も上がっている（Pisano and Shih, 2012）。デジタル経済の波が強まる今日であるからこそ，革新的なソリューションを生み出すためには既存製造業の能力を横断的に結合させ，生産価値ネットワークを再構築する必要がある。このピサノ＝シヒの議論が今日の日本の製造業に示唆することは少なくない。

［4］日本の製造業を取り巻く環境変化と生産マネジメントを学ぶ意義

　生産マネジメントをこれから学ぶ意義を考えるため，日本企業の生産活動を取り巻く環境変化と課題について考えてみたい。

　第1に，経営のグローバル化と競争力を向上させた新興国企業への対応である。海外生産比率が上昇した現状では，生産の現地化，グローバル人材の育成，シームレスなグローバル部品調達などが日本企業の課題となる。

　第2に，新しいデジタルの波，すなわちデジタルトランスフォーメーション（Digital Transformation：DX）への対応である。急速なデジタル情報通信技術の発展の中，世界は DX の渦中にある。日本企業にとっても DX 時代にいかに企業のあり方とプロセスを一新し対応するかが課題となる（➡第14章参照）。

　第3に，少子高齢化が急速に進む中での優秀な人材・労働力の安定的な確保

である。この問題は，優秀な人的資源をどのように採用，教育，評価，報酬，配置するかといった人事管理と深く関係しているだけでなく，生産システムの運用と成果とも密接に関係している。業種によっては，高度成長期に大企業を中心に形成された終身雇用制度も制度疲労をみせており，働き方とワークバランス，雇用・賃金制度などの改革などが求められる。また，DX に対応できるソフトウェア力やデータ分析力を有する人材育成が必要になる。(4)(5)

　以上のことから，日本企業が直面した共通課題は，少子高齢化による労働人口の減少と人手不足であり，事業規模を維持するためには労働生産性の向上が不可欠であり，DX を通じて製造業の競争力を高めなければならない。それは生産現場の技術的なイノベーションの上に，雇用体系や働き方などの組織イノベーションを伴う必要がある。

　激変の時代，日本の生産現場や製造業が直面している課題を解決し，グローバル競争で勝ち抜き，高付加価値創出と労働生産性の向上を図るためにはどうすればいいのか。今日は製造現場のマネジメント能力とイノベーション力が問われる時期である。これが「生産マネジメント」を学ぶ意義だろう。(6)

第4節　生産マネジメントの対象及び範囲

1 「生産」と「製造」の区別

　ここでは，まず，類似する用語としてよく使われている「生産（production）」と「製造（manufacturing）」について説明した上，本書での定義について説明しておこう。

　一般的には，「生産」とは，自然界の中から原料となる素材を取り出し，それを加工し，生活物資，すなわち製品を創り出すまでを指す。生産マネジメントでいう「生産」とは，材料・部品を製造する活動や機能を指すだけではなく，それらを行うために必要な工程および物流活動の設計（モノの手配や配置，サイクルタイムの設定など），購買活動，そして製品企画などを含めた，付加価値の創造活動，すなわち製品開発プロセス全体が含まれる。物的な形として材料・部品が変形されたものを「製品」という。よって，缶詰めなどのような水産加工物や果実加工物も含まれる。(7)(8)

　生産マネジメントでいう「製造」とは，「有形の素材を有形な財に変換（transform）する過程」である（藤本, 2001）。そのため，製造というと，「工場」で行われる活動に焦点がおかれ，材料・部品の投入から有形な製品が完成するプロセスを指す。なお，工場は，組織管理上，「製造部門」と呼ばれる。製造は生産よりも狭い意味で使われる（製品企画からはじまり完成品に至る全プロセスが「生産」に含まれる）。そのため，生産プロセス全体で行われる諸管理を「生産管理」あるいは「生産マネジメント」という。

　米国のテキストや学問体系では，生産マネジメントよりも，「operations management」または「Management of Operation and Technology」という表現が用いられることが多い。この中には，主に製造業において生産マネジメント上，必要不可欠な生産計画，受注・発注管理，在庫管理，品質管理などが含まれる。近年，製造活動を支えるロジスティックスやサプライチェーン管理機能の重要性が高まる中，ロジスティックスマネジメント（logistics management）論やサプライチェーンマネジメント（supply chain management）論も生産マネジメントの中で議論される。本書では，これらの分野も含めて解説する。

　上記の概念定義に基づき，本書では製造活動と関連諸業務など含めて「生産」とし，工場活動管理に焦点を当てたものは「製造」あるいは「(生産) オペレーション」ということにする。

2　本書の狙いと対象・範囲

　本書の狙いは，生産マネジメントを体系化し，文系学生でも知っておくべき内容を紹介，説明することにある。生産マネジメント論の基本的な哲学と伝統的な考え方を重視しつつ，2000年代以降のデジタル技術の普及とICT革命，グローバル化の進展といった環境変化へも十分な配慮を行っている。競争力の基盤となる生産戦略を実施する上で必要となる意思決定とオペレーションの流れに沿って，管理目標とツールなどとの関係性について説明する。同時に，その応用可能性や考え方を実践的に使える内容とし，その概念と用語などを学習できることを狙う。

　さらに，本書では製造現場管理の基本原理，管理対象とアウトプット成果管

理，製造と調達，物流などのプロセス管理を範囲に入れ構成している。その際，製品開発プロセス，さらに生産プロセスまたは製造業を超えた応用可能性をも視野に入れながら生産マネジメントを学ぶ機会にしたい。

①管理対象

　生産マネジメント上の主たる管理対象は材料・部品（Material），人（Man），機械・設備（Machine），方法（Method）である。これらを生産の4Mという。特に前の3つ，すなわち，材料・部品，人，機械設備を生産の3要素（3M）ともいう。4Mは生産プロセスのためのインプットである。それらをどのように製造プロセス（加工を含む）で用いて，配置し，使うかがアウトプットにつながる。

・材料・部品（Material）：製造プロセスで消費される，素材や材料，仕掛品や部品などを指す。調達・購買基準，納入先の選定，効率的なロジスティクスシステム構築，サプライチェーン全体の持続性と社会的な健全性（例：ESG〔Environment, Social, Governance〕経営）の維持などが必要となる。場合によっては，共同開発なども必要となる。

・人（Man）：現場作業員，生産設備関連エンジニア，開発エンジニア，管理部門などを指す。必要人員数，作業組織の編成，人員の配置，スキルの質，教育，モチベーション管理などが必要となる。人的資源管理論，作業組織論の分野と重なる議論も多い。

・機械・設備（Machine）：製造プロセスに必要な設備，機械，装置，道具などを指す。そこには，仕掛品や調達部品の搬送のための装置なども含む。

・方法（Method）：どのような手順と方法で作業を行うか。また，製造プロセスをいかに効率よく行うかであり，そのための作業標準の策定と標準作業マニュアルの作成，改善を行う。さらに，生産形態によって生産工程やライン編成，作業方法や手順も変わる。

　材料，部品，設備の購入物の管理だけではなく，いかに調達先を管理し，決まった時間に問題なく搬送するかというロジスティックスに関するマネジメントも含まれる。

②アウトプット（成果）管理

　アウトプット（成果）管理は，製品の品質（Quality），原価（Cost），納期

（Delivery）の３つ（QCDと呼ぶ）が市場競争軸となることが多い。これらの管理ターゲットと方法の詳細については後述するが，簡単にその中身について紹介すると，次の通りになる。

品質（管理）においては，どのくらいの精度（誤差範囲）のものを良品とみなすか。不良を出さないようにするためには，どのような作業手順や仕組みがよいか。関連業務との連携や組織的な取組みをどのように図るかなどが含まれる。また，原価（管理）においては原価をどのように管理して，当初計画していたものを実現するか。製造加工プロセスや様々な業務で発生する原価をどのように測定，設定するかなどがマネジメント課題になる。そのため，具体的にどのような管理手法があり，管理項目としてのデータをどのようにとり，分析するか，その方法などが含まれる。さらに，納期管理においては，顧客の手に届くまでの時間短縮のために，一連のプロセス（例えば，梱包，搬送，運搬など）の管理項目，管理ポイント，範囲などの策定が必要になる。場合によっては在庫レベルの水準，倉庫の立地，運搬手段，モノ（部品，材料など）の入出管理，誤出荷の防止などをいかに効率的に行い，管理するかといった内容が検討される。

③プロセス管理とその業務領域

製造現場を円滑に動かすために不可欠な業務は，生産計画，部品や材料の受発注，品質，在庫管理，メンテナンスなどがある。例えば，販売計画と連動した生産計画を作成し，それを実現するよう計画的な生産が実施されなければならない。このとき，生産プロセス上の４Ｍをどのように把握，管理，分析するかも問われる。生産品目や業種に依存して，製造プロセスには単純なものから複雑なものまで存在する。しかし，生産品目や業種が異なっても，生産マネジメント上の基本原理は共通する。

また，予期せぬ市場変動に対応できるフレキシビリティ能力も問われる（➡第11章参照）。異常発生時や予期せぬ変化に，どのように対処するかなどの問題も管理上の重要な課題となる。

（考えてみましょう）

①なぜ，生産マネジメントに注目しなければならないのか。そして生産マネジメント

論を学ぶ意義について考えましょう。

②パンの製造を行うパン屋さんの生産プロセスを，インプット，変換プロセス，アウトプットに分けて，できる限り詳細に説明してみましょう。

注

（1）　20世紀前半，初期の経営学のコンセプトでは，企業組織を「組織は環境を所与のものとみなし，（組織）内部の設計を工夫することによって，より効率的なものができる」という「クローズドシステム」として想定していた（Daft, 2001）。

（2）　1985年9月，先進5カ国（米・日・西独・仏・英：G5）蔵相・中央銀行総裁会議が米国ニューヨーク州にあるプラザホテルで開催された。そこで，為替レート安定化という名目で為替調整が断行された。

（3）　トヨタ（5位），日立製作所（6位），松下電器産業（現，パナソニック：8位），日産（12位），東芝（20位），ホンダ（24位），ソニー（27位），日本電気（29位），富士通（36位），三菱電機（37位），三菱自動車（41位），三菱重工業（43位），新日本製鐵（45位），マツダ（57位），日本石油（60位），キヤノン（69位），NKK（78位），ブリヂストン（85位），三洋電機（95位，2012年にパナソニックに合併），シャープ（96位），ジャパンエナジー（97位），いすゞ自動車（98位），住友金属工業（100位）の順である。ランクイン企業はメーカーが大半である。

（4）　日本の高度成長を論じる上で，企業別労働組合，年功序列，終身雇用の3つが他国と異なる「日本的経営」の特徴とされた。これらの特徴は，中小企業を含めた日本の企業全体に当てはまるものではなく，大企業に限定されたものであることに注意を払うべきである。また，社会学者の小熊（2019）によると，長期雇用は必ずしも日本型雇用の特徴ではないとされる。

（5）　これらの問題はそれぞれ独立しているのではなく，相互に関連し合って労働者のモチベーションや生産性に影響を与える。DXに関して考えると，2020年代初頭，コロナ禍の際，日本はIT関連ハードウェアのインフラは整っているものの，他の先進国に比べてテレワークが実施されず，デジタル化の遅れがあらわになった。このことは今後の競争力構築の大きな課題となる。

（6）　もちろん，産業政策上，今後のデジタル化ICT関連産業中心に産業構造を変えることも可能だが，雇用維持と創出の側面で考えると，依然として製造業が重要であり，製造業の高付加価値化が必要とされる。こうした動きはピサノ＝シヒ（Pisano and Shih, 2012）が指摘したように，ICT企業の色が濃い米国でもすでに2010年前後に，製造業の復興が注目されてきたことを思い出す必要がある。

（7）　藤本（2001）は，「基本的に生産要素（材料・部品，労働力，機械など）を有形・無形の有用な財に変換する過程（プロセス）」として「生産」を定義する。

（8）　反面，無形の形に変形されるものは「サービス」である。製品と似て使われる言葉が「商品」である。商品は，保険商品，金融商品という言い方からわかるように，製品より大きい概念として，商品化されたサービスまでを含める概念として使われている。

参考文献

Daft, R. L., 2001, *Essentials of Organization Theory and Design*, 2nd ed., Thomson Learning.（高橋晴夫訳，2002，『組織の経営学』ダイヤモンド社）

Fayol, H. A., 1917, *Administration Industrielle et générale*, Dunod.（都筑栄訳，1958，『産業並びに一般の管理』風間書房）

藤本隆宏，2001，『生産マネジメント入門Ⅰ：生産システム編』日本経済新聞社。

Hayes, R. H., 1988, *Dynamic Manufacturing*, Free Press.

Hayes, R., Pisano, G., Upton, D., and Wheelwright, S., 2005, *Pursuing the Competitive Edge*, Wiley.

Hayes, R., and Wheelwright, S., 1984, *Restoring Our Competitive Edge: Competing Through manufacturing*, Wiley.

IMD World Competitiveness Center, 2020, World Competitiveness Yearbook 2020 pdf.（2020年7月1日閲覧）

小熊英二，2019，『日本社会のしくみ：雇用・教育・福祉の歴史社会学』講談社。

中野哲郎，1971，『工場の哲学：組織と人間』平凡社。

日本生産性本部「労働生産性の国際比較2020」日本生産性本部HP（2021年8月1日閲覧）。

Pisano, G. P. and Shih, W. G., 2012, *Producing Prosperity : Why America Needs a Manufacturing Renaissance*, Harvard Business Review Press.

Skinner, W., 1985, *Manufacturing the Formidable Competitive Weapon*, John Wiley & Sons.

トヨタグループ史編纂委員会，2005，『絆：豊田業団からトヨタグループへ』トヨタグループ史編纂委員会。

Vogel, E. F., 1979, *Japan as Number One: Lessons for America*, Harvard University Press.（広中和歌子・木本彰子訳，1979，『ジャパン アズ ナンバーワン：アメリカへの教訓』TBSブリタニカ）

Womack, J. P., Roos D., and Jones, D., 1990, *The Machine That Changed the World: How Japan's Secret Weapon in the Global Auto Wars Will Revolutionize Western Industry*, Rawson Associates, Macmillan Publishing Company.（沢田博訳，1990，『リーン生産システムが世界の自動車産業をこう変える』経済界）

第1章　生産システムの進化と生産戦略
——生産システムと生産戦略の進化をみる——

　本章では，企業戦略における生産オペレーション戦略の位置付けと考慮すべき意思決定について解説します。その上で，産業革命以後，市場ニーズと技術環境の変化の中で変化してきた生産システムの変遷とその背景，そしてマネジメント上の課題について説明します。最後に，生産オペレーション戦略を遂行する上で，考慮すべき産業の特徴についても考えます。

Keywords▶生産オペレーション戦略，科学的管理法，時間研究，動作研究，大量生産システム，標準原価，多品種少量生産，セル生産方式，アジャイル製造

第1節　生産（オペレーション）戦略とその意思決定事項

　1　生産（オペレーション）戦略の位置づけ

　経営戦略は企業全体の目標とミッションを定める企業戦略，それを事業部単位（製品群，技術群，顧客群など）で戦略遂行を図る事業戦略，そして企業戦略と事業戦略を果たすために必要とされる人事，営業，製造，マーケティング，財務などの諸活動別に行う機能別戦略で構成される。われわれが関心を寄せている生産（オペレーション）戦略は，マーケティング戦略，研究開発戦略，購買戦略，製品戦略などの機能別戦略（functional strategy）の1つである。

　生産（オペレーション）戦略（以下，生産戦略）は製造活動を中心に，製造現場や活動に関係する購買，マーケティング，ロジスティックスなどの活動と有機的な関係にある戦略である。多様な市場ニーズとその変化に対応できる生産活動を行うことは容易ではない。そのため，生産戦略の遂行が競争優位性と繋がり，競争力の武器となる(Skinner, 1985；Hayes, Pisano, Upton and Wheelwright, 2005)。

表1-1　生産（オペレーション）戦略における意思決定カテゴリー

構造的意思決定事案（structure decisions）
・生産能力（capacity）：生産量，生産形態，タイミング
・ソーシングと垂直統合（sourcing and vertical integration）：方向，範囲，バランス
・設備（facilities）：規模，ロケーション，専門化
・情報とプロセス技術：自動化レベル，相互連結性，リードとフォロー

基盤方針およびシステム（infrastructural policies and systems）
・生産計画資源配当と予算システム
・人的資源管理システム：セレクション，スキル，補償，雇用
・労働計画と管理システム
・品質管理システム
・測定と補償システム（測定，ボーナス，昇進方針）
・製品とプロセス開発システム（リーダーとフォロー，プロジェクトチーム組織）
・組織：集中化対分散化

（出所）　Hayes and Wheelwright（1984）p.31と Kim and Arnold（1996）より筆者訳引用・作成。

［2］生産戦略にかかわる意思決定

　生産戦略においては，まず生産能力の策定とその実行のため，常に4つの必須の意思決定を行われなければならない（表1-1参照）。

①生産能力に関する意思決定：主に生産量，生産ライン，生産時期（タイミング）などの決定である。市場規模，対象顧客層，製品販売時期などを考慮に入れ，生産規模と時期，ラインの形状や設備レベルと配置などを決めなければならない。

②内外製の意思決定（make or buy decision）：生産プロセスに必要な材料や部材，設備などにおいて，自社製造または自社の境界内で製造し調達するか，外部企業から購入するかを決める必要がある。この内外製の意思決定は極めて重要な戦略的意思決定である。汎用品や市場取引が可能なものは外注（buy）を，技術の内部化を含めて市場調達が困難なものは内製（make）する傾向がある。

③設備・施設に関する意思決定：生産オペレーションの遂行に必要な設備の能力と配置工程，専門化レベルの決定である。機械・設備の場合は，どのぐらいの汎用性や専門性を求めるかによって，工程の柔軟性にも影響を及ぼすことになる。また，工場や倉庫などの必要施設の規模とロケーションを決めなければならない。

④情報とプロセス技術に関する意思決定：上記の①〜③を行いながら毎日の
　生産業務を遂行する上で，どのような情報を収集・管理し，関連部門・部
　署と共有すべき情報は何かを明確にする。また，ヒトと自動化のレベルを
　どのように設定するか，業務の進捗状況をどのように把握し，管理する
　か。その際に，どのような技術をどのように活用するか，などに関する意
　思決定が必要不可欠である。

　生産戦略の遂行に当たり，これら4つの構造的意思決定とともに実行を支え
る，事業（企業）の基盤となる方針とシステム（infrastructural policies and
systems）が必要である。それは，生産計画，資源配当と予算に加えて，人的
資源管理とモチベーションシステム，労務計画・管理，そして製品開発プロセ
ス，目標管理（コスト，品質，納期）が求められる。それぞれのシステムとの間
には相互依存性が高い。また，これらの意思決定はビジネスパフォーマンスへ
の影響要因であり，実際の市場・技術環境の変化や自社資源の制約条件の下で
決めることになる。

第2節　生産マネジメントの誕生

　古代の建物や橋，仏像，城，器，武器などの人工物を作ってきた歴史から想
像すると，昔から何らかの形で生産マネジメントは存在していた。近代的な生
産マネジメントに関する体系的な手法が形成され始めたのは，産業革命期の工
場制の出現と軌跡をともにする。ここで近代的な生産の黎明期について少しみ
ておこう。

　近代的な工場（制）に雇われた労働者が集まり，分業のメリットを活かしな
がら機械と設備を操作し，生産性の向上を図った。これにより以前とは比べ物
にならないほど，生産性が向上された。同時に，町の風景も一変した。まさに
トインビーが言ったように産業「革命」であった。

　分業の利点は，1776年に出版されたアダム・スミス（Adam Smith）の『国富
論』に示された，ピン製造の事例によく表れている。単一製品の製造の際，1
人で全製造過程を担うよりも，個別作業や部品ごとに仕事を分けて行うと，飛
躍的な生産性の向上につながった。近代的な工場制と分業に基づく生産活動は

クラフトマン（職人）の手工業から近代的な生産システムの誕生を生み出した。たとえば，アメリカを中心にみると，銃器，ミシン，自転車，紡織機械，化学（石鹸やマッチ）などに加え，19世紀後半から自動車，石油，鉄道，電信，加工食品などの産業が誕生した。

　工場制の基盤となった多様な産業の発展と企業の成長プロセスから，近代経営学と生産マネジメントが必然的に生まれた。産業革命による機械化の進展であった。機械化は熟練労働を代替することになるだけではなく，C. チャップリンの映画『モダン・タイムス』（1938年）に描写されるように，機械（設備）と人とのバランスの取れるマネジメントができなければならなかった。一方，労働者の場合，長時間労働を強いられていて，働いている工場の作業環境も劣悪だった。十分に労働者を保護できる法律もまだなかった時代で，長時間・重労働は，工場労働者の反発を買い，怠業（soldiering）やストライキが絶えず，労使葛藤と対立が顕在化された時代であった。こうした製造現場の問題から生まれたのが，「管理（management）」であった。[1]

　そこから，20世紀前半の製造現場の問題に対して，大きく2つの取組みがあった。1つは，近代経営学のミクロ組織論の分野の誕生につながったものである。それは，労働者の長時間の労働と過労，ストレスなどによるモチベーションの低下や葛藤を，人間の本性や心理的な面に着目し，どうすればやる気を出させるかという問題であった。そこで，従業員に何らかの経済的なインセンティブを与え，やる気を管理し，作業場を統制しようとした。たとえば，フォード自動車の高賃金制度や出来高払い制度がある。もう1つは，労働者自身の判断に任せていた成り行き式管理から，仕事量や手順など，生産現場における管理と統制の必要性から「生産マネジメント」が誕生したのである。経済的なインセンティブ（金銭的な代価）によるモチベーションの向上を図りつつ，後述する科学的な管理法などを用いて労働者と現場を管理しようとした。これが近代的な生産管理の出発点となったのである。その後，製造現場に対する管理と統制の取組みおよび生産システムのあり方は，技術および市場ニーズの変化，そしてこれらに影響を受けた生産システムの変貌とともに変化しつつある。

第3節　生産システムの変遷と生産戦略の変貌

1 アメリカン（生産）システム

　生産システムのあり方は，産業革命期にクラフトマンシステムからアメリカンシステムに変化した。詳細については経営史分野の学びに託したいが，ここでは簡単にアメリカン（生産）システムについて概観しておこう。

　まず，アメリカンシステム（American System of Manufacturers）は部品の互換性（interchangeable）と生産の機械化，生産設備の専用化を軸とした生産体制だった。工程別に，専用の生産設備が導入され，労働力を機械が代替する生産システムであった。大量生産の実現のためには，部品の互換性が必須であった。部品の互換性という原理は，発明家 E. ホイットニー（E. Whitney, 1765-1825）によって1798年に考案されたものである。簡単に言えば，互換性の確保とは最初に製造されたものと100番目に製造されたものが同一規格になることである。しかしながら，当時は労働者の熟練度や機械の使用頻度や稼働時間によって，均質なものを生産することが困難であった。そのため，完成品を測定し，図面通りになっていないものを，やすり等で削ったりする修正作業が加わらないと，均質な品質および規格のものが造れなかった。この問題は19世紀半ばの自転車，農業機械，そして20世紀初期の自動車産業などの，多様な産業の経験と伝播プロセスを経てようやく解決された（Hounshell, 1984）。

2 大量生産システムと科学的管理法

　20世紀前半，アメリカンシステムはフォード自動車（以下，フォード）のベルトコンベヤーの生産過程導入に端を発し，のちに大量生産システム（mass production）へ移行する。フォードはシカゴの精肉工場で使われていた肉の運搬用のものを改良した装置（移動式組立ライン）を製造工程に導入し，生産の効率化を図ろうとした（Hounshell, 1984）。従来の従業員がモノ（組立対象の車両）の場所に移動しながら作業する方式と異なり，一定の時間サイクルで動くベルトコンベヤーの上にモノを乗せて移動させ，労働者は定位置で組立作業を行う方式が移動組立式生産である。この生産システムが，組立工程の効率化，生産

性の向上に繋がり，大量生産による低コスト化に寄与し，大量生産時代が切り拓かれた。これを「フォード・システム[3]」または大量生産システムとも呼ぶ。フォード・システムは，1人の労働者が担う仕事がより細分化，標準化された，機械のスピードに合わせた作業体制である。また，組織のヒエラルキー構造に基づき，経済的なインセンティブ制を設けながら，管理監督者が現場の従業員を統制・管理する形をとっていた。

　ここで注意したいのは，ベルトコンベヤー・システムが一気に導入され，大量生産システムが実現されたわけではないことである。最初はメイン工場ではなく，分工場の一部の工程から導入され，試行錯誤しながら徐々に採用されたことに注意を払うべきである（和田，2009）。また，ベルトコンベヤーの導入が生産性向上に直結したという単線的な話ではないことにも注意が必要である。ベルトコンベヤー・システムの導入は，作業場全体における仕事間の調整はうまくできず，かえって困難を招くことになった（土屋，1994）。そこで，作業場の生産活動にかかわっていた機械技師らは，管理をよりシステマチックに行う方法を探るエンジニアリング運動を促進させた（土屋，1994）。その代表的な動きがF. W. テイラー（Frederick Winslow Taylor, 1856-1915）が1911年に提唱した「科学的管理法（scientific management）」である。

　科学的管理法とは，従来の成り行き式管理から，課業管理と計画と執行の分離という発想から，企業側が生産の管理統制を行うという考え方である。ギルブレス（F. B. Gilbreth）夫妻が職場能率に影響を与える要素の数値化と分析を試み，「動作研究（motion study）」を開発した。この成果をテイラーが取り入れながら，課業に対する時間研究と動作研究が確立された。この2つの研究に基づき，「標準作業」を定め，従業員と製造工程を科学的に管理しようとした。作業場ごとに労働者が担う仕事（task）の量や方法，手順，作業時間を決めた作業ルールとしての標準作業が策定されることによって，生産時間と生産量をより正確に管理できるようになった。

　さらに，標準作業の策定によって原価管理がしやすくなった。標準作業に基づく「標準原価（standard costs）」の策定・計算が可能となり，最終的により精緻な「原価管理」ができるようになった（和田，2009）。実際に，科学的管理法が提唱された翌年の1912年に，H. エマースン（Emerson）は，標準原価計算

図1-1　生産管理の発展と管理手法

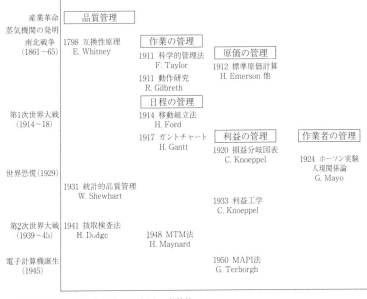

産業革命	品質管理		
蒸気機関の発明			
南北戦争 (1861〜65)	1798 互換性原理 E. Whitney	作業の管理	
		1911 科学的管理法 F. Taylor	原価の管理
		1911 動作研究 R. Gilbreth	1912 標準原価計算 H. Emerson 他
		日程の管理	
第1次世界大戦 (1914〜18)		1914 移動組立法 H. Ford	
		1917 ガントチャート H. Gantt	利益の管理
			1920 損益分岐図表 C. Knoeppel
世界恐慌(1929)			
	1931 統計的品質管理 W. Shewhart		
			1933 利益工学 C. Knoeppel
第2次世界大戦 (1939〜45)	1941 抜取検査法 H. Dodge	1948 MTM法 H. Maynard	
電子計算機誕生 (1945)		1950 MAPI法 G. Terborgh	

作業者の管理
1924 ホーソン実験 人現関係論 G. Mayo

（出所）　福田・中村（1990）182頁より一部抜粋。

の本質に関する論文を発表し，そこで実際額と達成可能標準額を対比し，原価比較表を展開した。このことは，科学的管理法の標準作業（課業管理，作業表など）の展開が工場における作業管理だけではなく，標準原価計算，原価計算に適用され，企業経営の本質的なことに関係しながら発展したことを意味する（Epstein, 1978）。

　このように，一連の技師らの取組みと動き，科学管理法，時間研究と動作研究，標準原価といった管理手法や技法が相互に影響を与えながら発展し，大量生産システムが形成されていく。科学的管理法の提唱後，品質管理，成果測定，在庫管理，作業スケジューリングなどの管理手法の発展も伴いながら，生産マネジメント論の分野が形成されていくようになった（図1-1）。

　この大量生産システムは両大戦期を経てさらに精緻化され，戦後の高度成長と大量消費時代を支える生産システムとなった。しかしながら，大量生産システムは専用設備が生み出す生産性を追求する一方で，生産システムは固定化さ

れ，新しい製品設計を拒み，柔軟性を失ってしまうという「生産性のジレンマ（productivity dilemma）」に陥る恐れがある（Abernathy, 1978）。

2 多品種少量生産とリーン生産システム

市場ニーズが単一製品で十分に満たされれば，専門機械・設備と細分化工程という特徴を有する大量生産システムが適合するだろう。たとえば，製品の色（黒）1つでニーズを満足させた初期のフォードT型モデル車（1908年）や近年ではiPhone初代（2007年）が当たる。ところが，顧客ニーズが多様化すると，専用ラインや専用設備で，製造工程を運営するには限界がある。

1970年代のオイルショック以降，消費者のニーズは多様化，細分化，個性化の動きが顕著となった。そのため，企業は多様なニーズを満たすために，製品モデル数を増やし，様々なニーズを捉えようとした。製品モデル数の増加は，部品数の増加，管理範囲やその対象，スキルなどの複雑化を意味する。したがって設計コストだけではなく，管理コスト，在庫コスト，ラインの段取りコストなどの生産の諸コストの増加を招くことになる。そこで，市場ニーズの多様性を満たすための製品モデル数の増加およびそれによる複雑性とコスト増を克服しながら，効率的なオペレーションを両立でき，フォード・システムの限界を克服できる生産システムの模索が企業課題となった。いわゆる「多品種少量生産システム」が求められたのである。

そこで，日本の自動車産業のトヨタ生産システム，イタリアの職人と中小企業集積に基づくクラスター，西ドイツの高度な熟練工を基盤とした高付加価値生産を実現する機械工業などの事例が注目されるようになった。ピオーリ＝セイベル（Piore and Sabel, 1984）は，小ロット生産が，クラフト的生産技術に基づく生産ネットワークを構築し，「柔軟な専門化（flexible specialization）」を図ることで，多品種少量ニーズに対応可能な生産システムへと移行していることを主張した。

一方，多品種少量ニーズに適した柔軟な生産システムとして，トヨタ生産システム（TPS）への関心が高まった。TPSは戦後の資源不足という制約条件の中で精緻化され，トヨタの競争優位力を築き上げた。TPSの優位性は他業界にも伝播し，日本企業の強みとして認識された。ウォマックら（Womack, Roos and Jones, 1990）は，1990年に刊行された「*The Machine That Changed the World*」にて，TPS を中心とする日本企業の生産システムの特徴について研究し，「リーン生産システム（lean production system；LPS）」と命名した。

LPS は，JIT（just in time）供給方式やアンドン，現場作業員の持続的な改善活動を通じて，余分な動作や時間，材料などのムダの低減，ムリ・ムラのない生産の流れ作り，持続的なコスト低減を図れるシステムである。これに対して，大量生産システムは，規模の経済性（➡第3章参照）のメリットを重視し，製品をいかに安く，大量に作れるかに重点がおかれているシステムである。

他方，多品種少量生産システムの実現のため，フレキシビリティをどこでもたせるかが戦略的に考慮すべき事項になる。この問題は，製品設計または製造プロセスに分けて考えることができる。製品設計においては，モジュール設計（modular design）が有効とされる（➡第11章参照）。製造においては，多様な製品品目に対応できる①熟練工（ヒト）で対応する方法と，②フレキシビリティな設備や装置で対応する方法がある。これらの割合とバランスは，自社の製品，製造ライン，設備の状況などの制約条件を考慮して戦略的な意思決定を行う。

その点で，多品種少量生産を実現するために多様な生産方式が試みられた。それは日本経済のバブル崩壊がきっかけとなる。コスト削減とともに，より多品種少量生産に対応し，適時な供給ができる新しい生産方式として提唱された1つがセル生産（cell production）である。ソニーによって考案されたセル生産方式は，同じものをベルトコンベヤーに流す作業管理ではなく，作業者の熟練や作業時間に依存し，ヒトに柔軟性をもたせ，多様な品種の生産を行う方式である。作業台が「コ」または「U字」型になっており，1人もしくは少人数の作業者が生産ラインを組み，1人の作業者が多様な業務を行うことができ，より短いラインを形成する製造方法である。この製造方法は受注生産に適したもので，生産品目の切り替えや在庫の圧縮などのメリットがある。しかし，生産の柔軟性を労働者の熟練レベルに依存する側面が大きい。

3 　市場・技術変化と生産システムの共進化

①マスカスタマイゼーション戦略

　1990年代に入ると，冷戦の終結，それによるグローバル経済の進展と市場の拡大，飛躍的な情報通信技術の成長などの出来事が起きた。こうした市場と技術の変化が企業の生産活動にも大きな影響を与えた。

　特に，インターネットの商業化と携帯電話の登場，爆発的なパーソナルコンピュータ（PC）の普及などにより，新しいビジネス形態が登場し，それに伴いサプライチェーンの変化が起こった。電子商取引の登場により，既存流通系統に「中抜き」という変革が起き，企業の製品企画段階から顧客までの距離をより短くすることができた。代表的な例がデル・コンピュータ（以下，デル）である。

　デルは，インターネットとPCの普及という外部環境を考慮し，ダイレクト販売方法を戦略的に採用した。1980年代以降，コンピューターの設計において部品間のインターフェースが標準化されたことによって，企業がメモリ，ハードディスク，モニター，キーボードなどの，個別部品に特化した国際的水平分業構造が広く形成された。こうした製品システムの特徴と産業の分業構造の変化を考慮した上で，デルは拡大する市場需要に迅速に対応しつつ，大量の多様な注文に対応可能なシステム構築を必要としていた。

　そこでデルは，部品の製造と設計は行わず，市場取引を通じて調達した汎用・標準部品を中心に，ダイレクトに注文を受け，顧客要求に合った仕様の製品を組み立て，直接届ける体制を構築した。こうした仕組みは，多様な仕様要求をスピーディに対応できるシステムとなり，競争優位性を発揮した。このように，細分化した個別の顧客のニーズ・要求に，カスタマイズされた製品やサービスを大量に提供することができ，効率的かつ効果的に対応できることを「マスカスタマイゼーション（Mass Customization: MC）戦略」という（Pine Ⅱ，1993；Tseng and Jiao, 2001）[(4)]。

　MCの基本的な考え方は，「範囲の経済性（economies of scope）の追求」と「顧客統合（customer integration）」という，二羽の兎を同時に取ろうとするものである。多様なニーズに対して，製品ごとに設計し，生産し，カスタマイズしようとするとコストが上がり，価格競争力を失ってしまう。そのため，企業内の

表1-2　マスカスタマイゼーションの特徴

目標	顧客ニーズに対応した十分な多様性とカスタマイズされた製品とサービスを提供すること
経済	範囲の経済性，顧客統合
焦点	フレキシビリティによる多様性とカスタマイズの追求
製品	製品ファミリー，顧客にニーズに基づいた標準モジュール
主要特徴	需要パターンの予測不可能性，異質的なニーチ，製品とサービスの統合，短い製品開発サイクル，短い製品ライフサイクル
組織	フレキシビリティ，適応性
顧客関与	効率かつ効果的に顧客の要求を満たすこと 顧客ドリブンの製品イノベーション（user innovation）

（出所）Tseng, Wang and Jiao（2017）Table 1 より筆者訳引用。

既存経営資源を最大限活用し，得られる効果を極大化する。同時に市場ニーズの多様化対策としての製品群の増加や事業領域の拡大に対応可能な製品企画と製造，販売体制を築き上げる必要がある。

　MC の特徴を要約したものが**表1-2**である。MC は，企業を取り巻く環境の不確実性が高く，需要変動の予測可能性が困難な時に適している（Tseng and Jiao, 2001）。この戦略は第11章で学ぶフレキシビリティ戦略遂行上，欠かせない。

　ここで，MC の1つの方法であるモジュール設計を見てみよう。まず「モジュール」と呼ばれる部品群のかたまりをあらかじめ標準デザインとして作っておく。次に事前に用意されたモジュールをミックスアンドマッチ（mix and match）方式で，簡単に組み合わせられるような設計をする。レゴのようなものを連想すればよい。これがモジュール設計の基本発想である。要するに，モジュール設計は製品設計の共通化が可能になるため，コスト低減と生産における組立時間などの短縮ができ，多様な市場ニーズに迅速かつ柔軟に対応でき，そして製品ファミリーの展開も容易に可能とする方法である。

②アジャイル生産システム

　情報通信技術の発展と進化は顧客側の購買行動を変える。今は，スマートフォンにより場所と時間にとらわれず，自分が欲しいものをネットで購入できたり，流行に関する情報を SNS などから簡単に入手できたりする時代であ

る。多様なニーズに加えて E コマース時代の消費者の購買行動の変化は，急な需要量の変動をもたらし，企業にとっては不確実性を高めることになる。よって，多様なニーズをカスタマイズしながら，需要変動に速やかに，効率よく製造，納入できる能力と体制構築が求められる。これが近年注目される「アジャイル生産マネジメント（agile manufacturing management）」である。

　顧客ニーズを素早く取り入れた製品やサービスを作ることができるアジャイル生産は，自社内の生産期間短縮とともに，部品や材料の調達が迅速にできるサプライチェーンの構築が不可欠である。注文および販売情報の早期共有と伝達，短い製造リードタイム，早い納期が，企業競争力の最も重要なポイントになるからである。つまり，販売，生産，在庫などの情報がリアルタイムで一目瞭然に把握・管理・共有できる情報システム構築と組織づくりが必須条件となる。

　アジャイル生産を成功的に行い，近年急速な成長を遂げてきた代表的な例がZARA であろう。[5] スペインに本社を置く ZARA は最もニーズの多様性の高いアパレル製品を開発・生産し，グローバル販売を行っている企業である。ファッション品の場合，ニーズに適応した製品デザインの多様化を図るものの，どの色やデザインがニーズに合致し，どのぐらい売れるかは予測困難である。そこで，同社は情報通信技術を駆使し，どのようなデザインの製品がどのぐらい売れているのか，世界中の売れ行きをデータに基づいて観測しながら，売れる製品に必要な資源を迅速にシフトさせ，素早く対応できる生産システムを構築し，自社便によってスピーディに市場供給を行う機敏な生産体制をとっている。ZARA は市場との濃密なコミニケーションルームを構築し，仕入れ先を含めたサプライチェーンとの迅速なコミュニケーションと状況把握が可能なフレキシブルなサプライチェーン・システムを構築している（Ferdows, Lewis and Machuca, 2004）。こうした取組みが他社との差別化された競争優位性であった。

　要するに，アジャイル生産には，製造プロセスを超え，情報通信技術を駆使し，市場ニーズの多様性と需要変動を素早くキャッチし，カスタマイズできる各機能部門間の濃密な情報共有と連携能力が必要である。アジャイル生産はリーン生産システムの優位性と MC に対応する，2 つの概念を結合し，追求

表1-3　大量生産・リーン・アジャイル生産システムの主要な差異

	大量生産システム	リーン生産システム	アジャイル生産システム
ドライバー	価格 規模の経済性 安定した市場 需要けん引	市場 無駄取り 予測可能な市場 見込み生産	顧客 納期の経済 予測困難な市場 注文から生産
焦点	装備・装置，施設	技術，システム	ひと，情報
サプライヤー	多数 低い信頼レベル 敵対的 関わり合い	少数 高い信頼レベル （長期取引） 協業	多数からの選択 高い信頼レベル （短期取引） リスク分散と補償
組織	分業 ヒエラルキー性	チームワーク フラットな組織	マルチスキル 権限付与
製品	少ないオプション 品質の非一貫性	多いオプション 高品質	カスタマイズ 意図への適応
プロセス	硬直（rigid）	柔軟（flexible）	適応（adaptive）
思想	権威的	管理的	リーダーシップ

（出所）　Sharp, Irani and Desai（1999）p.157より筆者訳引用。

する生産システムとして位置づけられる。この生産システムへの変化は，情報通信技術の発展により消費者の商品情報へのアクセスが容易となり，また電子商取引の普及による購買行動の変化，そして一定の高い品質を求めるものの，消費者の個性や好みの多様化がより促進されるようになった背景がある。

［4］　主要な生産システムの差異について

これまで解説してきた主要な3つの生産システムについて，その戦略の変遷と中身について比較しまとめたものが表1-3である（Sharp, Irani and Desai, 1999）。それぞれの生産システムにおけるドライバー，焦点，サプライヤーとの関係，組織形態，プロセス管理の重点ポイントそしてその背後にある思想の違いの差異が見て取れる。

表1-3からは，市場および技術の変化の中でそれに適する形で生産システムが変貌してきたことがわかる。それに伴い，企業の管理ポイント，適した組織構造などが変わっており，生産システムは市場および技術の変化とともに進

化してきたともいえよう。生産システムの歴史はそれを反映している。

　世界中の企業が〇〇生産システムをベストプラクティスとし，ベンチマークとし，模倣しようとしたのも事実である。しかし，各々の企業は，製品の作り方，事業領域の特徴，生産能力や設備，従業員の質や量，スキルのレベル，工場の立地など，資源の保有状況が異なる。その点で，各々の企業にとって，唯一のベストウェイという生産システムは存在しないという考え方が，コンティンジェンシー理論に基づく生産オペレーション戦略である。つまり，各々の企業は，自社が直面している内外部環境状況にフィットした戦略を策定し，生産戦略を遂行すべきであるということである。

　この考え方に基づくと，各々の企業は異なるアプローチを通じて，他社とは差別化された生産戦略を遂行することが，結果的に競争優位性の獲得につながることになる。

第4節　産業の特徴と生産・オペレーション

　１　加工組立産業とプロセス産業

　生産オペレーション管理の具体的な姿を考える際には，産業特殊性を考慮する必要がある。その点で，製造業を大きく2つにわけて，それぞれの産業の特徴について説明しておこう。

　1つは加工組立産業，もう1つはプロセス産業である。この2つの産業は付加価値を付けていく製造プロセスにおける資源の配分（人や機械などの割合）が異なるし，需要変動やニーズの変化，生産量の調整，管理の方法，マネジメントの重点ポイントなども異なることが多い。

　まず，加工組立産業についてみよう。加工組立産業とは，素材（鉄，アルミ，金属，木材など）を切削，接合（溶接），塑性（プレス），熱処理などの加工をしたり，中間部品などを締めつけたり，繋げたりする一連の組立作業によって完成品を作り出す産業を指す。たとえば，一般機械，精密機械，自動車，船舶，電気機械器製品などが挙げられる。組立と加工においては，どの作業をどのくらいの人に任せるか，あるいは機械や設備に任せるかに関する意思決定が求められる。もちろん，その意思決定は，投資対費用，労働力の量や質のレベルに

も左右される。また，構成部品が多ければ多いほど，自社の外部から購入する部品が多ければ多いほど，生産プロセスに動員される機械や人も増える。同時に，管理対象やその範囲も広がるため，加工組立プロセスとマネジメントの複雑化も増していく。

　次に，プロセス産業の特徴とプロセスについて見てみよう。プロセス産業は，様々な原料の性質や特性を利用して，調合，混合，混練，分離，抽出などによる化学的反応を通じて，価値を創出する生産活動が軸となる産業である。たとえば，石油⁽⁶⁾，製鉄，繊維，医薬品，製鉄，セメント，ガラス，電池，半導体，紙などの素材系の製品を製造する産業が多い。化学反応を引き出すための条件を作り上げたり，液体や気体のものを流したりする多様な装置と設備が必要とされる。その点で，プロセス産業は資本集約的な装置産業の側面が大きい。完成品は，ほかの産業の素材として使われる場合もあれば，医薬品や飲料のように完成品として市場に販売される場合もある。たとえば，繊維はアパレル，シート，エアバックなどの素材であり，製鉄は船舶や自動車，鉄道などの素材になる。半導体は種類によっては単体として製品として販売される場合もあれば，家電やパソコン，スマートフォンなどの部品として使われる場合もある。

②　産業の特徴と生産オペレーション

　生産オペレーション管理上，2つの産業の特徴の違いを理解し，マネジメントの特徴を理解することが求められる。

　プロセス産業あるいは装置産業の場合，「資本」動員力の重要性が高く，装置に関するエンジニアリング能力が重視される傾向がある。他方，加工組立産業の場合，その作業が単純なのか複雑なのか，労賃のレベルは高いか低いかを考慮するだけではなく，労働者のスキルが重視されるため，作業の難易度によって労働者の教育や訓練などが重要視される。産業によっては，非常に労働集約的な要素も含んでいる。

　もちろん，2つの要素が混在した産業もある。一般的に加工組立産業として分類される船舶や建物，航空機，自動車などの大型人工物を生産する場合，構成要素や部品・材料，半製品の運搬作業などにおいて，かなり大きな装置（例：

Column：トヨタ生産システムと新郷重夫のシングル段取り

　TPS のオペレーション上の重要な作動原理とコンセプトに関しては，大野耐一（1978）が参考になる。大野氏はトヨタ生産システムの生みの親とも呼ばれる。他方で，戦間期より，IE 手法を使い，製造現場の改善活動による効率的な生産方式を追求した新郷重夫の功績に目を配る必要があるだろう。彼は戦前鉄道会社での勤務経験をもとに持続的に日本の製造現場の改善活動に携わり，トヨタ生産システムの基盤となるものを一早く研究し，普及させた人物として海外にも広く知られている。新郷氏は終戦後日本能率協会に入り，製造業へのコンサルタントとして活躍した。もちろんトヨタにも指導を行った。彼の最も重要な貢献とされる SMED（Single-Minute Exchange of Die）手法（シングル段取り）の開発もこの時であった。特に，彼の著書『シングル段取り』（1983）の英訳版 *A Revolution in Manufacturing: The SMED System*（1985）を世に出した，出版社 Productivity Press の設立者である Norman Bodek 氏の序文によれば，JIT は結果であって，JIT を可能にしたのは，新郷氏のシングル段取り手法が決定なものであることを指摘する。シングル段取りは，金型の段取り替えの革新的な工法により，セットアップに伴う時間短縮，ボトルネックの解消，品質向上，ムダ取りを通じて，一層高いレベルに持ち上げた革新的なものとして評価される。はじめてシングル段取りを導入したのはトヨタであって（1969年），その後，海外を含めて多くの企業がシングル段取りの導入を彼に依頼していた。こうした功績を称え，ユタ大学（Utah State University）は1988年に Shingo Prize を設立し，1989年より授与されている。この賞は「製造業のノーベル賞」ともいわれる。

クレーンなど）を要する場合もある。逆に，細かい加工，組立もあり，労働者の熟練（スキル）レベルが品質に直結する場合もある。このような特徴を有する産業の場合は，人と機械や装置とのバランスをどのようにとるかが重要な意思決定事案となる。

（考えてみましょう）

①技術と市場を軸に，時代の流れによって変遷してきた大量生産，リーン生産システム，アジャイル生産システムにおける考え方と生産戦略の重点ポイントについて整理しましょう。

②加工組立産業とプロセス産業，それぞれの産業のプロセスに関するビデオを見なが

ら，その特徴を見極めてみましょう。

注

（ 1 ）　マネジメント（management）という言葉は，経営管理，管理，運用と訳される。「管理」というのは統制（control）という意味合いももつ。その点で，「生産管理」は生産活動がかかわる人や機械・装置，部品，材料の管理と統制をすることを含む。

（ 2 ）　アメリカン（生産）システムから大量生産システムへの移行プロセスの詳細について Hounshell（1984）が大変参考になる。

（ 3 ）　フォード自動車は製品のマイナーチェンジはあったものの，1908～27年の期間中，単一モデルで約1500万台以上の累積生産台数を誇るモデル T（Ford Model T）を，大量生産システムの構築により生産することができた。フォードのモデル T は都市部だけではなく農村部にまで普及し，米国のモータリゼーションに大いに貢献した。

（ 4 ）　この概念は，Davis（1987）によって提唱され，Pine II（1993）をはじめとする多くの研究によって発展された。

（ 5 ）　ZARA のビジネスモデルと生産オペレーションの特徴については，Ferdows, Lewis and Machuca（2004），斎藤（2014）が参考になる。

（ 6 ）　加熱炉で350℃に熱した原油は，圧上蒸留装置に吹き込まれ，沸点の差によってそれぞれの分解装置が，LP ガス，ガソリン（35～180℃），灯油（170～250℃），軽油（240～350℃），重油・アスファルト（350℃以上）に分離する。

参考文献

Abernathy, W. J., 1978, *The productivity dilemma: Roadblock to innovation in the automobile industry*, Johns Hopkins University Press.

Barney, J. B., 1996, *Gaining and Sustaining Competitive Advantage*, Addison-Wesley.（岡田正大訳，2003，『企業戦略論 上・中・下巻』ダイヤモンド社）

Davis, S., 1987, *Future Perfect*, Addison-Wesley Publishing.

Epstein, M. J., 1978, *The Effect of Scientific Management on the Development of the Standard Cost System*, New York：Arno Press.

福田康明・中村雅章「生産管理の変遷と課題」『日本経営診断学会年報』第22集，178-185.

Ferdows, K., Lewis, M., and J. Machuca, 2004, "Rapid-Fire fulfillment," *Harvard Business Review*, 82（11），104-110.

Hayes, R., Pisano, G., Upton, D., and Wheelwright, S., 2005, *Pursuing the Competitive Edge: Operations, Strategy, and Technology*, Wiley.

Hayes R. H. and S. C. Wheelwright, 1984, *Restoring our Competitive Edge: Competing Through Manufacturing*, Wiley.

Hounshell, D. A. 1985, *From the American System to Mass Production, 1800-1932: Development of Manufacturing Technology in the United States*, Baltimore: Johns Hopkins University Press.（和田一夫訳，1998，『アメリカン・システムから大量生産へ 1800-1932』名古屋大学出版会）

Kim, J. S. and P. Arnold, 1996, "Operationalizing Manufacturing Strategy: An Exploratory Study of Constructs and Linkage," *International Journal of Operations & Production Management*, 16(12), 45-73.

大野耐一，1978,『トヨタ生産システム』ダイヤモンド社。

Pine II, J. B., 1993, *Mass Customization: The New Frontier in Business Competition*, Boston, Mass.: Harvard Business School Press.

Piore, M. P., and Sabel, C. F., 1984, *The Second Industrial Divide : Possibilities for Prosperity*, Basic Books.（山之内靖・石田あつみ・永易浩一訳，1993,『第二の産業分水領』筑波書房）

斎藤孝浩，2014,『ユニクロ対ZARA』日本経済新聞出版社。

Sharp, J. M., Irani, Z. and Desai, S., 1999, "Working towards agile manufacturing in the UK industry," *International Journal of Production Economics*, 62, 155-169.

Shingo. S., 1985, *A Revolution in Manufacturing: SMED System*, Productivity Press.

Skinner, W., 1985, *Manufacturing: The Formidable Competitive Weapon*, John Wiley & Sons.

Tseng, M. M. and J. Jiao, 2001, Mass Customization, in: Handbook of Industrial Engineering, *Technology and Operation Management*, 3 rd eds., Wiley.

Tseng, M. M., Wang, Y. and R. J. Jiao, Y., 2017, Mass Customization, in: *The International Academy for Production*, Laperrière L., Reinhart G. (eds) CIRP Encyclopedia of Production Engineering. Springer, Heidelberg.

土屋守章，1994,『現代経営学入門』新世社。

和田一夫，2009,『ものづくりの寓話』日本経済新聞社。

Womack, J. P., Roos, D. and Jones, D., 1990, *The Machine That Changed the World: How Japan's Secret Weapon in the Global Auto Wars Will Revolutionize Western Industry*, Macmillan Publishing Company.（沢田博訳，1990,『リーン生産システムが世界の自動車産業をこう変える』経済界）

第2章　需要予測
——販売量をおしはかる——

　本章では，将来の製品販売量をデータに基づいて推測する需要予測について解説します。需要予測は，生産マネジメントに関連するすべての意思決定の出発点であり，製造企業のあらゆる活動に影響を及ぼす重要な活動です。需要予測に基づいて，工場のキャパシティーを計画し，生産現場の人員，製造設備，原材料を調達します。つまり，製造企業の仕事を時間順で並べると，需要予測は最初に行う活動です。本章では，需要予測の様々な手法を紹介します。

Keywords▶　需要予測，需要変動，予測誤差，季節変動，組み合わせ予測

第1節　需要予測

1 　需要予測とは

　需要予測（demand forecasting）とは，経営計画や販売予算，生産計画などを立てるために，計画目的で特定の製品に対する将来の販売量をおしはかることである。生産活動も，需要予測に基づいた生産計画を立案することから始める。マーケティング部門では，需要予測と過去の販売実績を踏まえて販売計画を組む。需要予測は企業活動の順番からみれば，最初に位置する重要な活動である。

　例えば，大学の前にたこ焼き屋を開店するとする。その際，たこ焼きがどれぐらい売れるかを予測することは，最も基礎的なことである。1日の販売量から，1週間，1カ月，1年のように，短期予測から長期予測まで視野に入れて準備する必要がある。これらを考慮しながら予測した販売量を踏まえて，たこ焼きプレートの容量（大きさ），仕入れる材料の量が決まる。

図2-1　時間軸でみる企業活動の流れ

（出所）　筆者作成。

①需要予測の目的

　企業経営において，予測は欠かせない活動であり，経済動向，為替の動き，原材料価格の動き，労働市場動向などが予測対象となる。特に，需要そのものを予測することは最も重要であるが，最も難しいことでもある。

　需要予測には4つの目的がある（Meredith and Shafer, 2011）。まず，その市場に参入することを正当化できるぐらい，十分な需要が存在するかを確かめることである。第2に，長期的な視点から生産能力（キャパシティー）を決めるためである。第3に，中期的に需要変動が起こるとしても，近視眼的な意思決定をしないためである。最後に，短期的な需要変動に合わせて，生産計画，人員配置，材料調達を調整するためである。

　その点で需要予測は，製造企業のあらゆる部門の活動に影響を及ぼす極めて重要な活動である。需要予測に基づいて，工場の最大生産量を決めて，生産現場の人員，製造設備，原材料と原燃料を調達する。このように需要予測は各部門の活動計画の土台となるものである。製造企業の活動を時間軸で単純化して並べると図2-1のようになる。

　まずは，需要予測を行う。工場を新設する場合には，最大生産量であるキャパシティーを決める。これとほぼ同時期に，工場の立地候補を検討して最終決定する。その後，工場のキャパシティーに合わせて，生産要素の3M（Man, Machine, Material：➡序章参照）を採用・調達し，生産準備に入る。この段階では，作業員の配置と訓練[(1)]，機械類など，設備の調達と据え付け，原材料，原料，燃料の調達が主な仕事になる。

　量産の準備が整うと，まずは，設備の試運転を行いながら，試しで少量の製品を生産する。その過程で見つかった品質などの課題を解決しながら，生産量を増やしていく。目標とする生産量を達成していくプロセスを「生産ランプアップ（production ramp-up）」という。工場はいきなり大量生産することはな

表2-1　企業の各部門における需要予測

組　織	需要予測に基づいて立案する計画	内　容
生　産	生産計画	生産数量
営　業	販売計画	販売数量
購　買	調達計画	原材料の調達量
物　流	物流計画	物流能力
サプライヤー	生産・販売・調達・物流計画	生産・販売・調達・物流能力

（出所）　筆者作成。

く，生産量を徐々に増やしながら大量生産に至る場合がある。[(2)]

　量産に入ると，生産パフォーマンスを集中的に管理する。具体的には，製品の品質（Quality），製造原価を意味するコスト（Cost），生産にかかる時間を意味する納期（Delivery あるいは Lead Time）を日々測定しながら管理する。

②需要予測を行う組織

　需要予測を行う組織は，工場だけではない。マーケティング・営業部門も，需要予測に基づいて販売計画を立てる。次に，物流部門は販売計画を参考に，物流能力（トラックの数など）を確保する。また，生産に必要な原材料を調達する購買部門では，需要予測に基づいた生産計画に合わせて原材料を仕入れる。さらに，社外のサプライヤーは，納品先企業の需要予測に基づいて自社の生産計画と販売計画を立案する（表2-1）。

③需要予測の難しさ

　需要予測は製造企業のあらゆる活動に影響する重要な活動であるが，未来のことを確実に予測することは困難である。特に，過去のデータが存在しない新製品の場合，その需要量を予測することは困難である。たとえば，新成人向けの振袖を販売する企業が，成人式を控えて需要を予測する場合に比べ，アプリを開発する企業が，そのアプリのダウンロード数を予測することは難しい。新成人の場合，地域を限定してみれば，顧客人数が把握できるが，相対的に空間的制約があまりない新しいアプリの売れ筋はその予測が難しい。

　したがって，未来のことを論理的に推測するために，予測手法を使わなければならない。そして，その推測の品質，つまり，需要予測の精度は，予測と実績との差（予測誤差）で判断する。

　現実的に予測誤差が生じるのはよくあることなので，予測誤差が発生したとき，それを吸収しうる対策をあらかじめ考えておく必要がある。予測誤差の程度に応じて，プランB，プランCなど，あらかじめ用意した対策で迅速に対応することが重要である。そのためには，需要の動きを意味する需要変動（demand swing）[3]をよく観察する必要がある。時系列にみて，需要変動があるものの，パターンが存在する場合には，需要予測の精度を高くすること，つまり，予測誤差を小さくすることは比較的容易である。

　また，需要予測の精度は，製品モデルが複数ある場合，細かい製品モデルの需要を予測するより，その製品群全体の需要を予測するときに高くなる傾向がある。これを「集約（aggregation）の効果」という。たとえば，トヨタのハイブリッド車プリウスのカラーバリエーションが複数ある中で，各色の需要を予測するよりは，プリウスそのものの需要を予測するほうが需要予測の精度が高くなる。

［ 2 ］需要変動のパターン

　需要が変動することは，確かに需要予測を困難にする原因であるが，より重要なのは，需要変動にパターンが存在するか否かの点である。パターンがわかれば，次の動きを予測して計画できる。需要変動のパターンの有無を確認するためには，時間軸に沿って需要の動きを観察する必要がある。

　需要変動のパターンには，大きく4つの種類がある（Krajewski, Malholtra and Ritzman, 2019）。1つ目は，需要が時間経過とともに多少は上下するものの，全体的に安定しているパターンである。この場合，需要に大きな変動はないため，需要予測は比較的容易である。2つ目は，時間経過とともに上下するものの，需要が右肩上がりのように，一貫した動きを見せてくれるパターンである。このパターンの存在がわかれば，その先を読むことができる。特に，右肩上がりの場合，工場の新築・増築，生産ラインの増設などを通じてキャパシティーを増やすことで，拡大する需要を吸収できる（➡第3章参照）。3つ目は，季節変動のように，需要の増減が，特定時期に繰り返されるパターンである。4つ目は，景気サイクルのように，数年から十数年までのサイクルが存在するパターンである。これは先述の3つのパターンに比べると，需要変動パ

図2-2　需要変動のパターン

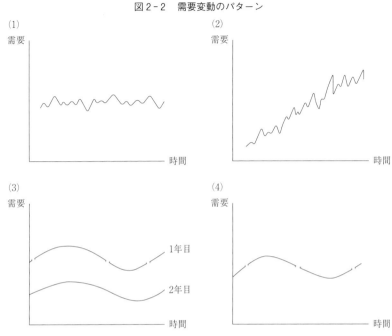

（出所）　Krajewski, Malholtra and Ritzman（2019）より筆者作成。

ターンが長期間にわたって起きるため，予測が難しい部分もある。たとえば，鉄鋼産業の景気サイクルが5年ごとに変わるのであれば，5年ごとに好況，不況が繰り返されることに対応しなければならない（図2-2）。

第2節　需要予測手法の概要

　営業担当者の仕事は販売量を予測することから始まる。製品を顧客に販売する営業担当者は将来の需要を定期的に予測しなければならない。営業担当者の需要予測がもつ社内での説得力は高い。なぜならば，対顧客販売とサービスを直接担当しているため，顧客の好みなど，需要動向と変動を間近で観察できるからである。この理由から，自動車メーカーは，自社ディーラーの予測を重視しながら，生産計画を組むことが多い。

　ここでは，需要予測のための典型的な手法について説明する。実際に，需要予測をする企業の担当者は，複数の手法を組み合わせて予測誤差を最小にするために努力する。それを「組み合わせ予測」という。

　需要予測の手法は多岐にわたっており，予測対象と目的を考慮して選択する。ある手法が他の手法より需要予測の精度が高いとは限らない。例えば，タピオカ店の週間販売量の予測に効果的だった予測手法を，発電機の年間受注量の予測に使うと，とんでもない予測値になる恐れがある。

　予測手法を選択する前には，①需要予測の目的を明確にし，需要予測の結果がどの意思決定に使われるかを決める。また，②予測期間（週，月，年）と，③需要予測に使えるデータにどのようなものがあるかを確認する必要がある（Martinich, 1997）。需要予測の担当者は，以上のことを考慮しながら予測手法を選択する。必要であれば，1つの手法ではなく，複数の手法を組み合わせる。図2-3は，需要予測の手法を分類している。

　需要予測担当者が長年の経験から培った感覚とノウハウによって，特定の手法に頼らず，自分の「直観」と「思いつき」によって予測することもあるが，ここでは定性的及び定量的な（需要）予測手法を紹介する。

　定性的需要予測と定量的需要予測との違いは，需要を予測するプロセスにある。定量的予測手法は，過去のデータや既存知識を利用して，関連する変数間の関係を分析するために数学的モデルを使う。一方，定性的予測手法では，数学的モデルのみに依存することなく，人に依存して予測を行う。たとえば，営業担当者が顧客との話し合いに基づいて，未来の需要を予測することもある。この場合，需要予測プロセスに予測する人の経験値，価値観が反映される。定性的予測手法を主観的予測手法としてみなすのであれば，定量的予測手法は客観的な予測手法ともいえる。しかし，定量的予測手法に客観性があるので，主観的な定性的予測手法は不要かというと，そうでもない。

　定量的予測手法は，過去の経済・社会の状況が，今後も変わりはないと想定する。予測する期間が，比較的に近い未来のことであれば問題ないかもしれないが，遠い未来のことを予測する場合，あるいは，非常に不安定・不透明な状況の下で予測する場合は，定量的予測手法よりは，定性的予測手法のほうが，精度が高くなることがある。なぜならば，定量的予測手法では，過去の需要に

図2-3　需要予測の手法

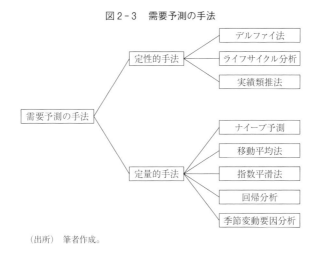

（出所）　筆者作成。

影響した要因が，未来の需要にも同様に影響するだろうと想定しているからである。

　たとえば，現在の新型コロナウイルスの感染状況（新規感染者数，重症者数，死亡者数）を根拠に，6カ月後，1年後に必要な病床数を予測するためには，専門家の意見など，定性的予測手法を重視する必要があるだろう。

1 定性的予測手法（Qualitative Forecasting Methods）

　定性的予測手法は，需要に対する過去のデータが皆無に等しい場合によく使われる手法である。新製品の需要予測が典型例である。また，予測しようとする先の期間の環境が安定していない場合にも使われる。たとえば，あるマスクメーカーが，今後2年間のマスク需要を予測する場合，新型コロナウイルスの感染状況は不透明，不安定な部分が多いため，定性的予測手法を使う。

　ところが，定性的手法は，予測を行う人がもつ情報収集・処理能力に依存している点に注意が必要である。定性的予測手法では，電子メールあるいは電話で直接消費者にコンタクトして，消費行動，購買意図について聞いたり，専門家に意見を求める場合がある。また，複数の専門家からパネルを組織して意見をまとめる方法もよく使われる。表2-2は，需要予測でよく利用される定性

44

表2-2　定性的予測手法

手　法	内　容
デルファイ法	専門家の意見を何度も繰り返して統合して予測
ライフサイクル分析	新製品投入経験者が，ライフサイクル段階ごとの期間を予測
実績類推法	現在状況に類似した販売実績を見つけて，それに基づいて予測

（出所）　筆者作成。

的予測手法を紹介している。

・デルファイ法（Delphi Method）：専門家の意見を何度も繰り返して統合していく方法である。繰り返して行うため，各回の予測は，次の回のインプットとなる。

・ライフサイクル分析（Life Cycle Analysis）：過去に新製品をマーケットに投入した経験を有するマネージャーが，製品ライフサイクルの各段階（導入期，成長期，成熟期，衰退期）を参考に，新製品の段階ごとに予測する。

・実績類推法（Historical Analogy）：現在の状況に類似した販売実績をみつけて，それに基づいて予測を行う。たとえば，プレイステーション4の販売実績を用いて，プレイステーション5の販売量を予測する。

2 定量的予測手法（Quantitative Forecasting Methods）
①時系列分析と因果関係分析

　定量的予測手法は，予測する環境が安定していること，予測手法を使うためのデータが手元にある場合に用いることができる手法である。予測の初期段階では定量的モデルをつくる作業が時間を要することがあるが，基本モデルが完成されたら，他の需要予測に転用できると同時に，自動的に予測できるメリットがある。

　定量的予測手法は，需要予測の経験が豊富でない場合，または，需要予測担当者ではない人も使える。企業の中で需要予測の担当者が変わっても予測モデルは継続して使える点から，需要予測の連続性があるともいえる。[5]この定量的予測手法では，統計的手法をよく使う。[6]

　定量的予測手法は，大きく時系列で分析する方法と，因果関係を分析する方

表2-3　定量的予測手法

手　法	内　容
移動平均法	直近の特定数の需要量を観測して算術平均を求める方法
指数平滑法	直近のデータが最も重み付けされる予測方法
回帰分析	従属変数（結果）と説明変数（原因）との関数関係を表す統計的手法

（出所）　筆者作成。

法に分けられる。時系列分析は，時間軸に沿って測定値を求める方法である。時間軸とは，ある決まった時点を意味する場合もあれば，一定間隔のことを意味する場合もある。たとえば，株式取引時間における最終価格を意味する終値は，16時時点の取引価格を示す。一方，四半期の売上高は，3カ月間の売上高を意味する。時系列分析で使うモデルは，過去の需要量データを用いて，その推移やパターンを分析し，将来の需要量を予測するものである。

　一方，因果関係分析方法は，変数と変数間の因果関係（原因と結果）に注目して需要予測を行う手法で，回帰分析が典型的な手法である。従属変数（結果）である需要量に，影響を与える変数（原因要因）をモデルに入れて，その関連性の有無や程度を分析する。

　表2-3は，需要予測でよく利用される定量的手法を紹介している。

・移動平均法（Moving Average）：直近の特定数の需要量を観測して算術平均を求める方法である。新しい需要量の観測値が1つ追加されるたびに，1番古い需要量の観測値が除外される仕組みである。

・指数平滑法（Exponential Smoothing）：指数とは，データがその経過期間に応じて指数関数的に重みづけされることを意味する。加重移動平均予測手法の1つで，過去実績の需要量の観測値は，その経過期間に応じて幾何級数的に重みづけが割り引かれ，直近のデータが最も重みづけされる仕組みである。そのため，この手法では過去のデータをすべて保持する必要はない。この利点からトレンドや季節性のないデータに用いられることが多い。

・回帰分析（Regression Analysis）：ある従属変数（結果）と，1つ以上の独立した説明変数との関数関係を表すのに最適な数式を決定する統計的手法の

　　ことである。[(7)]

②予測誤差問題

以上の定量的予測手法は，予測誤差（forecast error）を最小化することを目指している。需要予測の誤差が発生することはやむを得ない。より重要なのは，予測誤差を最小化できる予測手法を選択することである。予測誤差は，実際の需要と予測値の差で定義される。

　　　　予測誤差＝実際の需要量－予測値

たとえば，3月のマスクの需要を100万枚と予測したことに対して，実際の需要量（販売量）は120万枚であることが明らかになったとする。その場合，予測誤差は20万枚である。

　　　　予測誤差(E_3)＝実際の需要量120万枚(D_3)－予測値100万枚(F_3)＝20万枚

　　　Et ＝ t 期（月）の予測誤差（Error）

　　　Dt ＝ t 期（月）の実際の需要量（Demand）

　　　Ft ＝ t 期（月）の予測値（Forecast）

長期的な視点から測定する場合には，総和（合計）を計算すればよい。複数期にわたる予測誤差の総和に基づいて予測の精度を評価するために，総和を求めて平均値を計算する方法が利用される。

(1) CFE（Cumulative sum of Forecast Errors, 予測誤差の累積値）

CFE は，複数期の予測誤差の累積値である。

　　CFE ＝ Σ Et

例えば，1月から12月までの予測誤差の累積値は，

　　CFE ＝ E_1 ＋ E_2 ＋ E_3 ＋ … ＋ E_{11} ＋ E_{12}

で計算できる。しかし，CFE は，期間が長くなればなるほど，累積値も大きくなるので平均値を使うことが多い。

　　予測誤差の平均値 ＝ CFE ÷ 予測期間

表2-4 は，あるドラッグストアチェーンのアルコール・スプレーの需要量と予測値を表している。

この場合，月ごとの予測誤差は，

　　1月：E_1＝100－110＝－10

　　2月：E_2＝120－100＝20

表2-4 アルコール・スプレーの需要量・予測値

(単位：千本)

	実際の需要量	予測値
1 月	100	110
2 月	120	100
3 月	130	120
4 月	90	100
5 月	120	110

3 月：$E_3 = 130 - 120 = 10$

4 月：$E_4 = 90 - 100 = -10$

5 月：$E_5 = 120 - 110 = 10$

になる。これを基に CFE を計算すれば，

$CFE = (-10) + 20 + 10 + (-10) + 10 = 20$

となる。また，平均を取ると，

予測誤差の平均値 $= 20 \div 5 = 4$

である。しかし，これでは予測誤差がどれぐらい「ばらついているのか」がわかりにくい。また，CFE の計算ではプラスとマイナスが相殺される問題がある。予測誤差のバラツキをより正確に把握するために利用するのが，MSE，MAD，MAPE である。

(2) MSE，MAD，MAPE

MSE（Mean Squared Error，平均二乗誤差）は，予測誤差の二乗値を計算して，その総和を予測期間数で割った平均値である。

$MSE = \Sigma Et^2 \div n$

MAD（Mean Absolute Deviation，平均絶対偏差）は，各予測誤差の絶対値を計算し，その総和を予測期間数で割った平均値を表す。絶対値がつくことで，プラス，マイナス記号を無視する。

$MAD = \Sigma | Et | \div n$

MSE と MAD の値が小さくなるほど，需要予測の精度が高いと評価される。MSE と MAD の違いは，二乗値を計算するか，絶対値を計算するかの違いがあるが，総和の平均値をとることは同じである。ただし，誤差が大きくな

48

表2-5　MSE, MAD, MAPE 値の計算

	需要量	予測値	予測誤差	二乗誤差	絶対偏差	絶対誤差率
1 月	100	110	−10	100	10	10.00%[1]
2 月	120	100	20	400	20	16.67%
3 月	130	120	10	100	10	7.69%
4 月	90	100	−10	100	10	11.11%
5 月	120	110	10	100	10	8.33%

1 ）　10/100×100＝10%

るほど，MSE は大きくなるため，予測誤差が強調される。

　最後に，MAPE（Mean Absolute Percent Error, 平均絶対誤差率[8]）は，需要量（実績＝Dt）を考慮した誤差をパーセンテージで見せる指標である。

　　MAPE（%）＝（Σ｜Et｜/Dt）÷ n ×100

　たとえば，予測誤差が同じ10であっても，需要量（実績）が100の場合と，重要量が1000の場合とでは，その誤差がもつ重みは異なる。需要量が100の場合，より大きなズレとして解釈しなければならない。パーセンテージで表す意味がそこにある。MAPE は，需要量が異なる商品間でも横並びで比較ができるメリットがあるため，実務でよく使われる手法である。

　以下は，MSE，MAD，MAPE の値を計算する例を示す（表2-5）。

　　CFE ＝20

　　MSE ＝（100＋400＋100＋100＋100）÷ 5 ＝160

　　MAD ＝（10＋20＋10＋10＋10）÷ 5 ＝12

　　MAPE ＝（10.00＋16.67＋7.69＋11.11＋8.33）÷ 5 ＝10.76（%）

　CFE が20であることは，予測が実際値を下回っていることを意味する。MSE と MAD はバラツキを見せる。MAPE が10.76%であることは，平均的に予測誤差は実際の需要量の10.76%以内であることを意味する。以下では，予測誤差の概念に基づいて，需要予測手法をより詳しく説明する。

第3節　需要予測手法の具体例

　時系列分析手法には，①ナイーブ予測，②単純移動平均，③加重移動平均，

④指数平滑法がある。これらの名称に「モデル」をつけてもよい。一方，因果関係分析には，統計学でよく利用される分析手法である回帰分析がある。回帰分析にも，①単回帰分析（単純回帰分析），②重回帰分析（多重回帰分析）がある。回帰分析の詳細は，統計学概論などの専門書を参照されたい。

　時系列分析と因果関係分析の共通点は，過去のデータを利用する点にある。つまり，実績があれば，それに基づいて予測が可能である。しかし，新製品の需要のように，まだ実績がない場合には直接使うには無理がある。

　時系列分析と因果関係分析の違いは，変数の使い方にある。因果関係を分析する回帰分析では，説明変数（independent variable）を使って，被説明変数（従属変数）の需要量を予測しようとする。例えば，広告宣伝費を増額すると，それに比例して需要量も増える関係をみようとする。それに対して，時系列分析では，被説明変数の需要量に関する過去のデータのみを使う。時系列分析は，過去データのパターンが将来にも続くという前提で分析を行う。

[1] ナイーブ予測 (Naïve Forecast)
　ナイーブは「単純素朴」を意味する。ナイーブ予測では，次期の需要量は今期の需要量と同じであると想定する。単純素朴な需要予測ではあるが，他の予測モデルとの比較目的で利用することが多い。
　（例1）今日のお弁当の販売量（＝実際の需要量）が30個だった。明日の販売量も30個になるだろう。
　（例2）今週のお弁当の販売量は，先週の販売量より10個増えた。来週の販売量も，今週の販売量より10個増えるだろう。

[2] 移動平均法 (Moving Average Method)
　移動平均とは，直近の観測値（実際の需要量）の算術平均を意味する。新しい観測値が1つ追加される度に，一番古い観測値が1つ除外される。その際，nは，平均に利用する期間を意味する。[9]移動平均法には，単純移動平均モデルと加重移動平均モデルがある。
　単純移動平均モデル（Simple Moving Average Method）は，最も古いデータを算術対象から除外し，最近のデータを対象に加えて平均値を計算する方法であ

50

表2-6　製品の月別需要量

月	実際の需要量
3月	240
4月	200
5月	220
6月	280

る。それに対して，加重移動平均モデル（Weighted Moving Average Method）は，平均化する対象データを均一に使うことではなく，重要度に応じて加重する方法である。以下の例から説明しよう。表2-6は，ある製品の月別需要量を示している。

　この企業は4カ月間を需要予測の期間として設定して，移動平均を計算する（n＝4）。単純移動平均モデルで，7月の需要量を予測してみよう。

　　$F_7 =$（240+100+220+280）÷4＝210

　単純移動平均モデルでは，各月が同じ重要度（ウェイト）で扱われている。一方，加重移動平均モデルでは，重要度に応じて重みを決める。その重みの合計は1となる。

　例えば，直近の6月を重視して0.5の重みをつける。そして，5月0.2，4月0.2，3月0.1とする（重みの合計＝0.5＋0.2＋0.2＋0.1＝1.0）。これを利用して加重すると以下の式になる。

　　$F_7 = 0.5 \times 280 + 0.2 \times 220 + 0.2 \times 200 + 0.1 \times 240 = 248$

　このように，加重移動平均モデルは，重要度に応じて重みを調整できる。

〔 3 〕　指数平滑法（Exponential Smoothing Method）

　指数平滑法は，過去の予測値と実際のデータ値を用いて将来の需要予測をするもので，一種の加重移動平均モデルである。加重移動平均モデルより少し複雑なモデルとみてもよい。指数と呼ばれるのは，データがその経過期間に応じて指数関数的に重みづけされるためである。

　　$F_{t+1} = a\,D_t + (1 - a)\,F_t$

　aは，「平滑化定数」と呼ばれる（ただし，$0 < a < 1$）もので任意で設定で

きる。式でもわかるように，指数平滑法を使うためには，まずは，F_t が必要となる。過去実績の値は，その経過期間に応じて割引され，直近のデータ（実際の需要量）が最も重みづけされる。シンプルな式で使いやすいが，実務では，指数平滑法を応用して使うことが多い[10]。

　先ほどの製品の月別需要量の例を利用して，指数平滑法を使ってみよう。現在が 6 月で，需要量は280だった。平滑化定数は，0.20とする場合，7 月の需要量を予測すると以下のようになる（6 月の需要予測は，220とする）。

　　　$F_7 = 0.20(280) + 0.80(220) = 232$

第 4 節　季節変動要因

　需要は変動しているが，その中に一定のパターンが存在する場合，どのように予測すればいいのか。ここでいう「季節変動」とは，春，夏，秋，冬の意味ではなく，需要の上下の動きが規則的に動くパターンが存在することを意味する。季節変動期間は，時間，日，週，月，四半期（3 カ月）のいずれかの単位になる。たとえば，ある商品の需要が毎月 1 週目に集中する場合，その 1 週間が季節変動期間となり，銀行の ATM を利用する顧客が毎日12時から14時に集中する場合，その 2 時間が季節変動期間となる。需要予測を行うマネージャーには，この季節要因をどう考慮するかが主な課題となる。なぜならば，季節要因が明確にわかる場合と，そうではない場合があるからである。

　たとえば，エアコンの需要が 6 月，7 月に集中することは明らかである。また，年賀状の需要は年末に集中する。この場合，明確なパターンが存在する。パターンが明確であれば，これまで説明してきた手法（モデル）を使って予測の精度を上げることが可能である。

　では，数値例を使って，季節変動要因を考慮した需要予測について説明する。

　あるレンタカー会社が，来年の需要予測をしているとしよう。レンタカー・ビジネスでは，季節変動が激しく，7 ～ 9 月の需要が最も多いとする。需要の詳しい情報は表 2 - 7 の通りである。これまでの 4 年間（2019年，2020年，2021年，2022年）のデータに基づいて，5 年目（2023年）の需要を予測しよう。ちな

表2-7 レンタカーの需要量の変遷

〈2019年〉

四半期	需要量（件）
第1四半期（1～3月）	45
第2四半期（4～6月）	335
第3四半期（7～9月）	520
第4四半期（10～12月）	100
合　計	1000

〈2021年〉

四半期	需要量（件）
第1四半期（1～3月）	100
第2四半期（4～6月）	585
第3四半期（7～9月）	830
第4四半期（10～12月）	285
合　計	1800

〈2020年〉

四半期	需要量（件）
第1四半期（1～3月）	70
第2四半期（4～6月）	370
第3四半期（7～9月）	590
第4四半期（10～12月）	170
合　計	1200

〈2022年〉

四半期	需要量（件）
第1四半期（1～3月）	100
第2四半期（4～6月）	725
第3四半期（7～9月）	1160
第4四半期（10～12月）	215
合　計	2200

みに，5年目の需要は，2600件を見込んでいる。

　データで示されている通り，毎年，需要が伸びていることがわかる。2019年の1000件，2020年の1200件，2021年の1800件，2022年の2200件の需要量を踏まえると，2023年にも需要が増えることが見込まれ，予測値は2600件である。過去の需要量の増加分（1000件から2200件に増加）からすれば，毎年，平均400件（1200÷3）が増えているので，2600件の見込みは妥当な数字である。ただし，過去の需要量の変化を，四半期（3ヵ月）ごとに分析すれば，図2-4のように，特定のパターンが観察される。つまり，全体的に需要は伸びていくが，毎年7～9月に需要がピークを迎えるパターン，すなわち季節変動がみられる。2023年の需要量においても，第3四半期の需要量がピークになることは明らかである。

　では，各四半期の需要量を，以下の手順で計算してみよう。
　・まず，各年の平均需要量を計算する。
　2019年：1000÷4（四半期）＝250
　2020年：1200÷4＝300

図2-4　レンタカー需要

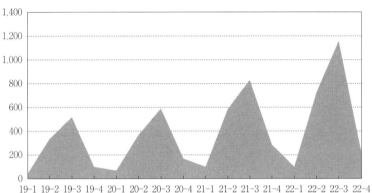

2021年：1800÷4＝450

2022年：2200÷4＝550

・次に，各年の「季節変動指数」を計算する。季節変動指数は，四半期の需要量を，その年の平均需要量で割った数字である。2019年の季節変動指数は，以下の通りである。

　　1〜3月の季節変動指数＝第1四半期需要量÷2019年平均需要量＝45÷250＝0.18

　　4〜6月：335÷250＝1.34

　　7〜9月：520÷250＝2.08

　　10〜12月：100÷250＝0.40

同じ方法で，2020年，2021年，2022年の季節変動指数が計算できる。

　　2022年：0.23, 1.23, 1.96, 0.56

　　2021年：0.22, 1.30, 1.84, 0.63

　　2022年：0.18, 1.31, 2.10, 0.39

・2019年から2022年までの各四半期の季節変動指数の「平均値」を計算する。

　　各年の第1四半期の季節変動指数は，以下の通りである。

　　2019年第1四半期：0.18

　　2020年第1四半期：0.23

　　2021年第1四半期：0.22

表 2 - 8　レンタカーの2023年需要予測

〈2023年〉

四半期	需要量	季節変動指数による予測需要量
第 1 四半期（1 ～ 3 月）	650	650×0.20＝132
第 2 四半期（4 ～ 6 月）	650	650×1.29＝843
第 3 四半期（7 ～ 9 月）	650	650×2.00＝1300
第 4 四半期（10～12月）	650	650×0.49＝323
合　計	2600	

2022年第 1 四半期：0.18

したがって，第 1 四半期の季節変動指数の平均値は，以下のように計算する。

$(0.18 + 0.23 + 0.22 + 0.18) ÷ 4 = 0.20$

同様に，第 2 四半期，第 3 四半期，第 4 四半期の季節変動指数の平均値も計算できる。

第 2 四半期：$(1.34 + 1.23 + 1.30 + 1.31) ÷ 4 = 1.29$

第 3 四半期：$(2.08 + 1.96 + 1.84 + 2.10) ÷ 4 = 2.00$

第 4 四半期：$(0.40 + 0.56 + 0.63 + 0.39) ÷ 4 = 0.49$

・2023年の各四半期の需要予測を行う。2023年の合計需要量は2600件と見込まれた。まず，2023年の需要量の四半期平均を求める。

$2600 ÷ 4 = 650$

次に，この需要量に，③で求めた四半期ごとの季節変動指数を掛け算する（表2-8）。この計算によって，レンタカー会社のマネージャーは，2023年には132件から1300件までの需要が予想され，いつものように，第 3 四半期（7～9月）に需要がピークを迎え，1300件の需要が見込まれると判断する。

これまで，需要予測のための手法について説明したが，どの手法にもメリット，デメリットがある。実際に企業現場では，特定の手法にこだわらず，1 つ1 つ試して，あるいは，複数手法を組み合わせて需要を予測する。組み合わせ予測は，長期的にみれば，予測精度の高い特定手法に依存するより高いパフォーマンスを発揮する。特に，各予測手法の結果が異なる場合に有効である。組み合わせ予測を利用する際に，「重みづけ（weighting）」をしてもよい。たとえば，手法 A による予測値が100，B による予測値が120，C による予測

Column：新型コロナウイルス感染拡大とマスク生産

　2020年2月ごろから，新型コロナウイルスの感染が，日本国内で広がった。それによって，マスクの品薄状態が大きな問題として浮上した。マスクの品薄の主な原因は，日本国内で流通するマスクの大部分が中国から輸入されていたからである。輸入が一時的に停滞したことを受けて，政府も設備導入に補助金を出すなど国内メーカーに増産を促した。

　従来から日本製の高品質のマスクを生産してきたメーカー（興和株式会社，ユニ・チャームなど）だけでなく，大手家電メーカーのアイリスオーヤマとシャープが，マスク生産に新規参入した。アイリスオーヤマは，病院などでの需要が依然多い医療用マスクの生産体制をつくるために，同社の宮城県角田市にある工場に約10億円を投じて，月産1万枚程度のキャパシティーを確保した。マスクを生産する企業は，同年12月までに約30社まで増え，国内の生産キャパシティーも需要を十分満たす水準になった。その中で，ブランド力が乏しい中小企業製のマスクは，生産不振に陥り，当初の月産能力やピーク時の月産量を下回ることになる。

　新型コロナウイルス感染拡大とマスク生産を，本章で紹介した需要予測の視点からみれば，以下のような示唆が得られる。まず，需要予測からは，新型コロナウイルスによるマスクの需要変動は，予測が非常に困難なことである。過去の需要量データに基づいて需要予測を行う場合，マスクに対する需要の急激な増加は予測できない。したがって，事後的に最新情報を集めて，需要予測を修正する必要がある。ただし，最新情報であっても，予測しようとする期間（ホライズン）が長くなるほど，予測環境が不安定，不透明であるため難しくなる。また，今のマスクの需要変動パターンが右肩上がりであっても，将来にも増え続けるとは限らない。

　急増するマスク需要に応じて，マスクを生産する工場のキャパシティーにも，中長期の視点から，工場あるいは生産ラインの新設あるいは増設といった変化が起きる。マスク生産のキャパシティーは，時差をもって，需要を追いつく形で増えたことが，今回の事例でわかる。なお，需要量とキャパシティー間にギャップが発生した場合，在庫切れあるいは在庫につながる。

値が110とする場合，これらの3手法の予測値を平均すれば，（100＋120＋110）÷3＝110が予測値になる。

考えてみましょう

①新成人の振袖需要を予測する場合，どの予測手法が使えるのかについて考えてみよう。

②需要変動のパターンが存在する商品の例を挙げて，季節変動期間について説明してみよう。

注

（1）　作業員の名称は，産業と作業内容によって異なる場合がある。たとえば，プロセス産業の鉄鋼産業では，オペレーター，エンジニアなどの名称がある。自動車産業では，作業員，技術員といった名称も使われる。

（2）　生産ランプアップにかかる期間は，産業ごとに異なるが，大量生産を基本とする自動車産業，半導体産業，鉄鋼産業でも，数カ月から1年までかかることがある。

（3）　需要変動を起こす要因は，顧客ニーズの変化，季節要因，感染症の拡大，震災など様々である。中でも，季節が変わることで需要変動が起こることはパターンが存在しているため比較的に予測しやすい。ところが，新型コロナウイルス感染症の拡大でマスクの需要が爆発的に増加することなど，感染症などによる需要の急激な変動は予測が極めて難しい。

（4）　「予測ホライズン（forecast horizon）」ともいう。

（5）　先述した通り，実務の世界では，定量的予測手法と定性的予測手法を適宜組み合わせて予測を行う場合が多い。可能な限りデータを集めて定量的な手法を試みつつ，データの質と量を補うため，定性的な手法を併用するのが一般的である（山口，2021）。

（6）　生産マネジメント分野で，統計学と相性のよいもう1つの分野は，品質管理である。詳しくは，第6章で紹介する。

（7）　所与の点と直線との差異の二乗の和が最小となるように，データを通る最適な線を選ぶ曲線近似手法であるので，最小二乗法（Least-Squares Method）とも呼ばれる。

（8）　メイプと読む。

（9）　n＝1と設定するとナイーブ予測モデルになる。

（10）　指数平滑法の応用と，実務での利用事例については，山口（2021）を参照されたい。

参考文献

Krajewski, L., Ritzman, L. and Malhotra, M., 2019, *Operations Management*, Prentice Hall.

Martinich, J., 1997, *Production and Operations Management: an Applied Modern Approach*, Wiley.

Meredith, J. and Shafer, S., 2011, *Operations Management*, Wiley.

山口雄大，2021，『新版この1冊ですべてわかる需要予測の基本：S＆OPで経営に貢献する』日本実業出版社。

第3章　生産キャパシティー計画と立地選択
——工場の規模と場所を決める——

　　　製品がどれぐらい売れるか，お客さんがどれぐらいいるかについて
予測した後，企業の次の仕事は，これから製品を生産するために工場
の規模と立地を決めることです。その際将来の需要を予測し，どのく
らいの生産能力を有する工場を計画するか，それをどのような場所で
行うかという問題に直面します。このキャパシティー計画と立地選定
は長期的な競争力に影響するものであるため，企業の生産戦略上で最
重要の意思決定事項となります。なお，キャパシティー計画と立地選
定は，経営戦略はもちろん，財務管理，人的資源管理，国際経営な
ど，経営学のすべての知識が総動員される場面となります。

Keyword▶キャパシティー，稼働率，キャパシティー・クッション，工業立地選択，
　　　　　マテリアル指数

第1節　キャパシティー計画

　1　工場のキャパシティー

　前章では，需要を予測することが，すべての企業活動の基礎であり，重要な
出発点であると説明した。需要予測は，企業活動の順番からみれば，一番先に
位置する重要な活動である。製造企業の次の仕事は，新設する工場の規模と立
地を決めることであり，前者をキャパシティー計画という[1]。

　キャパシティー（capacity）とは，生産システム（工場）の最大生産能力のこ
とを意味する。たとえば，自動車工場の最大生産可能な自動車の生産量，製鉄
所の最大生産可能な鉄の生産量がキャパシティーである。キャパシティーの概
念は，生産現場だけではなく，われわれの日常生活でも目にすることが多い。
エレベーターの定員数，建物の収容可能人数，新幹線や飛行機の座席数など，

名称は異なるものの，すべて「最大能力」を指す。工場のキャパシティーは，一旦決めたら変更（拡張，縮小）が難しく，現在だけではなく，今後の需要も見据えて設定する必要があり，大きければ大きいほど規模の経済性が効くもので，キャパシティー計画に関連する企業の意思決定は，長期的な視点をもつことが欠かせない。

　工場のキャパシティーを計画して，実際に工場の生産ラインに設備を据え付けて，作業員が生産活動を始めると，需要量が急に増えたり減ったりしても，生産ラインの生産量を急に変えることは容易ではない。たとえば，新型コロナウイルス感染症の拡大で，マスク生産工場を新築，増築したメーカーは，今後もマスクの需要がそのまま維持されるという保証がないため，長期的にはキャパシティーを減らしくいくことも考えなければならない。生産ラインを拡張しようとしても設備の購入と設置，人員の追加採用と教育訓練には時間がかかる。一般的に，工場の新築，増築などは，大規模な投資を伴うことが多いため，正確な需要予測が必要である。また，経営陣の重要な意思決定事項であり，全社への影響も大きい。

①規模の経済性

　規模の経済性（economies of scale）とは，より大きな生産量に固定費を分配することによって，製品当たりの平均単価が減少することを意味する。工場のキャパシティー計画において，規模の経済性は，以下の要因で考慮の対象となる。

- ・固定費の分散：固定費とは，生産量の増減と関係なく，固定されているコストを意味する。たとえば，光熱費，人件費，設備の減価償却費などが典型例である。生産量が増えると，固定費をより多くの製品に配賦できるので，製品当たりの平均単価が下がる効果がある。
- ・工場建設にかかる費用の低減：２カ所に工場を建設するより，１カ所にまとめて建設したほうがコスト面でメリットがある。したがって，大きさが２倍の工場を建設するほうが，トータルの建設費からみれば安くなる効果がある。
- ・原材料および部品の大量調達による購買費の削減：生産要素の原材料および部品をサプライヤーから調達する際に，数量が多くなるほど，購入側の

交渉力は大きくなる傾向がある。したがって，大きなキャパシティーは，調達部品の数量割引を交渉する上で有利になる。

他方で，規模の経済性を活かすために生産量を増やすことは，コストのメリットはあるが，リスクも伴う。生産設備の能力を超す生産量を求め続ける場合，製品当たりの単価が高くなってしまい，「規模の不経済性（diseconomies of scale）」が発生する恐れがある。その原因は，規模が大きくなるにつれ，顧客とのコミュニケーションが難しくなることや，組織の大型化・複雑化による能力分散，管理負荷増加などによる非効率化などが挙げられる。[2]

②稼働率

キャパシティーの問題を考える際，生産能力の利用度（0～100％），すなわち製造設備と作業員が生産にどの程度集中しているかによってその結果が変わってくることを考慮し把握する必要がある。これを理解するための指標が，「稼働率（utilization）」である。たとえば，ある自動車工場のキャパシティー（最大生産能力）が年間10万台とする。しかし，この工場の「生産実績」は，半導体不足により年間6万台に留まったとする。その場合，稼働率は，以下のように計算する。

稼働率（％）＝（生産実績／最大生産能力）×100＝（6万台／10万台）×100＝60％

稼働率が60％ということを裏返してみれば，40％の余裕があることを意味する。もし，この工場の生産実績が10万台である場合には，稼働率は100％となる。これを生産現場では「フル稼働」「フルキャパ操業」という。つまり，余裕がないギリギリの状態のことを指す。

③キャパシティー・クッション

稼働率100％は，あまりにも余裕のない状況であり，急な需要の増加への対応を短期的に行うことはできるが，長期的にはキャパシティーを調整する必要があることを意味する。需要変動にうまく対応するためには，余裕のあるキャパシティーが重要であり，これを「キャパシティー・クッション（capability cushion；以下CC）」という。CCはフル稼働時の100％稼働率のうち，平均稼働率を設定することで，残りのクッションを計算する。

たとえば，上記の自動車工場の例からすれば，CC＝100％－60％＝40％となり，キャパシティーの40％をもって需要変動に対応することになる。[3]CCが

大きすぎると，未利用のキャパシティーが大きくなるため，コストが増えてしまう。よって，過去のデータに基づき，より正確なシミュレーションを行い，CCを設定することが必要となる。

2 キャパシティーの測定と計画

キャパシティーは時間軸を明確に定義して議論しないと，議論が混乱する恐れがあるため，1日，1週間，1カ月，1年間などを明記して計算する。キャパシティーの期間は，当該品目別に，年，月，日などで表す。また，キャパシティーはアウトプットだけではなく，生産要素の労働力や原材料のようにインプット基準で使われる場合もある。たとえば，ある大学がキャンパス内の教室数を見直しているとする。その際に，キャパシティーを新入生数というインプットを基準にするか，それとも，卒業生数というアウトプットを基準にするかによって測定項目が異なってくる。

先述した自動車工場の年産10万台は，アウトプットを基準に測定したキャパシティーの事例である。もしこの自動車工場が立地する地域の住民数が少なく，人手不足が予想される場合には，インプットの従業員数を基準に最大生産能力を再計算する必要があろう。また，調達可能な原材料に限りがある場合にも，インプットで計算する。企業は，インプットを基準に計算したキャパシティーと，アウトプットを基準に計算したキャパシティーを同時に参考にしてキャパシティーを計画する。

一方，キャパシティーとその計画は，長期的な視点からの計画を基本にしている。この視点からは，規模の経済性，CCなど，長期的に企業のパフォーマンスに影響する要因を分析する。逆に，短期的なキャパシティー計画の視点も存在する。第4章で説明する制約条件の理論がこれに当たる。生産工程内のボトルネック工程をみつけて，その工程を集中的に改善することで，全体のアウトプットが増えることは，最大生産能力，つまりキャパシティーの向上につながる。広い意味からみれば，ボトルネック工程の改善活動も，キャパシティー管理の一部として理解することができる。

第2節　キャパシティーの拡張戦略

［１］ 工場のキャパシティーと需要変動

　企業がキャパシティーを拡張しようとするとき，どのタイミングで，どれぐらいの量を増やすのかは，メーカーの生産戦略のコアとなる。その理由は，大規模な投資が必要であると同時に，一旦決まって進んだら，元に戻すのは不可能に近いからである。

　前章で説明した需要予測に基づいてキャパシティーを決定した工場は，需要量とキャパシティー間のズレが発生した際に，その対応に追われることになる。図3−1は，工場のキャパシティーと需要量間のギャップを見せている。

　キャパシティーは，短期間での変更が難しいため，直線で表す。一方，需要は常に変動するため，波のように上下を繰り返している。①のように，工場のキャパシティーと需要量がちょうどぴったり一致すれば理想的だが，実際には，内部の理由であるキャパシティー・クッションの確保と，外部の需要変動が重なり，これらが一致することはなかなか難しい。②は，市場の需要量が，工場のキャパシティーを下回っている。この時期に，工場はキャパシティーの利用度を下げるか，耐久性のある製品であれば，先に在庫を生産して保管する。この期間には在庫が余る可能性がある。③は，顧客の需要量が，キャパシティーを超えている状況を表しており，フル稼働しても需要量に追いつけない状況である。この場合，品切れが発生し，顧客が他の商品を求めて販売機会損失が起こる可能性がある。

　特に③のように，需要量がキャパシティーを上回った場合，キャパシティーそのものを増やしていくことが求められる。以下では，事業が堅調に増加するとの仮定の下で，工場のキャパシティーを増やしていく「タイミング」と「生産量」を

図3−1　キャパシティーと需要変動との関係

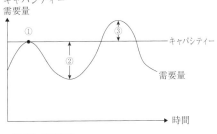

（出所）筆者作成。

図 3-2　キャパシティーの拡張戦略

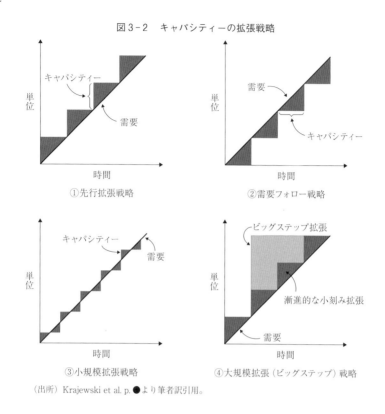

①先行拡張戦略

②需要フォロー戦略

③小規模拡張戦略

④大規模拡張（ビッグステップ）戦略

（出所）Krajewski et al. p. ●より筆者訳引用。

中心に説明していく。

　2　キャパシティー拡張戦略

　キャパシティー拡張戦略（図3-2）は，拡張投資が需要より先か後かという時点の観点で以下の①と②に，そしてその投資規模の大きさによって③と④に区別される。

　①先行拡張戦略（preceeding demand strategy；lead strategy）

　先行拡張戦略は，需要予測に合わせ，先行して余分のキャパシティーをつくることで，需要量を吸収していく戦略である。確保したキャパシティーが大きいほど，品切れの可能性は少なくなる。また，キャパシティーが需要量を上回っても，CC として利用できる。そのため，顧客から急な注文が入ったとき

表3-1　キャパシティー拡張戦略のメリット・デメリット

戦　略	メリット	デメリット
①先行拡張戦略	・需要を素早く吸収する	・余分のキャパシティーによるコスト
②需要フォロー戦略	・キャパシティーが拡張されたら、すぐフルに活用される	・品切れが発生する可能性
③小規模拡張戦略	・キャパシティーとコストのバランスが取れる	・キャパシティー拡張に時間がかかる場合、コストが上がるリスク
④大規模拡張（ビッグステップ）戦略	・まとめて拡張するので手間が省ける	・販売機会損失と、過度なキャパシティー・クッションをもたらす可能性

（出所）　筆者作成。

　にも，追加コストをかけずに迅速に納品できる。しかし，この戦略のデメリットは，キャパシティーが余った場合，高いコストがかかることである。

　②需要フォロー戦略（following demand strategy）

　需要フォロー戦略は，予測された需要ではなく，実際の需要を満たすためにリソースを確保する戦略であり，小規模組織が採用しやすいものである。この戦略は，キャパシティーの拡張を行い需要増加分に対応しようとするもので，保守的な戦略である。そのため，無駄な投資の削減はできるが，在庫切れやサービスレベルの低下によって潜在的な買い手を失う可能性もある。

　③小規模拡張戦略（small capacity increments；match strategy）

　小規模拡張戦略は，①と②の中間型の戦略でバランス型ともいう。実質的な需要変動をモニタリングしながら，市場トレンドに合わせる形で迅速に生産キャパシティーを細目に調整する戦略である。品切れによる損失のリスクと過剰投資によるコスト増といった2つのトレードオフ関係を意識したものである。

　④大規模拡張戦略（ビッグステップ戦略〔large capacity increments〕）

　一部の産業では，キャパシティーを小まめに拡張することが難しい。そのため，製鉄所の溶鉱炉（高炉），製油所の蒸留塔のような設備の場合，大規模拡張が一般的である。大規模拡張の際には，時間とリソースがかかると同時に，リスクを伴う。また，このようなビッグステップ戦略は，販売機会損失と過度

なキャパシティー・クッションをもたらすことが予想されるため，予想と管理が容易ではない（表3-1）。

　これまで，需要予測と，それに基づいたキャパシティー計画について説明した。需要予測とキャパシティー計画には，実際の需要量の水準と，需要変動といった不確実性の要素が存在する。そのような状況のもとで，立地を決めて，工場を立ち上げることはリスクを伴う。さらに，長期的な影響力をもつ戦略的意思決定であるゆえに，綿密な検討作業が求められる。

第3節　立地選定とその要因

1 立地選定という戦略的意思決定

　日本一の小売業に成長したセブン-イレブン。ところが，セブン-イレブンは店舗を全都道府県に展開してはいない。なぜだろう。そこにはどのような論理があるだろう。それは，「米飯」と呼ばれるオリジナル商品の専用製造工場の立地がセブン-イレブンの店舗エリア範囲を決める重要な因子になっている。同商品の均質な品質を保ちながら販売可能なエリア，すなわち高速道路などを使いトラックで輸送する時間及び距離内か否かがキー要素になっており，店舗展開の基準は「物流の配送可能エリア」が出店可能エリアになっている（信田，2013）。

　セブン-イレブンのような小売業だけではなく，製造業においても立地選定問題は重要な戦略的意思決定の1つである。製造業の場合，工場立地選定は生産オペレーションそのものを遂行する場所という位置づけにとどまらず，サプライチェーンと関連する調達や販売，営業などの関連業務部門間の連携の容易性，市場への接近性，原材料や部品調達の容易性と物流コスト，そして良質な労働力の持続的な確保可能性と賃金などの要因を考慮し，事業および製品・市場の特徴，サプライチェーン全体の効率を見極めながら意思決定をする必要がある[4]。

　立地には，面積や土壌，傾斜度，道路や港，空港などの接近性などの特定立地の物理的な特性を指す「立地（site）」と，経済活動を営む上での距離や接近性，ライバル企業との距離を意味する「相対的な空間立地（situation）」があり，

顧客に提供するサービスや製品の特徴，施設機能と業務内容などによって，非常に多義的な概念として使われている。

　以下では，産業（工業）の立地選択に関する代表的な議論を中心に多様な立地論（location theory）の内容を概観した上で，立地選択の主要因子について説明する。

[2] 立地論に関する概観

①ウェバーの産業立地論

　立地論に関する体系的な研究が始まったのは，欧米の産業革命後，資本主義の形成期に当たる19世紀後半から20世紀前半である。最初に立地論が台頭した分野は農業であった。その後，立地論は工業，サービス産業，そしてその他の施設などの立地選定因子を究明しつつ，経済地理学や交通経済学，空間経済学，都市経済学などの多様な学問分野に広がり，影響を与えた。

　まず，最初に立地論の先駆者であるJ. チューネン（J. H. von Thünen, 1783-1850）の議論から見てみよう。彼は論考『農業と国民経済に関する孤立国』[5]にて，農業における土地利用と輸送コストに着目し，生産地から市場までの距離によって発生する輸送費の差が土地の価値（地代）に反映され，収益の差を生み出すと主張した。つまり，市場に近接した農家は輸送費を節約できるため，その立地が望ましいとした。彼の功績は空間経済学や経済地理学の誕生につながったが，論考の仮定の非現実性への批判もあった。その仮定においては，農人が経済人として行動するものの，交易のない孤立地域，地形の同一性，距離に比例する輸送コスト，単一の輸送手段などの非現実的な条件が批判された。

　次に，工業立地論の先駆者は，ドイツの経済学者A. ウェバー（Alfred Weber, 1868-1958）である。彼はチューネンの議論を受け，著書『工業立地について』（1909）にて「最小費用理論」を提唱した。ウェバーの最小費用理論は輸送費や労働費が最小限になるところが最適立地になると主張する。以下，輸送費の最小費用理論について簡単に説明しておこう。

　図3-3はウェバーのロケーショントライアングル（Weber's location triangle）と呼ばれる。このモデルは，原料を2カ所(X, Y)から購入し，地点Pで製造・加工を行った後，市場Kに販売するという想定である。このモデルは，①天

図3-3　最小費用理論（輸送費）

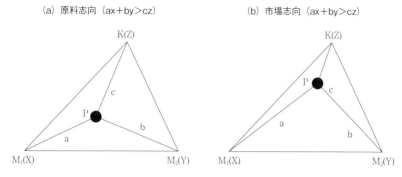

(a) 原料志向（ax＋by＞cz）　　　　　　　　(b) 市場志向（ax＋by＞cz）

（注）　K：消費市場，M_1, M_2：原料産地，X,Y,Z：原料及び製品の重さ，a, b, c：原料産地及び市場
　　　までの距離，P：総輸送費（ax+by+cz）が最小になる地点。

然資源が空間上に不均衡に分布，②工業製品に対する消費市場の規模と位置は
特定の場所に限る，③労働力の移動はなく，何カ所かに限定される，④輸送体
系は均質，⑤企業人は環境競争市場の中で経済人として行動する，という仮定
を設けている。

　原料や完成品の重量とその輸送費を考慮し，原料輸送費と完成品輸送費を合
計した総輸送費が最も小さくなる地点Pが最適の工場立地となる。その際，
原料の特性，とりわけ重量とその変化が立地選定に影響する。図3-3 (a) の
ax + by > cz の場合は，原料志向的立地に，ax + by < cz となる (b) の場合
は市場志向的立地になるのである。ここでいう原料は，（特定の国において）ど
こででも手に入れやすい「普遍原料」[6]と，石炭や石油，鉄鉱石などのように特
定の場所からしか入手できない「局地原料」に分けられる。また，局地原料は，
製造加工プロセスにおいて原料の重量が変わらない「純粋原料」と重量が減る
「重量減損原料」に区分される。このような原料の分類に沿って工業立地を考
えると，普通原料の比率の高い工業の場合，消費者の近いところに立地（市場
志向型工業）し，原材料の重量が減るような工業の場合，原料産地の近くの立
地（原産地志向型工業）を選択する（表3-2）。一方，輸送費より労働力の比率
が高い工業の場合，労働費が低いところに立地される。労働費を加えて立地問
題を考えると，地域によって労働費の減少額が総輸送費より大きければ労働費

表3-2　工業立地類型別特徴

区分	工業の特性とその例
原料志向的工業	原料（の重量）を輸送するコストが製品輸送コストより高い場合，原料重視の立地選択（例：製鉄，セメント，木材など）。
市場志向的工業	原料の重さより完成品の重さが大きく，製品輸送コストが原料輸送コストより高い。完成品の品質が時間によって変化するようなもの，新鮮さへのニーズが高い場合（例：清涼飲料，ビール，製菓，パンなど）。
中間地点志向的工業	消費市場と原料産地の間に積換え（ターミナル地点；港湾，空港など）が必要な産業の場合。
労働志向的工業	安価な賃金または質の良い労働力が必要とされる産業（例：靴，繊維，電気電子組立など）。
集積志向的工業	技術，情報，施設，原料などを共同利用することで集積効果を得られやすい産業（例：機械工業，自動車，石油化学，製鉄など）。
自由立地型工業	輸送費よりも他のコストの割合が高く，資源の重要度が高い場合，もしくは高度な技術・知識集約産業の場合（例：航空機，電子産業，IT 産業など）。

（出所）　筆者作成。

の利点を活かす地点が選択される。

　工場立地選択の際，マテリアル指数（material index：原料指数（M）＝局地原料の重さ÷完成製品の重さ）を用いて判断できる。マテリアル指数（M）は，局地原料の重さを完成品の重さで割ったもので，Mが1より大きい場合，原料の重さが大きいということであり，原料産地に立地する傾向がある。逆にMが1より小さい場合，完成品の重さがより大きいため，工場は消費市場に近く立地する傾向がある。これは，重さと輸送費が比例関係にあることを指す。

　他方，ウェバーは集積現象についても分析を行った。集積現象は一定地域に複数の工場が集まることで企業間での技術的なメリットを享受でき，またインフラの利活用などによって生産コスト低減効果が得られるためである。[7]

②産業立地に関する多様な観点と議論

　ウェバーの「最小費用理論」の提唱後，多様な観点から仮定の問題を克服しながら立地因子に関する議論が行われた。都市経済学の提唱者ともいえる A. レッシュ（Lösch, 1954）は，地域によって市場需要の違いがあることを考慮に入れ，供給側の生産費を最小限にすることで，収益をもっと上げられるところが最適立地となるとする「最大需要理論」を提唱した。

　他方，競争状況が立地選択に影響することを取り入れた，H. ホテリング
（Hotelling, 1929）は，有名なアイスクリーム店の事例を用いて，2つの企業の
（非協力）ゲーム論的な観点から「立地相互依存理論」を提示した。なぜライバ
ル店同士が並んでお店を構えるのかという問題意識から，品揃えや価格，サー
ビスなどが同じであれば，集客の高い空間を独占しようとする力が存在し，独
占力を得るための競争力手段として立地を利活用するようになることを明らか
にした。つまり，類似な製品を生産し，非価格競争をする企業の場合，市場確
保のための空間的競争から互いに近接立地することになり，中心地域に類似な
商品を販売する企業が集積するようになるのである。こうした空間クラスター
の近くにいる消費者のほうが，より遠くにいる消費者に比べて便益が高まるこ
とも指摘し，商圏形成の理由を説明するものとしてよく用いられる。

　最小費用理論と立地相互依存理論の統合を図ったのがM. L. グリーンハット
（Greenhut, 1982）である。彼によると，工業立地は総収益と総費用の差が最大
になる地点，すなわち利潤が最大化される地点が選択されるとした。つまり，
価格と立地に対する競争が激しい製品であればあるほど，企業間で相互隣接す
るようになる。逆に，価格と立地において非競争な関係もしくは独占的な関係
があると分散する傾向があるとした。

　一方，国際経営学者であるR. ヴァーノン（Vernon, 1966）は製品の導入期，
成長期，成熟期，衰退期という製品ライフサイクル（PLC）の段階が進むにつ
れ，消費の中心都市と売上高が変わり，企業の立地も違ってくることを指摘し
た。

　以上で説明したように産業や企業の立地決定因子に関する議論が活発に展開
された。古典的な立地理論は仮定の問題があるものの，安い物流コストと労働
費，市場・消費地や原材料地への接近性の容易さなどが立地選定の重要な要因
となることを指摘したことは間違いない。ところが，最小費用理論などで重要
視された輸送費や人件費だけではなく，近年には，産業そのものの変化と社会
インフラの進展，多様な輸送手段や関連技術の多様化と発達，輸送費用低減の
傾向，ICT の進展，知識経済の拡大などに伴い，グローバル・サプライチェー
ンの構造，政策と税制度，技術などの多様な要因が立地選定に影響する。

③製造業の立地選定の主なファクター

　現在の製造業の立地選択は，古典的な立地理論でいう費用最小化要因だけではなく，地形や土壌，人口分布などに加え，社会インフラの整備や都市化の進展，市場エリアの変化，そして製品および顧客の特徴などが考慮され，戦略的に決定する。ここでは，工業立地選定に影響する要因（Krajewski, Ritzman, Malhotra, 2010）についてまとめておこう。

・供給者および資源の接近性：重さおよび体積が大きい原材料の場合，物流コストが上昇する要因になる。そのため，原料産地や供給者への接近性が重視されるとともに，物理的な距離より輸送手段の時間距離の短さに依存する。

・友好な労働雰囲気：労働費の割合が高い加工組立産業の場合，労働費が立地選定の主因子となる。賃金水準だけではなく，教育や訓練の程度，作業態度，生産性，労使関係なども複合的に考慮される。

・税金，公共サービス，不動産費用：法人税を含む様々な税金率，政府および地方政府の優遇策，金融支援策，土地費用などは立地選択の主要な要因である。制度的または財務的支援策は，友好な政治関係の形成にもつながるため，企業の立地選定にかなり魅力ある因子になる。[8]

・社会インフラの整備：高速道路や港湾，空港などの輸送効率に影響するものが整えられているか，工業用水や電力の安定供給，通信網の整備などは考慮要因である。たとえば，半導体のような小型軽量の電子部品の場合，航空便の利用が多く，また大量の水を製造プロセスに要するため，社会インフラの整備度が重視される。

・自然環境：山や丘，河川，地質，水や地形などが決定的な要素になることも少なくない。たとえば，ビール工場は消費市場に近接するだけではなく，水が豊富で水質が良いところに立地する傾向がある。プレス機械のように重たい設備が並ぶ生産ラインは，地質なども重要な考慮事項になる。

・その他：将来的に生産能力の拡張が可能な余裕ある空間，建設費用，保険費，環境規制，地域社会の態度なども考慮要因となる。

　他方，物流センター，研究所，営業販売店なども各々の施設機能に合致できる立地条件を重視し選定される。関連もしくは競合企業の生産拠点が集まる工業団地に入居し，集積効果を活かそうと立地を選択する場合もある。

④海外生産拠点の立地

　企業が成長し，国境を越えて活動範囲を広げていこうとすると，とりわけ生産拠点をグローバルに展開する際，立地選定問題は一層戦略的な意味合いをもつ。国境を越えて生産活動を展開しようとすると，異なる経済，政治，法制度，文化など，国家間の相違から発生する多様なコストと貿易障壁や輸送コストと国内での事業活動に要するコストを比べ，決める必要がある（Hill, 2013）。

　国境を超える企業間の貿易活動を説明する最も伝統的な理論は D. リカード（D. Ricardo, 1772-1823）によって提唱された「比較優位説」である。この理論は2国間で貿易をすると，自国が相手国より得意とするものの生産に特化し，他のものは他国から輸入することが両国の利益が高まる，という国際貿易理論である。国際経営分野の C. ヒル（Hill, 2013）によると，資源の優位性のある最適な場所は価値創造のコストを下げ，企業に低コストのポジションを取らせる効果と，取扱製品で競合企業との差別化を図る効果のいずれか，あるいは両方を得られる。その点で，グローバルな次元での立地選定が，ある価値創造活動を行う際にその活動に最適な立地を選ぶことによって得られる経済性，すなわち「立地の経済性」を享受できる手段になるのである。

　ところが，生産拠点は FTA（自由貿易協定）の優遇処置，進出国の労働市場や政治状況などの変動によって，グローバル生産戦略の見直しが求められることになり，当初の役割の変化や立地の変更が起きることもある。たとえば，中国のように当初安い賃金が魅力だった地域が，賃金上昇によってベトナムや第三国に移転することもある。また，都市政策や産業構造の変化によって主要市場規模や消費地が変わったり，既存の原材料が代替や補完によって生産拠点の移転，廃止などのリデザインが起こり，既存拠点の立地の優位性が失われる可能性もある（具，2016）。

　要するに，生産拠点の立地は，政治や制度，労働市場や産業構造の転換といった環境要因を総合的に考え，どの要因をより重視するかが企業の戦略的問題となる。最近では，経済的または地理的な因子による物流費用や労働費よりも，地政学リスク（例：米中の貿易摩擦と覇権争い）によるサプライチェーンの構築問題などが立地選択に大きく影響しつつある。

Column：先行して拡張するか，市場を見据えてフォローするか：半導体産業と鉄鋼産業

　半導体産業と鉄鋼産業は，資本集約的な装置産業として知られている。鉄鋼産業が，自動車産業，造船産業，建設業などの関連産業向けの「産業の米」を提供しているとすれば，半導体産業は，電機産業，家電産業，さらに最近には自動車産業向けの「産業の米」を提供している基幹産業である。COVID-19の拡大によって生じた，半導体産業のグローバルサプライチェーン寸断とその影響はそれを物語っている。

　鉄鋼産業と半導体産業は，膨大な投資費を求める産業である点でも共通している。各国の鉄鋼メーカーが，国営企業としてスタートすることが多いのは，民間資本では難しいからである。かつて日本は，半導体産業において，世界をリードしていたが，台湾，韓国メーカーが競争力を高めて厳しい競争に直面している。一方，鉄鋼産業においては，世界トップクラスの品質を生産している点で，両産業の対比が目立つ。

　キャパシティー拡張面から比較すれば，半導体産業は，先行投資によるキャパシティー拡張が競争優位を確立するための重要な戦略となっている。競合他社より先行して，巨額の投資を通じて，次世代半導体の大量生産を実現することで，マーケットシェアのリーダー企業を目指す。ただし，半導体産業の投資パターンは，ビッグステップ戦略の性格ももつ。半導体生産ラインを小まめに新設して増産することではなく，工場を新築する規模のビッグステップ拡張である。

　最近の半導体不足の問題の影響は，半導体産業に対する各国の支援と国境を越えた立地選定にもみられる。たとえば世界最大手半導体メーカーの台湾企業（TSMC）が，熊本県に新工場を設立したことは，日本の国内需要の安定的供給に貢献するかもしれない。

　鉄鋼産業もビッグステップ戦略による拡張は共通している。特に，溶鉱炉といった大型設備をもっている一貫製鉄メーカーは小規模なキャパシティー拡張は難しい。小まめな増産が可能な生産工程は，高炉ではなく，鉄スクラップを原料とする電気炉が向いている。電気炉技術は，需要変動に合わせて操業時間と生産量が調整可能であるため，小規模拡張戦略にも向いている。

　以上のように，同じ装置産業，同じ鉄鋼産業でも，生産工程の特性によって利用可能なキャパシティー拡張戦略は異なる。実際に，一部の鉄鋼メーカーでは，ビッグステップ戦略に向いている生産工程と小規模拡張戦略に向いている生産工程を合わせもつことで，需要変動に対応している。

（考えてみましょう）

①インプット，アウトプットを基準とするキャパシティー測定の例を探してみよう。

②産業あるいは企業を取り上げ，特定の生産拠点の立地が決まった因子について推測
　してみよう。

注

（1）　既存の工場，生産ラインを拡張・縮小する場合でも，キャパシティーを調整する意
　　　味からキャパシティー計画という。

（2）　ここでサイズ（size）と規模（scale）について説明しておこう。サイズは，設備の
　　　大きさ，設備の生産量を意味するが，スケールは繰り返しの概念であり，同じタイプ
　　　の複数製品が生産されることを前提とする。規模の経済性は，単に設備の大きさ，生
　　　産量ではなく，繰り返しのスケールからくるメリットの概念である。

（3）　キャパシティー・クッションの程度は企業が判断する部分になるが，産業にもよる。
　　　資本集約的な装置産業の場合5〜10％，加工組立産業の場合は30〜40％を，キャパシ
　　　ティー・クッションとしてもつことが多い（Krajewsiki, Malhotra & Ritzman, 2016）。

（4）　本社，販売店，研究所，サービスセンター，ロジスティクスセンター等々，企業活
　　　動を行う上で必要な施設の立地選定問題は，ビジネス活動を持続的に遂行する上で重
　　　要な戦略的意思決定になる。というのも，企業内部の多様な業務，たとえば生産，調
　　　達，営業，物流などの業務が有機的につながっているため，関係者間の調整とコスト
　　　などが発生するからである。

（5）　この論考は，第1巻が1826年に，第2巻が1850年に，第3巻は彼の死後の1863年に
　　　出版されたものである。

（6）　Weber（1909）の第3章を参照されたい。普遍原料は制限された量が産出されるが
　　　その需要が産出量を超えなければ，それは事実上絶対的普遍原料になる。しかし，需
　　　要が原料の産出量や賦存量を超えてしまうと，相対的普遍原料になる。空気や水に
　　　困っていない地域や国においては，空気や水は絶対的普遍原料とみなすことができる。

（7）　ウェバーの集積論をより明確に説明したのがフーヴァー（Hoover, 1948）である。彼
　　　は，輸送費を基礎にして立地の相互依存性（競合する集積地域間の相互依存性と集積
　　　地内部における企業間の相互依存性）に着目し，地理空間上で物流上の終節点が集積
　　　をもたらすとし，都市化の形成論理を説明した（小田，2012）。

（8）　たとえば，アメリカのアラバマ州は，韓国の現代自動車の工場誘致のとき，工場用
　　　地717万㎡を1ドルという破格の価格で提示，その上多様な税制上の優遇策を講じ，自
　　　動車工場の誘致に成功した。ほかにもトヨタ自動車に研究所誘致のため，ミシガン州
　　　は12年間税金2200万ドルを低減する案を提示した例がある。サウジアラビアはグロー
　　　バル企業の誘致のため，最大50年間の減税と雇用支援を骨格とするプログラムHQを
　　　提案している。こうした例はグローバルな視点でみると多く観察される。

参考文献

Greenhut, M. L., 1956, *Plant Location in Theory and in Practice: The Economics of Space*,

University of North Carolina Press. (西岡久雄訳『工場立地：理論と実際（上・下）』大明堂，1972年)

具承桓，2017，「グローバル生産ネットワークのリデザインとインテグレーション：生産・調達・開発のリンケージとしてのロジスティクス戦略の再考」清晌一郎編著『日本自動車産業の海外生産・深層現調化とグローバル調達体制の変化：リーマンショック後の新興諸国でのサプライヤーシステム調査結果分析』社会評論社。

Hill, C., 2013,9[th] eds., *International Business: Competing in the Global Marketplace*, McGraw-Hill.

Hoover, E. M., 1948, *The Location of Economic Activity*, McGraw-Hill (春日茂男・笹田友三郎訳，1970，『経済活動の立地』大明堂)

Hotelling, H., 1929, "Stability in competition," *Economic Journal*, 39, 41-57.

Krajewski, Lee J., Ritzman, Larry P. and Malhotra, Manoj K., 2018,12[th] eds., *Operations Management: Processes and Supply Chains*, Pearson Eduction Limited.

Lösch, A., 1954, *The economics of Location*, Yale University Press.

小田宏信，2012，「古典的集積論の再考と現代的意義」『地域経済学研究』第23号，36-50。

信田洋二，2013，『セブン-イレブンの「物流」研究：国内最大の店舗網を結ぶ世界最強ロジスティクスのすべて』商業界。

Thünen, Johann Heinrich von, 1826, 1842 2 nd ed, 1875 3 rd ed, *Der isolirte Staat in Beziehung auf Landwirtschaft und Nationalökonomie, oder Untersuchungen über den Einfluss, den die Getreidepreise, der Reichtum des Bodens und die Abgaben auf den Ackerbau ausüben*, Vol. 1. (近藤康男訳，1947，『農業と国民経済に関する孤立国　第1部』日本評論社)

Vernon, R., 1966, "International investment and international trade in the product cycle", *Quarterly Journal of Economics*, 80（2），190-207.

Weber, A., 1909, Über den Standort der Industrien, 1. Teil. Tubingen: Verlag von J. C.B.Mohr. (篠原泰三訳，1986，『工業立地論』大明堂)

第4章　生産準備
――生産量を増やしていく――

　　工場が本格的に量産を始めるためには事前準備が必要です。本章では，生産工程の設計と据え付け，量産の立ち上げ（生産ランプアップ），工程分析を通じたボトルネックの発見，効率的な生産方法の選択など，生産性向上のための諸手法について説明します。高効率な生産の実現のために工程を設計して，効率の高い生産方法を導入した生産設備を並べ，作業員を訓練・配置します。その後，徐々に生産する品種と量を増やしながら，目標とする品質，コストに至ります。

Keywords▶エンジニアリングチェーン，製品工程マトリックス，生産ランプアップ，ボトルネック，制約条件の理論

第1節　生産工程の選択

　1　企業の中の2つの流れ：エンジニアリングチェーンとサプライチェーン

　開発は製品だけが対象ではなく，工程も対象となる。一般的に，製品開発の後に，工程を開発する（Abernathy〔1979〕の製品・工程イノベーション）。製品開発が「つくるべきモノ」に焦点を当てていることに対して，工程開発は「製品をつくるためのプロセス」開発に注目する。複数ある作り方の中から，最も効率のよい工程を考えることである。

　需要予測に基づいて工場のキャパシティーと立地が決まったら，製造企業は，いよいよ本格的に生産準備に入る。具体的には，生産設備の購入と配置，作業員の訓練と配置，原材料および部品の調達が必要である。これらの準備作業は，製品開発が終わってから進める。

76

76

図4-1　エンジニアリングチェーンとサプライチェーン

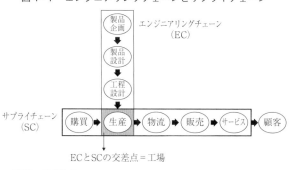

（出所）　筆者作成。

　量産に至るまでの流れと関連して，2つの大きな流れについて見てみよう。
1つは，エンジニアリングチェーン（Engineering Chain）であり，もう1つは，
サプライチェーン（Supply Chain）である。製品開発，工程開発，生産活動は，
バラバラではなく，つなぎあわさることで価値を生む。企業活動は，複数の活
動の連鎖（チェーン）になっており，個々の活動を管理することから視野を広
げて全体の「流れ」を管理することが重要である。企業の様々な活動は流れと
してつながっており，それによって付加価値が生まれる。企業活動の本質を
「流れ」として理解できれば，流れているのは2つである。1つはモノであり，
もう1つは情報である（➡本章 column 参照）。
　企業活動の流れには大きく2つがあり，①エンジニアリングチェーンと②サ
プライチェーンがそれである（図4-1）。
　エンジニアリングチェーンとは，製品コンセプトづくり（製品企画），製品設
計，工程設計，生産に至る流れであり，製品コンセプトの創造から実生産まで
の活動がつながって付加価値を生む。従来，エンジニアリングチェーンは，1
社内で完結することが一般的であった。たとえば，自動車メーカーが，新車の
コンセプトづくりから基本設計，詳細設計，工程設計，生産までを自社内で
行っていた。ところが，最近，iPhone などのスマートフォンやユニクロの服
の例からもわかるように，設計を担当する企業と，実際に生産設備をもって生
産する企業が「分業」するケースも増えつつある。iPhone の場合，設計はアッ
プルが，生産は台湾系 EMS（Electronics Manufacturing Service）企業が担当して

図4-2　生産要素を製品へ変換する生産工程

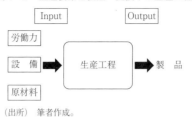

（出所）　筆者作成。

いる。

　もう1つの流れはサプライチェーンである。この流れには，複数の企業が参画することが一般的である。サプライヤー，メーカー，物流企業，卸売企業，小売企業，最終的に顧客の手に届くまでの流れである。複数企業が参加するため，情報共有による連携が重要な課題となる。たとえば，自動車をつくるためには，鉄板（自動車用鋼板）が必要になる。その鉄板は，鉄鋼メーカーがつくるが，鉄鋼メーカーも鉄鉱石や石炭を必要とするので，原燃料（原料と燃料）は，ブラジル，オーストラリアの鉱山から運んでくる（サプライチェーン➡詳細は第12章参照）。

　エンジニアリングチェーンは，大きく製品開発（製品設計）と工程開発（工程設計）に大別できる。製品開発のことを，製品の情報（例：設計図面）を創造することとして捉えれば，工程開発は，製品をつくるための製造設備などを選択することである。つまり，複数の工程で作業を行う際に，どの工程を，どの順番で行うかを決めることである。[1]

　生産工程（production process）とは，製品をつくり出す活動の基礎単位であり，生産要素を製品へ変換する過程である（松村，1979；人見，1991）。この定義に基づいて，生産工程の概念を図で表すと図4-2の通りである。[2]

　生産工程が変換する生産要素には序章で説明した3M（労働力，設備，原材料）があり，生産工程は，これらのインプットをより付加価値の高い製品へ変換していく。

　自動車を生産する工程を例にとって考えてみよう。図4-3では，生産工程を単純化して表しているが，実際の自動車生産工程は，多数の生産設備で動いている。一言で生産工程と表現しても，生産工程をみる視点には，マクロな視

図 4 - 3　自動車の生産工程

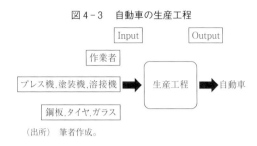

（出所）　筆者作成。

点とミクロな視点がある。マクロな視点は，生産ライン全体を1つの工程とし
て捉える。たとえば，自動車の生産工程，鉄の生産工程，ビールの生産工程を
1つの工程として理解する用法であり，分析の精度としては最も大きい。生産
ライン全体に関連する生産戦略，方針などについて語る際に使われる。一方，
ミクロな視点では，ズームインして，個々の設備のことを細かく1つの工程と
して捉える。自動車の生産ラインを，プレス機，塗装機，溶接機のように細か
く分類して，設備単位を工程として捉える方法である。ミクロな視点は，個々
の設備の稼働，メンテナンスに関連する意思決定で利用されることが多い。

　このように，生産工程をみる視点は，分析の目的によるが，文脈で理解すれ
ば，混同することはあまりない。より重要なのは，分析の粒度に従って，視点
を自由にズームイン，ズームアウトしながら分析することである。そのために
は，生産工程を図で表して，それに基づいて分析する必要がある。生産工程の
図のことを「工程流れ図」という。

2　工程流れ図（Process Flow Diagram）

　工程流れ図は，生産工程をミクロ視点から，時間軸に沿って，主にモノの流
れを表した図であり，工場の生産管理を分析，評価する際に利用する最も基礎
的な図である。付加価値の流れを分析する意味から VSM（Value Stream Map）
とも呼ばれる。工程流れ図の作成方法と見方を説明する前に，工程流れ図がも
つ機能を以下の例から説明する。

　図 4 - 4 は，鉄鋼メーカーが鉄を生産するための溶鉱炉（高炉）である。生
産工程のマクロな視点からみれば，1つの生産工程として「製銑工程」と表す。
鉄鉱石と石炭を入れて約1500℃の高温で鉄鉱石を溶かし，液体状態の溶銑（pig

図4-4　製鉄所のシンボル溶鉱炉

（出所）　日本鉄鋼連盟（https://www.jisf.or.jp/photo/index.html）より。

図4-5　製銑工程の流れ図

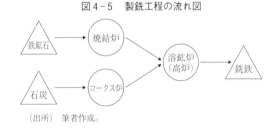

（出所）　筆者作成。

iron）を生産する。ところが，この写真だけでは，生産工程の詳しい内容はわからない。製銑工程を，工程流れ図で表したのが，図4-5である。

　写真と工程流れ図の違いは，工程流れ図が記号で生産工程を説明している点である。焼結炉で事前処理した鉄鉱石と，コークス炉で事前処理した石炭を高炉に投入して，アウトプットとして銑鉄を生産する流れがよりわかりやすくなっている。工程流れ図で使う記号が完全に統一されているとはいえないが，一般的には以下のような記号を使うことが多い。

　　○：付加価値を生む活動，設備あるいはワークステーション単位の工程
　　△：在庫（原材料，仕掛品〔中間製品〕，完成品）
　　→：フロー（流れ）
　　◇：検査
在庫は細かくみれば3つの種類がある。これらの種類については，記号によ

80

表4-1　工程流れ図の粒度と分析目的

粒　度	主な分析目的	例
事業所	事業所内の工場間のモノの流れ分析	サプライチェーン分析
工　場	工場内のモノの流れ分析	動線，レイアウト分析
生産ライン	生産ライン内の設備間のモノの流れ分析	ボトルネック分析

（出所）　筆者作成。

る区別はしないが，流れの中の位置をみればわかる。原材料在庫は，原材料，部品の在庫であり，仕掛品在庫はつくりかけの，生産途中の在庫のことである。最後に完成品在庫は生産工程のアウトプットである。

　工程流れ図を作成する上で，次の点に留意する必要がある。1点目は，工程流れ図の作成は，作成自体が目的ではなく，それに基づいて意思決定を行うことが目的であること。2点目は，生産工程の分析目的に合わせて，工程流れ図作成の粒度を決める必要があるということである（表4-1）。

　　3　生産工程の選択
　開発した製品を生産する方法が1つとは限らない。企業は複数ある生産方法の中で最も効率のよい方法を選択することで，生産システムの競争力を高めていく。最適の生産方法は固定されているものではない。新しい生産工程が開発されれば，これまでの生産方法とは異なる方法を選択することもありうる。

　第1章でみたように1908年から20年間，1500万台販売されたフォードモーターズ社のモデルTは，車台の設計はほとんど変えなかった。ところが，生産方法については，定置組立から移動組立に変更したのである。つまり，車を置いて人が移動しながらつくる方法から，ベルトコンベヤを利用して，人は動かず，車を移動させながらつくる方法に変えたのである。生産方法を選択するためには，加工経路と工程のレイアウトについて理解する必要がある。

　①加工経路と工程レイアウトの選択
　加工経路とは，原材料から完成品までのモノの流れを意味し，単線型，分解型，ヒエラルキー型がある。たとえば，自動車に使われる鉄をつくるための生産プロセスは，図4-6の通りである。[3]

図 4 - 6　製鉄プロセス

(出所)　筆者作成。

　まずは，原燃料の鉄鉱石と石炭を調達し，大型設備の高炉に入れ，作業者
(オペレーター) が操作しながら，約1500度の高温で鉄鉱石を溶かして銑鉄 (iron)
をつくる。銑鉄には不純物が含まれて脆いため，そのまま製品として使えな
い。そのため，銑鉄を転炉に入れて，オペレーターが不純物を取り除き，高純
度の鋼 (steel) を生産する。[4] 次に液体状態の鋼を連続鋳造機に投入し，徐々に
板の形に変換していく。最後に，その板を圧延機に投入して，長く薄く伸ば
し，トイレットペーパーの形をしているコイルに仕上げる。

　ボルト，ナットなどの単体部品は，単線型加工経路で１本の連鎖になってい
る場合が多い。そのほかに，原料から製品までの流れの途中から複数の経路に
分かれていく場合と，複数の経路から加工が進み，後ほど合流する形で完成品
になる場合もある。前者を分解型加工経路と呼び，後者をヒエラルキー型加工
経路と呼ぶ。

　実際には，上述した鉄鋼製品も，分解型加工経路になっており，２番目の工
程の製鋼工程から製品の成分が決まり，様々な製品に分かれていく。同様に，
石油精製製品，化学製品，ガラス製品など，プロセス産業の製品では，分解型
加工経路がよく観察される。一方，部品を順番に組み立てて完成品を仕上げる
加工組立産業の場合には，ヒエラルキー型の加工経路が採用される場合が多
い。自動車，スマホ，スマートウォッチ，パソコン，ゲーム機などが，ヒエラ
ルキー型の加工経路でつくられる。

　一方，工程レイアウトとは，生産プロセスの物理的構造，すなわち生産設備
の空間的配置のことを意味する。[5] 設備配置の基本形には，機能別レイアウトと
製品別レイアウトがある。生産プロセスにおいて，加工の順番を決める加工経
路が決まったら，工場内部での作業と機械の並べ方を決める。この工程レイア
ウトに沿って，モノが流れていく。言い換えれば，モノの流れを工夫すること
である。

　工程レイアウトは，生産量と密接に関連する。生産量が少ない場合には，工場内に機械を並べて，作業者が加工物を持って複数の機械を巡回しながら作業をすれば特に問題はない。しかし，需要が増えれば生産量も増やすために，同機能の機械を複数配置する。その際，同機能の機械をグルーピングして配置するレイアウトが機能別レイアウトである。さらに，製品ごとに大量生産するためには，製品別に機械を配置する製品別レイアウトが必要となる。このように，工程レイアウトは，生産量によって変わっていく傾向がある。以下では，生産量だけではなく，製品の種類（品種）も考慮して，製品と工程との対応関係について考えてみる。

②製品工程マトリックス

　製品工程マトリックス（PPM：Product Process Matrix）は，製品の生産量と品種（カスタマイゼーション），工程の特徴を考慮して，製品と工程との対応関係を示すマトリックスである。マトリックスの横軸は，製品の生産量と顧客のニーズに合わせて製品をつくるカスタマイゼーションの程度を表している[6]。①顧客ニーズに合わせた少量生産，②複数の製品を少量・中量生産，③いくつかの主要製品に絞った中量・大量生産，④標準製品の大量生産の順に生産量は増えていくが，顧客ニーズへのカスタマイゼーションの程度は薄くなっていく。

　一方，縦軸は工程の特徴を示している。①カスタマイズされた柔軟な生産，②多少の反復作業を，離れた機械を移動しながら生産，③連鎖する工程での高度の反復生産，④連続生産の順に多様性は減っていくが，連続性は高まっていく。

　製品工程マトリックスをみると，横軸と縦軸には適合領域が存在しており，製品と工程を効果的に対応させる形で4つの生産プロセスが選択できることを強調する（図4-7）。製品と工程の対応関係によって，ジョブ・プロセス，バッチ・プロセス，ライン・プロセス，連続フロープロセスに区別される。

　ジョブ・プロセス（Job Process）とは，顧客の注文に合わせて，多様な製品を柔軟に生産できるプロセスである[7]。ジョブ・プロセスのメリットは，顧客の注文を，1つの作業単位，つまり1つのジョブとして捉え，作業者が作業内容を柔軟に変えながら作業できる点である。たとえば，顧客の注文内容（形，サイズ，成分）に合わせてつくる金属の鋳造品が挙げられる。次に，バッチ・プ

図 4-7　製品工程マトリックス

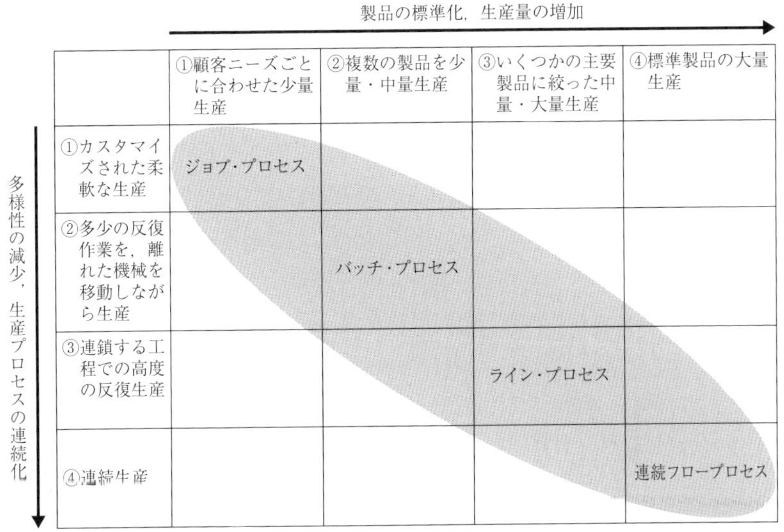

製品の標準化，生産量の増加

	①顧客ニーズごとに合わせた少量生産	②複数の製品を少量・中量生産	③いくつかの主要製品に絞った中量・大量生産	④標準製品の大量生産
①カスタマイズされた柔軟な生産	ジョブ・プロセス			
②多少の反復作業を，離れた機械を移動しながら生産		バッチ・プロセス		
③連鎖する工程での高度の反復生産			ライン・プロセス	
④連続生産				連続フロープロセス

多様性の減少，生産プロセスの連続化

（出所）　Hayes and Wheelwright（1984），藤本（2001），Krajewski, Malhotra and Ritzman（2016）を参考に筆者作成。

ロセス（Batch Process）は，ロット生産とも呼ばれ，まとめて生産するプロセスである。ジョブ・プロセスに比べて，類似した製品を繰り返して生産する。たとえば，ワクチンはまとめて生産され，ロット番号が付与される。

　そして，ライン・プロセス（Line Process）は，「1個流し」とも呼ばれ，いくつかの製品に絞って連鎖する工程で繰り返して生産するプロセスである。たとえば，自動車を生産する工場で，自動車が1台ずつ，ベルトコンベヤーで流れていくプロセスである。自動車工場では，同じベルトコンベヤー上を複数のモデルが流れる，いわゆる混流生産が行われる。最後に，連続フロープロセス（Continuous Flow Process）は，標準化された製品を連続的に生産するプロセスである。鉄鋼産業，化学産業，石油精製産業，ガラス産業の生産プロセスがこれに当たる。

第2節　生産ランプアップ

1　商業生産の入り口としての生産ランプアップ

　これまで，製品の品種と生産量に合わせて，生産工程を選択し，必要な製造設備を並べるレイアウトを決めることまで説明した。繰り返して強調したいのは，製品を生産する方法が1つとは限らないことである。大量生産を始めるために，徐々に量を増やしながら，途中にみつける品質の課題などを解決しながら，加速していく。つまり，開発と大量生産の間には，生産ランプアップ（production ramp-up）がある。

　たとえば，車を運転して，高速道路に進入することを考えてみよう。車がETCゲートを通り，すぐには本線に合流せず，加速区間で走行スピードを上げながらタイミングをみて本線に合流する。大量生産も同様に，加速区間が必要であり，それを生産ランプアップという[8]。

　生産も同様である。まずは，少量の生産を限られた生産工程で行う。その後，徐々に生産量を増やしながら，すべての生産工程まで試運転の範囲を拡大していく。一部の生産工程で，一部の品種で行う試運転を「コールドラン」，すべての生産工程で，すべての品種で行う試運転を「ホットラン」という。

2　生産ランプアップ期間短縮と競争力

　企業が導入した製造設備を利用して生産をスタートし，目標とする生産量，品質，コストに到達する「期間」を，「ランプアップ期間」と呼ぶ（Wheelwright and Clark, 1992）。たとえば，自動車産業の場合，本格生産に至る時間は1カ月から6カ月までまちまちである。また，目標とする生産性レベルに達するまでの時間は1カ月から1年まで幅がある（Clark and Fujimoto, 1991）。半導体産業の場合，新しい製造設備が稼働に入った後，初期の歩留まりは5％未満になるが，7〜8カ月の後には80％までに至るという（Appleyard et al, 2000）。

　ここで，開発，生産，販売をまとめて考えてみよう（図4-8）。開発にかかる時間である「開発リードタイム」が短縮されたとしても，ランプアップ期間が長引いた結果，大量生産まで時間がかかってしまうと競争上不利になる。よ

図4-8　製品が市場に投入されるまでかかる時間

（出所）　筆者作成。

り迅速な，より効率のよいランプアップができれば，市場に浸透する時間も早くなる。それによって早い段階から大量生産を実現し，生産コストを下げていくことが可能となる。革新的な製品デザインをいち早く市場に出しても，ランプアップがうまく行かず，品質不良とともに量産の立ち上げに遅れを取った結果，競合他社に負けてしまうこともある。また，商業生産をより早く立ち上げることで，早期に売り上げが発生し，開発などに投入した資金も回収できる。それによって財務指標が改善される。

　そして，この期間中は生産量を徐々に増やしながら目標とする生産量に至るまで，事前に想定できなかった品質問題，コスト問題，生産リードタイムと関連する問題を解決していくことになる。

第3節　工程分析とボトルネック

　大量生産が始まり，生産性を上げていくためには，現在の工程状況を把握し，管理を行う必要がある。ここでは，工程分析のために必要な基本概念を紹介する。これらの基本概念は，現場改善でもよく用いられる概念である。

1　工程分析のための基本概念

①タイム（time）

工程分析は時間測定から始まるが，主要な管理指標は以下の3つである。

・生産リードタイム：リードタイムとは，ある活動の開始から終了までかかる時間を意味する。つまり，生産リードタイムは，「生産期間」のことを意味する。なお，リードタイムの前に「開発」をつける場合，開発にかかる期間を意味する。

・タクトタイム（takt time, tact time）：顧客需要のペースに合わせて生産ペー

スを決めるとき，その時間をタクトタイムという。生産リードタイムと異な
る点は，顧客需要のペースを考慮している点である。それを上回るスピード
でつくるよりは，合わせてつくるほうがメリットが大きい。たとえば，1日
の需要が500個であり，工場の1日の利用可能な生産能力（時間）が500分だ
とする。この場合，製品1個当たりのタクトタイムは，500分÷500個＝1分
になる。

・サイクルタイム：サイクルタイムは，以下のような複数の意味をもっている。
　(1)生産設備（機械）が材料を加工する時間である。生産設備が1回（ワンサイ
　　クル）動く時間としても理解できる。現場感覚では，この定義がよく使わ
　　れる。
　(2)生産ライン（あるいは製造装置，工程）で，1つの製品をつくるために許容
　　される最大の時間を意味する場合もある。たとえば，ある生産ラインが目
　　標とする生産数量が，時間当たり60個とする。その場合，この生産ライン
　　のサイクルタイムは，1時間÷60個＝1分となる。もしこのサイクルタイ
　　ムを超えたら，ボトルネックとなる（後述）。
　(3)メンテナンス，修理，段取り替えなどにかかる時間で，主に2つがある。
　　・アイドルタイム（idle time）：作業者あるいは設備が，作業（稼働）を待っ
　　　ている時間，あるいは，もともと作業の計画がない時間。
　　・ダウンタイム（down time）：設備の稼働が不可能な時間。ダウンタイムの
　　　逆はアップタイムである。

　②歩留まり（yield）
　生産数量のうち，不良品ではない良品の比率を表す。良品率とも呼ばれ，
パーセンテージで表す。たとえば，生産した製品100個のうち，30個が不良品
だった場合，この製品の歩留まりは70％となる。また，歩留まりを考慮して，
生産計画を組むことも可能である。たとえば，顧客から500個の製品を要求さ
れたとする。歩留まりが70％であることを考慮して，（500個÷0.7）＝714個を製
造する必要がある。

　③稼働率（capacity utilization）
　工場あるいは設備の最大生産能力のうち，実生産に利用した能力の実績であ
る。たとえば，ある工場の年間生産能力が10万台とする。実際，生産実績が9

万台だとすれば，稼働率は90％となる。最大生産能力と同様の能力で生産した場合，フル稼働，フル操業という。

④段取り替え（setup）

品種1の製造が終わって，品種2を生産するために，特定の機械，道具，刃物など，品種の切り替えに伴い必要な作業のことを段取り替えという。つまり，切り替えの準備にかかる作業である。段取り替えにかかるコストのことを段取りコスト（setup cost）という。また，段取り時間（setup time）とは，段取り替えにかかる時間のことを意味する。

生産マネジメントでは，段階コストと段取時間を削減・短縮するために，様々な工夫をする（➡第11章 Column 参照）。その1つは，「内段取りの外段取り化」である。段取り替えは，作業の中断，準備作業，調整作業が必要となり，生産性にも影響する。外段取りとは，作業の中断を伴わず，作業時間と並行して切り替えすることを意味する。内段取りを外段取り化するには，余分の機械，道具，刃物を用意して，作業中にタイミングよく，その部分やモジュールだけを交換する方法がある。

2 ボトルネックと制約条件の理論（TOC：Theory of Constraints）

生産リードタイムなどの工程分析の概念を用いて，工程がもっている課題を発見して解決できる。生産現場には様々な課題が存在するが，その中で，モノの流れの観点からすれば，流れが良くない場所，淀み，渋滞が発生する場所を特定して集中的に改善すればよい。

ボトルネックを直訳すれば，ボトル（瓶）のネック（首）の部分を意味するが，生産工程分析の視点からすれば，全工程の中で，モノの流れに淀みがある工程，生産性の低い工程，作業が遅い工程となる。そして，ボトルネック工程をみつけて改善することで，全体の流れをスムーズにし，生産性向上につなげていく発想が，制約条件の理論である。

図4-9は，ボトルネックのイメージを表している。ここで示されている通り，ボトルネック工程の前後の処理能力が高くても，全体の流れと生産性は，ボトルネック工程（工程2）で決まってしまう。つまり，工程2を改善しないと，工程3の能力は発揮できず，アウトプットは工程2に左右されてしまうの

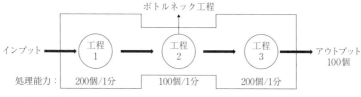

図4-9　ボトルネックのイメージ

（出所）　筆者作成。

である。したがって，ボトルネック工程以外の工程を改善しても，全体の生産性は上がらない。ボトルネックを発見して改善する発想自体は，特に日本の生産現場の改善歴史からすれば目新しくない。

　イスラエルの物理学者，エリヤフ・ゴールドラットがこの考え方を小説にした『ザ・ゴール』（1984年）がベストセラーになり，制約条件の理論（TOC：Theory of Constraints）として注目された。その後，続編の『ザ・ゴール2』，『クリティカルチェーン』が発売され，日本ではコミック版も登場するぐらい，アカデミックと実務両方から大きな支持を得ることになった。さらに，TOCの考え方に基づき，ビジネス現場を改善するためのコンサルティング・サービスまで展開された。TOCの本質は，ボトルネックが全体の能力を決めてしまうことである。したがって，全体の能力を上げるためには，ボトルネックをみつけて集中的に改善し，他の工程と「同期化」する必要がある。ゴールドラットは，このメッセージを，遠足にいく子供たちの隊列のアナロジーで説明しているが，詳しくは『ザ・ゴール』（邦訳2001年）を参照されたい。

　ボトルネック工程の発見・改善のためには，以下の点に注目する必要がある。

　まずは，どの工程がボトルネック工程なのか，特定する作業から始める。工程がたくさん存在する工場の中で，ボトルネック工程を特定することは簡単ではない。ボトルネック工程を特定するためには，工程流れ図と工程分析の概念をうまく活用する必要がある。

　次に，ボトルネック工程が特定できたら，その工程の能力を上げる諸手法を実行する。たとえば，担当作業員を増員するか，投資費がかかっても，設備そのものを追加購入する方法などがある。

　最後に，ボトルネック工程は固定されているものではなく変化する。ボトル

図 4-10　ボトルネック工程はどの工程なのか

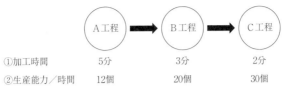

	A 工程	B 工程	C 工程
①加工時間	5分	3分	2分
②生産能力／時間	12個	20個	30個

（出所）　筆者作成。

ネック工程の能力が上がっても，次のボトルネック工程が改善を待っている。すべての工程の能力が一致しない限り，ボトルネックは存在する。この考え方に基づいているのが，ライン・バランシングという概念である。

　では，ここで以下の事例で確認してみよう。

　ある工場に3つの工程（A工程，B工程，C工程）があるとする。A工程の設備が加工する時間は5分かかることに対して，B工程は3分，C工程は2分かかる。図4-10を参考にボトルネック工程はどの工程なのか。そして，この生産ラインの生産能力は時間あたりいくつなのかを確認してみよう。

　加工時間からみて，最も時間がかかるのはA工程である。B工程は3分，C工程は2分がかかるのに対して，A工程が1番遅いので，ボトルネック工程は，A工程である。この生産ラインの時間当たりの生産能力は，12個である。なぜならば，ボトルネック工程の生産能力が全体の生産能力を決めるからである。A工程を改善して生産能力が上がり，加工時間を2分に短縮できたとする（3分短縮）。その場合，A工程の時間当たりの生産能力は，30個になる。これによって，新しいボトルネック工程はB工程となり，B工程を対象とする改善活動が行われる。

第4節　生産性向上のための手法

　ボトルネック工程をみつけて，改善を行う作業を繰り返していく中で，現場レベルでよく使われる手法が5SとIE（インダストリアル・エンジニアリング）である。ここでは，5SとIEの基礎的な手法として，時間研究，動作研究を簡単に紹介しておこう。

1 5S

5Sとは，整理，整頓，清掃，清潔，躾（しつけ）のことである。これらをローマ字にすれば，頭文字がSとなるので，5Sという。

・整理：必要なモノと不要なモノを区分して，不要なモノを捨てる。
・整頓：残っている必要なモノの中で，利用頻度を考慮して，すぐに取り出せるようにする。利用頻度が高いモノは取り出すことが容易な場所に置く。保管場所を決めておけば（番地を決めておけば），どこに何があるのかがわかりやすい。
・清掃：汚れを取り除く。そして，汚れを発生する根本原因をも取り除く。
・清潔：整理，整頓，清掃の状態を維持する。
・躾：決められたことを守る。[9]

5Sは，日本の工場だけではなく，日本語の通じない海外工場でも使われることがある。また，工場だけでなく，オフィス，研究所などでも広く使われる。しかし，生産現場の管理と改善に有効な手法ではあるものの，5Sをトップダウン方式で押しつけると，続かないという問題も指摘される。5Sが続かないと改善のチャンスを逃すことになる。

2 時間研究（time study）と動作研究（motion study）

時間研究と動作研究は，第1章で説明したように，F.テイラーの作業研究の伝統を継承しているIE手法である。時間研究は，ストップウォッチを使って作業者の作業時間を測定し，作業を細かい要素に分割して，作業にかかる時間を尺度として評価し，改善する手法である。この方法は，ストップウォッチを使い，各要素の作業時間を数回測定する。そして，こうした測定値に基づいて，「標準作業時間」を設定する。近年，多機能ストップウォッチ，動画撮影機器，解析ソフトウェアの進展に伴い，測定の精度はさらに高くなりつつある。

動作研究は，作業者の動作の繰り返しを分析することによって，非効率な動作を排除し，動作の組替えなどで改善する手法である。動作の中のムリ，ムダ，ムラを排除することで，作業者がより楽に作業できる方法を見つけ出す。具体的には，作業を構成する18種類の動作を記号で分類したサーブリッグ記号

Column：モノと情報の流れ

　生産現場では，作業者，機械，在庫(原材料，仕掛品，完成品)が混在しており，生産性を上げるためには，「どこから手をつけばよいのか」が，わかりにくい場合が多い。その際に，モノと情報の流れに注目して工場を観察することは大いに役立つ。

　モノの流れは，本章で説明した生産工程の分析概念を中心にみれば分析できる。工程流れ図を作成して，生産リードタイム，サイクルタイムなどの時間を把握する。そして，原材料あるいは部品の在庫，仕掛品の在庫，完成品の在庫がどこに置いてあるのか観察する。さらに，品質検査の頻度と場所も確認する。品種の切り替えが必要な作業がある場合には，段取り替えが内段取りか，あるいは外段取りなのかを確かめる。モノの流れをみるポイントは，ボトルネック工程をみつけることである。

　モノの流れは，きめ細かい粒度でみる方法と，粗い粒度でみる方法がある。前者から後者に行くことは，写真をズームアウトすることと同様であり，その逆の動きは，ズームインすることと同様である。いずれも工程流れ図の概念に基づいているところが特徴といえる。

モノの流れの粒度（ズームイン・ズームアウト）

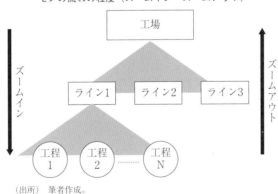

（出所）　筆者作成。

　モノの流れを出口から入口まで逆順でみる方法が有効な場合もある。つまり，完成品から生産開始の場所まで辿っていく方法は，生産現場のモノの流れを改善する際に使われる。

　一方，情報の流れは見えにくい。かんばんシステムの場合，かんばんそのものに

情報が体現されているので，かんばんの移動は，情報の移動でもある。しかし，ものづくりに関連するほとんどの情報は，かんばんなどに体現されていないため，モノの流れをよく見て分析する必要がある。情報には，個別工程の中の情報，工程と工程間の情報共有，さらには，全工程をまたがって流れる情報もある。

　モノと情報の流れを観察する上で参考になるのが，「モノと情報の流れ図」である。この図は，工程流れ図と似ている部分もあるが，工場内だけでなく，企業内の部門間にまたがる情報の流れに注目する。今日，企業の情報管理が標準化され，デジタル化が進んでいるが，教育・訓練目的で，わざわざモノと情報の流れ図を手作業で作成することを導入している企業もある。

分析とも言われる手法である。動作研究についても，近年，動作分析ソフトウェアの発展に伴い，動作の分類がさらに容易になっている。

考えてみましょう

①カップヌードルの工程流れ図を作成してみよう。(日清食品などのホームページを参照)

②2つの経路をもつサービス工程を考えてみよう。ある美容院で，2つのカット・コースを用意している。1つは一般コースであり，もう1つは少し高額のヘッドスパー・コースである。工程の流れは，以下の通りである。

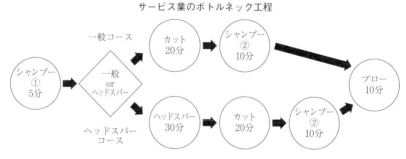

サービス業のボトルネック工程

・一般コースのボトルネック工程は，どの工程なのか。

・ヘッドスパー・コースのボトルネックは，どの工程なのか。

・この美容院の時間あたりの処理能力を求めよ。

③一品生産の例を探してみましょう。一品種大量生産の例を探してみましょう。

注
（１）　製造法を設計することをプロセス設計という。これを担当する人が，プロセス・エンジニアである。
（２）　「材料や手順の一つ一つの段階を完了させていく，計画上の一連の活用や作業」との定義もある（アメリカの生産管理関連学会 APICS）。
（３）　より詳しい内容は，日本製鉄と JFE スチールのホームページにある企業紹介動画を参照されたい。
（４）　iron と steel が異なる鉄を指しているところに注目する必要がある。
（５）　工場内の生産設備の空間的配置は，工場の立地選定と密接に関係する。立地選定後，詳細な見取り図を作成することで，設備を中心とした配置図と考えればよい。レイアウトを「配置図」と呼んでもよい。
（６）　1つの軸に生産量とカスタマイゼーションを同時に考慮していることについては，批判の声もある。
（７）　このプロセスは，先述した機能別レイアウトに近い。
（８）　自動車専用道路の出入り口を「ランプウェイ」と呼び，その略としてランプと呼んでいることを考えればよい。
（９）　躾を除いた4Sを使う工場もある。

参考文献
Abernathy, W., 1979, *The productivity dilemma: roadblock to innovation in the automobile industry*, Johns Hopkins University Press.
Appleyard, M., Hatch, N. and Mowery, D., 2000, "Managing the development and transfer of process technologies in the semiconductor manufacturing industry," G. Dosi, R. R. Nelson, & S. G. Winter, Eds., 2001, *The nature and dynamics of organizational capabilities*, Oxford University Press.
Clark, K. & Fujimoto, T., 1991, *Product development performance*, Harvard Business School Press.
Hayes, R., Pisano, G., Upton, D. & Wheelwright, S., 2005, *Operations, strategy, and technology: Pursuing the competitive edge*, Wiley & Sons.
人見勝人，1991，『入門編生産システム工学』共立出版。
村松林太郎，1979，『生産管理の基礎』国元書房。
The Association for Supply Chain Management, 2020, *APICS Dictionary: The essential supply chain reference* (16th edition), ASCM.
Wheelwright, S. & Clark, K., 1992, *Revolutionizing product development: Quantum leaps in speed, efficiency, and quality*, Free Press.

第5章　生産マネジメントの競争力
—ものづくりの競争力を高める—

　本章では，生産マネジメントのパフォーマンスの全体像を中心に説明します。具体的には，生産の実力を，高い品質，安いコスト，早い納期，高いフレキシビリティの面から説明します。製品を生産することは，インプットを価値の高いアウトプットに「変換」することが本質ですので，その変換が他社に勝っているかを比較するためには，評価基準が必要となります。そこで本章では，経営学における競争力の概念と生産マネジメントの競争力要素である品質，コスト，納期，フレキシビリティについて詳解します。

Keywords▶競争力，品質，コスト，生産リードタイム，フレキシビリティ

第1節　企業競争力の多層性

　1　競争力評価の難しさ

　企業経営のパフォーマンスを評価することは難しい問題である。評価方法によってパフォーマンスも変わってくる可能性があるからである。言い換えれば，評価指標として何を選択するかという問題は，どのパフォーマンスをみているかということとも直接関係する。

　企業経営を評価する際によく使われる評価指標として売上高の例を見てみよう。上場企業の場合，売上高は企業の決算説明会で公表される基本的なパフォーマンス指標である。売上高が高ければ高いほど，競争力も高くなったと評価されることがある。一定期間の成果を測定することにおいて，これよりわかりやすい指標はないだろう。ところが，たとえば，新型コロナウイルス感染拡大で売上高が激減した企業の短期的なパフォーマンス不振だけを基準に，その企業の競争力を判断することには注意が必要である。目の前の収益力は一時

的に落ちているかもしれないが，企業の生産現場は，依然として高い競争力を有している場合もありうるからである。

　また，上場企業の場合，企業のパフォーマンスが株価に反映されるが，株価は常に変動すると同時に，外部環境からの影響も受けやすい。たとえば，ロシアによるウクライナ侵攻によって，世界株価が影響され，それに伴って企業の株価も変動したことがある。つまり，企業の競争力を評価する際に，短期的に特定の指標だけに依存せず，中長期的な評価，総合的な評価が必要である。

　経営学では，競争力（competitiveness）の概念で，企業の実力，能力を評価することが多い。競争力も一種の「力」である以上，高低の評価になる。この競争力概念については，必ずしも共通認識があるとはいえないが，まずは，広い視点から経営戦略論における競争力関連概念をみた上で，生産マネジメントの競争力へと，視点を絞っていくことにする。

［ 2 ］ 経営学における競争力

　企業は他社より高い経済価値を創造することができたときに，競争優位をもつ（Barney, 2011）。また，同一市場で2つ以上の企業が競合しているとき，ある企業が継続的に高利潤率をあげている，またはあげる可能性を有している場合，その企業は競争優位をもつ（Grant, 2007）。これらの評価は，より高い経済価値，より高い利潤率といったパフォーマンス指標をもって，競争優位が構築できているのかを判断している。生産マネジメントにおける競争力は，序章と第1章でみたように，機能別戦略の1つである。

　工場は，製品をいくつ生産するか(生産数量)，いくらでつくれるか(コスト)，原材料から完成品までどれぐらいの時間がかかるか（納期＝生産リードタイム），全生産数量のうち，良品の比率[1]を何パーセントまでできるのか（品質水準）など，具体的な数字目標を掲げる。

　生産数量，コスト，生産リードタイム，品質水準，これらの指標は，工場における生産の実力として評価できるが，先述した売上高や株価とは異なる部分がある。それは，企業の外側にいる顧客から直接観察できない内部の指標になっていることである。つまり，パフォーマンスの指標として，顧客の目に見えやすい指標とそうでない指標があることがわかる。

　これらの指標が他社に勝っている場合，その工場は競争で打ち勝つことができる点で，競争力をもっているといえる。高い競争力をもっているということは，他社（他工場）より競争優位を確立しているということである。生産マネジメントの競争力は，品質，コスト，生産リードタイム（納期），生産のフレキシビリティ，この4つの要素で把握することが一般的である。

　一方，序章でみたように製品を生産することは，本質的にインプットを価値の高いアウトプットに「変換」することなので，その変換が他社に勝っているかを比較するために，「生産性」を分析することも重要である。生産性とは，インプット（投入）とアウトプット（産出）の比率である。この定義に基づいて，労働生産性，設備生産性，原材料生産性，全要素生産性など，生産性の測定ができる。

⎣ 3 ⎦ 企業競争力の多層性

　「トヨタ自動車の競争力は高いか」，「アップルの競争力が高いとすればそれはなぜなのか」という質問に対してどのように答えるのか。グローバル自動車業界でトップクラスを誇るトヨタ自動車が高い競争力をもっていることは周知のことだが，高い競争力の「根拠（エビデンス）」として用いる指標を具体的に提示する必要がある。以下では，競争力の根拠として使われる指標が複数存在することと，それらの「つながり」に注目する。競争力の指標を選択，分析する際に重要なポイントは，以下の通りである。

・どの段階の競争力をみせる指標なのか：競争力の表（表層）と裏（深層）の理解
・その指標は，他の指標とどのようにつながっているのか：つながりにおける時差（タイムラグ）の理解

　競争力概念は，いくつかの階層に分けてみることができる。図5-1のように，裏の競争力（主に工場の競争力），表の競争力（主にマーケティングの競争力），収益力の順に顕在化（見える化，可視化）される。これらの競争力は異なる階層ではあるが，互いにつながっている。

　一般的に，企業の競争力は，売上高，株価，純利益などで評価できる。売上高が大きいほど収益力も高いと評価される。収益力は企業の諸活動の結果とし

図5-1　競争力の多層性

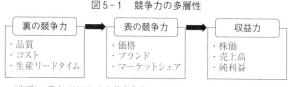

（出所）　藤本（2004）より筆者作成。

て表に現れた競争力である。一方，その結果を生み出すために，その裏でどのような取組みと努力をしてきたのかについて調べる必要がある。たとえば，他社に比べ価格を安く設定する，ブランドを管理する，マーケットシェア1位を達成することで，高い収益力を実現するなど，顧客も観察しやすいことから，これを「表」の競争力という。[2]

　一方，生産マネジメントの競争力は，生産現場の実力を指している。工場で生産する製品の品質が他社より高いか，製品をつくるためにかける原価が他社より安いか，原材料を投入して完成品ができるまでにかかる時間が他社より短いかを評価する。品質，コスト，生産リードタイムに関連する指標は，当該工場の関係者なら日々管理しているが，外部にいる顧客が直接観察することは難しい。[3]したがって，これらを「裏」の競争力という。次章から説明する品質，コスト，納期（生産リードタイム），フレキシビリティの競争力は，裏の競争力であり，表の競争力を生み出す基礎となる生産現場の実力である。図5-1は，裏の競争力から表の競争力へ，表の競争力から収益力へと，深層から表層に現れる企業競争力の多層性を見せている（藤本，2004）。ただし，このような多層性があるゆえに，以下のような留意点がある。

　①競争力間のつながりと時差の存在

　競争力はつながっている（裏の競争力→表の競争力→収益力）が，時差（タイムラグ）をもって現れることがある。たとえば，工場で品質を上げるための努力を始めたからといって，すぐに売上高に反映されるとは限らない。品質管理の取組みを積み重ねることで，中長期的に反映される。どれぐらいの時差をもつかについては一概にはいえないが，競争力の指標の中で，比較的に効果が早い指標と，時間を要する指標がある。

②競争力の定量的評価と定性的評価

　競争力の中で，数字（量）で表すことができる指標もあれば，数字で測ることが難しい競争力もある。株価，売上高，利益は，一般公開される。一方，ブランド力，品質管理能力，生産現場の改善能力は，企業が公開する統一された形式のデータが存在するわけではなく，何らかの手法で測定して表すか，あるいは，専門家，企業関係者などからの定性的評価をまとめて総合的に判断することが多い。第2章の需要予測で説明した，定性的予測で定量的予測を補うことと同様に，競争力評価においても，定性的評価で定量的評価を補うことが役立つケースがある。

4 生産マネジメントにおける競争力分析の事例

　企業の競争力は多層性をもっているため，まずは「どの階層の」「どの指標で」企業のパフォーマンスを評価するかを決めなければならない。これが競争力分析のための，最も基本的な軸となる。生産マネジメント関連分野でも，論者によって使う評価と手法が異なる。ここでは，特に生産マネジメント関連分野で企業間競争力の比較を行った自動車産業と鉄鋼産業の事例を紹介する。

①自動車産業の競争力の比較分析

　世界の自動車市場において，1980年代から，日本の自動車メーカーが存在感を増していったことで，欧米の研究者と実務家たちは日本の自動車メーカーの競争力に強い関心をもつことになる。その1つが，IMVP（International Motor Vehicle Program）である。IMVP は，米国のマサチューセッツ工科大学（MIT）が中心となり，この時期から開始した国際自動車共同研究のことである。この国際研究では，米国，欧州，日本の主要自動車メーカーの組立工場の生産システムに関する国際比較調査を行った。比較分析の軸としては，生産そのものに対する競争力分析だけではなく，製品開発，サプライヤーまでを分析範囲とした。生産システムについては，品質水準，溶接にかかる時間，段取り替え時間などを比較した。一方，製品開発では新車開発にどれぐらいの時間（期間）と手間（工数）をかけたのか，プロジェクト単位で運営される新車開発にはどれぐらいの人員が参加しているのか，などを調査した。

　サプライヤー関係では，サプライヤーが新車開発にも積極的に参加している

か，などについて調査結果をまとめている。それが，第1章で紹介した，「*The machine that changed the world*」（『リーン生産方式が，世界の自動車産業をこう変える。：最強の日本車メーカーを欧米が追い越す日』経済界，1990年）である。この本では，トヨタ自動車を中心とする日本の自動車メーカーの生産方式をリーン生産方式と呼んでいる（➡第1章参照）。

　IMVP の調査は，その後も続き（「ラウンド」という言い方をしている），2006年に共同で行った第4ラウンドでは，主要自動車メーカーのアジア組立工場（日本，韓国，台湾，タイ，中国，インド）の生産システムに関する国際比較調査を行った。現在は，米国のペンシルベニア大学が主導しており，共同研究の名称も Program on Vehicle and Mobility Innovation（PVMI）に変更されている。

　産業中の産業ともいわれる自動車産業を対象とする本研究は，経営学の研究，特に生産マネジメントと技術経営分野に重要な貢献をしている。[4]IMVP のような世界規模の比較調査は，他の産業ではあまり例をみない，学術的にも貴重な研究である。自動車産業を対象とする研究が，他の産業の研究に及ぼした影響は大きい。

②鉄鋼産業の粗鋼生産量ランキング

　IMVP のような国際比較を可能にするためには，まずは，企業からのデータ提供，あるいは収集に対する許可が必要である。世界規模で比較分析するには，世界のメーカーから許可を得てデータを収集しなければならない。データを提供する企業の立場から明確なメリットがない限り，調査への協力を得るのは難しい。その場合，業界団体の公表データを利用しながら，比較分析を行う方法もある。[5]その好例が，鉄鋼産業の業界団体である世界鉄鋼協会（WSA：World Steel Association）が毎年公表する粗鋼生産量ランキングである（表5-1）。

　同協会は，毎年，世界の鉄鋼メーカー50社の粗鋼生産量ランキングを発表している。粗鋼（crude steel）とは，自動車，家電製品に使われる鉄の最終製品ではなく，まだ加工途中の中間製品を指している。[6]つまり，粗鋼生産量は鉄鋼メーカーの生産規模を評価する上で参考となる指標である。

　鉄鋼メーカーの競争力を比較する際に，粗鋼生産量が多用される理由の1つは，生産量で代理できる競争力が存在するからである。鉄鋼産業のようなプロ

表5-1　2021年現在の鉄鋼メーカーの粗鋼生産量ランキング（20位まで）

順位	企業名	粗鋼生産量（百万トン）
1	China Baowu Group	119.95
2	ArcelorMittal	79.26
3	Ansteel Group	55.65
4	Nippon Steel Corporation	49.46
5	Shagang Group	44.23
6	POSCO	42.96
7	HBIS Group	41.64
8	Jianlong Group	36.71
9	Shougang Group	35.43
10	Tata Steel Group	30.59
11	Shandong Steel Group	28.25
12	Delong Steel Group	27.82
13	JFE Steel Corporation	26.85
14	Valin Group	26.21
15	Nucor Corporation	25.65
16	Fangda Steel	19.98
17	Hyundai Steel	19.64
18	Liuzhou Steel	18.83
19	JSW Steel Limited	18.59
20	Steel Authority of India Ltd.（SAIL）	17.33

（出所）　World Steel Association.

セス産業においては，量産は単純に量の側面だけではなく，品質，コストを安
定させる意味合いももっている。大型化学反応容器の溶鉱炉（高炉）技術の競
争は，高炉の内部容積の競争とみてもよいぐらい，世界の鉄鋼メーカーの間で
は高炉の大型化競争が繰り広げられてきた。

第2節　生産マネジメントにおける競争力要素

「工場のマネージャーは，日々，工場を管理するために，何を最優先に考慮
しているのか。」たとえば，以下のようなことがあるだろう。

・品質のこと：「不良品を減らすためには，どうしたらいいのか」，「生産ラインの品質が安定しない。バラツキが激しい」

・コストのこと：「原材料費が上昇した。コスト削減に取り組んだが，現状の価格での販売が困難になった」，「生産性を上げるためには，どうしたらいいのか」

・生産リードタイムのこと：「もっと早く生産できる方法はないのか」，「このままでは，顧客と約束した納期に間に合わない」，「適切な在庫量はどれぐらいなのか」

・フレキシビリティのこと：「お客さんごとのニーズに全部答えたら，スペシャル品ばかりになりそう」

・品質とコストのこと：「品質がよくなることは望ましいが，コストも上がってしまう」

・品質と生産リードタイムのこと：「丁寧につくっていたら，納期に間に合わない」

以上の例は，どこの生産現場でもよくある課題ともいえる。以下では，競争力を4つに分けて説明するが，実際の生産現場が抱えている課題は，複数の競争力要素が絡んだ複雑な課題になっている場合が多い。工場のマネージャーが各競争力要素を理解することも重要であるが，これらの要素が相互作業していること，そして場合によっては，トレードオフ関係にあることを理解する必要がある。

生産マネジメントの競争力の要素は，以下の4つである（図5-2）。

①品質（Quality）：製品の品質[7]

②コスト（Cost）：製造原価

③生産リードタイム（Time）：納期（Delivery）

④フレキシビリティ（Flexibility）：外部環境の変化と変種変量の要求に柔軟に対応できる能力

これらの競争力要素をまとめて，英語の頭文字を取ってQCTF（あるいはQCDF）と称する。企業の生産現場では，QCTFを管理するための戦略と実行計画を立てる。工場単位，生産ライン単位でQCTFの管理指標を設定し，PDCAサイクルを回しながら管理する。表5-2は，QCTF管理のための目標

図 5-2　生産マネジメントの競争力要素 QCTF

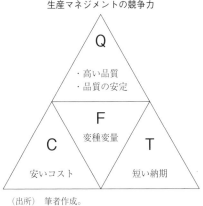

（出所）　筆者作成。

表 5-2　QCTF 管理のための目標とその内容，主な管理対象

競争力要素	目標	内容	主な管理対象
Q	高い品質 品質の安定	設計・製造段階で高い品質 生産工程の安定性	歩留まり，工程能力，公差，検査，品質改善手法
C	安いコスト	顧客が満足する製品を安いコストで生産	材料費，労務費，経費，生産性向上
T	短い納期	生産リードタイムの短縮 納期遵守	受注生産と見込み生産，在庫水準
F	変種変量	変化する顧客ニーズへの柔軟な対応	部品共通化，作業者の熟練向上

（出所）　筆者作成。

とその内容，主な管理対象をまとめている。

1　品質管理（第6章）：高い品質，品質の安定

　品質管理は，設計段階の品質と製造段階の品質に分けて考える必要がある。工場での不良品は，後者の品質と関係する。設計段階で品質を管理することは，製品設計のアウトプットである図面の品質のことを指している。製品設計は，製造企業の場合，企業の研究開発センターで行われることが多い。一方，製造段階で品質を管理することは，作成された図面に従って部品を準備し工場

で繰り返して生産する状況で品質を管理することを意味する。不良品を減らすために取り組むことも大事だが，生産工程を安定的に稼働させることも重要である。なぜならば，品質にバラツキが発生する場合，管理が難しくなるからである。これを工程能力の管理という。

　また，工場では，不良品を市場に出さないために品質検査を行う。たとえば，自動車工場で出荷前に作業員が自動車を隅々まで確認しながら，異音などがないかを検査する。検査には，出荷前に行う最終検査だけではなく，製品をつくる途中で行う検査，部品，原材料を仕入れる時点で行う検査もある。

　品質を上げるためには，個人の努力だけではなく，チームでの取組み，さらには全社レベルでの活動も重要であり，これに関して，日本の生産現場には，長い歴史と蓄積がある。特に，小集団活動のQC（Quality Control）サークルは，改善活動の考え方にも大きな影響を及ぼした。

[2] コスト管理（第7章，第8章）：安いコスト

　コストを管理することは，製造原価を管理する活動である。他の競争力要素が等しい場合，顧客を満足させる製品を安くつくれる工場が高い競争力を有していると評価できる。「安くつくれた」ことを確かめるためには，生産活動に関連するコスト，つまり製造原価を理解する必要がある。

　コスト管理は，製品を購入する顧客には見えない裏の競争力である。顧客は価格を参考に商品を購入するため，製品の製造原価のことはわかりにくい。ところが，製品を生産する企業からみれば，材料の調達にかけたコストを始め，設備，作業員の賃金など，様々なコストがかかる。

　製造原価とは，製品の製造を目的とする製造部門（工場）で利用される経営資源の総額であり，具体的には，材料費，労務費，経費が含まれる。これらのコストを計算して，最終的に製品1個当たりの製造原価を計算する必要がある。その総額を生産した製品に配賦する作業を行う。原価管理では，コストを変動費と固定費に分けて考える場合がある。変動費は，操業度が増加するとそれに比例して増加する原価である。一方，固定費は，操業度とは無関係に一定額が発生する原価である。

　コスト競争力の背後には，生産性がある。たとえば，中国の賃金水準は，ま

だ日本に比べれば低い水準であり，材料費も安い。これだけみれば，日本で生産している企業は競争上不利だと思われがちだが，にもかかわらず，日本国内で高い競争力を維持しながらものづくりをしている企業は少なくない。コストの条件は不利であっても，作業者，チーム，工場の生産性を向上させることで，トータルでみれば競争力の維持が十分可能である。生産性を向上させるために，IE の手法も使われている。

[3] 生産リードタイムと在庫の管理 (第9章，第10章)：短い納期

　長い納期に喜ぶ顧客はいない。生産リードタイムも，短いほど競争力をもつことになる。生産リードタイムは，生産開始から終了までにかかった時間（期間）を意味する競争力の指標であり，原材料あるいは部品の投入から完成品が出来上がるまでにかかった時間を指している。生産リードタイムを管理する目的は，大きく2つある。1つ目は，顧客と約束した納期通りに納品することである。もう1つは，納期そのものの短縮である。これらを達成するためには，完成品が出来上がるまで生産工程における進捗状況をまめに管理する必要がある。その際，顧客が注文したタイミングでつくり始めるか，あるいは，先に製品をつくっておいて注文を待つかについて考える必要がある。前者を注文生産（受注生産），後者を見込み生産という。高級スポーツカー，注文住宅，オーダースーツは注文生産が多い。他方，日用品は見込み生産が多い。これらの2つの生産方式によって，納期に対する考え方も変わってくる。

　生産工程における進捗状況をまめに管理するためには，まず，生産計画を立てることから始まる。生産計画には，大まかな計画から細かい計画までの粒度があり，大日程計画，中日程計画，小日程計画の順に細分化される。また，生産計画に合わせて部品をタイミングよく調達する必要がある。たとえば，1台の乗用車は約3万点の部品でできており，部品調達は非常に複雑な作業である[8]。そのため，人手による計算ではなく，IT システムを活用して計算することが基本となっている。MRP（Material Resource Planning：資材所要量計画）は，製造企業にとってなくてはならない基幹システムである。納期は，在庫の有無とも関係する。在庫があれば即納品できるが，あいにく在庫がなく，取り寄せになる場合，顧客が待ってくれないこともある。その場合，販売機会の損失に

つながる。その意味で，納期は在庫と一元に管理する必要がある。

4 生産のフレキシビリティ管理（第11章）：需要変動への対応

　フレキシビリティの管理は，上述した品質管理，コスト管理，生産リードタイム管理とは異なる特徴をもつ。工場の外にある市場で何らかの変化が生じたとき，工場がそれにフレキシブルに対応できるかといった能力を指している。つまり外部変化への対応能力である。

　顧客は多様なニーズをもっており，その好みは日々変わる。したがって，工場には，多品種の製品を少量で生産できる能力が求められる。第2章で説明した通り，企業は変動する顧客ニーズになるべく高い精度の需要予測を通じて対応しようとするが，未来のことを正確に予測することは困難である。したがって，いつ起こるかわからない外部の変化をうまく吸収するためには，高いフレキシビリティを維持する必要がある。

　また，工場は変種変量のニーズに対応するために，複数の製品に共通部品を使う方法を採用する場合がある。製品の骨格となる部分は共有しながら，骨格につける部分を違う部品にすれば，顧客には違う製品に見えるからである。この方式のメリットは，骨格となる部分（プラットフォーム）の生産は安定的に行えることにある。共通化された部分を増やすことで量産効果も享受できる。

　この考え方を拡張したのが，マスカスタマイゼーションである。マスカスタマイゼーションは，大量生産を意味するマス・プロダクションと，個別注文へのカスタマイゼーションを融合させた概念である（➡第11章参照）。

第3節　競争力要素間の相互作用と改善

1 競争力要素間の相互作用と優先順位の変化

　これまで，品質管理，コスト管理，生産リードタイム管理，フレキシビリティ管理の概要について説明してきた。詳細は各章で後述することにして，「他の要素が一定であれば」の前提で，個別競争力のことを簡単に紹介した。しかし，工場の競争力管理では，これらの要素間の相互作用の管理も重要である。以下では，品質とコスト，品質と生産リードタイムの例を挙げながら説明

する。

①品質とコスト：日本製の製品は，高い品質で知られている。「信頼の日本製」というキャッチコピーは，安心感を与える効果もある。その一方で，割高のイメージもついてくることが多い。高い品質の製品を生産するためには，それなりの時間をかける必要がある。製品の細かいところまでを丁寧につくるために，熟練作業者が手間をかける。これをコスト面からみれば，競争力低下につながる可能性がある。(9)この課題を解決するためには，作業者あるいは生産設備の生産性を上げる必要がある。

②品質と生産リードタイム：こだわりをもって丁寧につくるためには，時間がかかってしまう。その結果，生産リードタイムが伸びることにつながり，顧客と約束した納期の遵守が厳しくなる場合がある。高品質の製品を素早く生産し納品するためには，設計のパターンを絞って部品の共通化を図る必要がある。

このように，生産現場では，これらの競争力要素間のバランスをいかに取るかについて方針を決めなければならない。その際には，生産戦略に基づいて判断することになる。また，競争力要素のうち，どれを最優先するかは，その企業，工場が置かれている競争環境や顧客ニーズへの対応面で変わる場合がある。たとえば，高い品質を優先することで，多少伸びた納期をカバーしようとした企業が，他企業との競争が激しくなることで，納期優先に舵を切ることもある。また，そこそこの品質でも低価格を重視する顧客ニーズが増えたことで，コスト削減を重視する方針に変更する場合もある。このように，生産現場は競争力要素間のバランスをよりダイナミックな視点から見ながら方針を決めていく。

［2］競争力として安全，生産量

これまで，QCTF の 4 要素を中心に説明してきたが，本来，これらの要素の先にくるのが，安全（Safety）である。安全なしの高品質，低コスト，短納期は評価対象外であるため，本書では安全管理のことは特別には取り上げないことにした。しかし，われわれの周辺では，安全を優先しない企業の失敗事例が報じられることもある。たとえば，建設企業が無理やり納期を短縮するため

に，手抜きで工事を行ったケース，食品を扱う企業がコストを抑えるために品質の粗悪な食材を使うなどといったケースが問題になったりする。

　他方，競争力として生産量が重要な産業もある。特に，鉄鋼産業，化学産業，醸造産業などのプロセス産業では，量産が品質安定，コスト低下につながる場合がある。たとえば，鉄鋼メーカーの高炉設備では，早期の量産が品質の安定をもたらす傾向がある。

［3］パフォーマンス管理から改善へ

　企業は，長期的に生産マネジメントの競争力をさらに高い水準に上げるために絶え間なく努力する。そのためには，パフォーマンス維持から，競争力指標の目標そのものを上げていく必要がある。これと密接に関係する活動が改善活動である。改善は，作業者の作業方法，生産設備でムダをみつけてそれを取り除く活動を継続的に行うことを意味する。[10]

　改善活動の手順と手法については様々なアプローチがあり，生産現場固有の特徴に合わせた「定石」もあるが，改善活動のポイントだけ説明すると以下の通りである。まず，生産マネジメントの競争力要素の改善方向は，要素間に違いがある。品質は上げること（上方修正）が改善になるが，コストは下げること（下方修正）が改善につながる。次に，改善活動は一過性ではなく，継続性がより重要である。なぜならば，大きな成果が見込まれる一過性の改善活動より，小さな成果が積み重なっていく長期継続的な改善活動のほうが効果が高い場合があるからである。一過性の改善は，改善前の状態に戻ることもあり，現状維持が難しい場合がある。改善成果は，ドラスティックな発想の転換と実践だけではなく，日々の積み重ねである。さらに，改善も標準から始まることである。これまでの標準，基準を無視してゼロから始めるのではなく，これまでの標準に基づいて，競争力要素を上方あるいは下方に修正していく。最後に，改善の成果は，改善を進める人のモチベーションと直結する。改善の結果，省人化による人員再配置などには注意が必要な場合がある。特に雇用安定性を重視する企業文化では，改善による競争力向上が雇用に影響しないことを先に認識して進めることが効果的である。しかし，これについては，個別企業の方針の差，さらには，日本企業と海外企業との考え方や文化の差も存在するので一

Column：当日配送サービスは過剰サービス？

　ネット通販が普及している今日，通販サービス企業間の競争は激しさを増している。ネット通販各社は，商品そのものによる差別化が難しくなっている中で，配送サービス，決済サービス，返品サービス，保証延長サービスなど，様々なサービスを提供することで，マーケットシェアの獲得に取り組んでいる。中でも，迅速な配送サービスは競争上の最も重要な武器となる。

　ネット通販は日本の宅配便会社のきめ細かなサービスを利用して，当日配送サービスを提供してきた。当日配送サービスは，海外では珍しいサービスであるが，過剰サービスという声もあった。その中で，宅配便最大手のヤマト運輸が，2017年 4 月，インターネット通販大手アマゾンの当日配送サービスから撤退する方針を固めた。その理由は，深刻な人手不足である。配送を外部企業に委託するネット通販会社にとっては，サービスの質にかかる重要な方針転換である。

　アマゾンは，生産マネジメントの主な観察対象である製造企業ではないが，納期を重視する面では変わりはない。メーカーが生産リードタイムを競争力として考えているとすれば，ネット通販会社は，注文から配達までにかかる配達リードタイムを競争力として競っているともいえる。2013年から配送を本格開始したヤマト運輸の立場からは，当日配送は大きなコスト負担となり，長時間労働による疲労の原因となった。そこで，ヤマト運輸は，当日配送の縮小だけでなく，運賃の引き上げも要求した。

　このように，当日配送サービスは顧客にとってはうれしいサービスかもしれないが，納期短縮にはコストがかかることから，競争力要素間の相互作業が働いていることがわかる。メーカーの場合はどうなのか。顧客と約束した納期は決まっているが，今の進捗状況ではどうしても無理であることがわかった場合，残業したり，バイトを雇って，生産量を増やす手がある。この場合にも，残業代が発生し，バイトに支払うコストが発生する。先に生産しておいても製品の物理的な価値が損なわれない耐久性のある製品の場合には見込み生産で対応できるが，長期保管が困難な，鮮度が重要な製品（例：食品）の場合には，先に生産することは難しい。リードタイムを短縮するには，コストがかかるジレンマがある。この場合，リードタイムをどれぐらいの期間にするか，あるいは，顧客満足への影響を最小限にするリードタイムはどれぐらいの期間なのかについて，マネージャーの意思決定が必要となる。

概にはいえない。

　以上の内容は，改善に関するごく一部の内容に過ぎない。また，改善活動には，座学だけでは学べない実践的な要素が多く含まれているため，記述が容易ではない経験知を共有することも必要である。ここでは，改善活動の一般論についての簡単な紹介のみにしておいて，より具体的な内容に関しては，各競争力要素の説明で紹介することにする。

　最後に強調したいのは，生産マネジメントの競争力管理は，戦略レベルの管理から，工場レベルの管理，そして現場の作業レベルの管理まで，マクロからミクロまでの広い概念である点である。次章から説明する品質管理，コスト管理，生産リードタイム管理，フレキシビリティ管理では，企業の生産戦略とのつながりについて意識的に記述することは少ないが，背景には企業戦略が存在すること，競争力要素間には相互作業があることを念頭において理解することが重要である。

　╭─────────────╮
　│ 考えてみましょう │
　╰─────────────╯
　①QとC，QとT間のトレードオフ関係の事例を探してみよう。
　②QCTF，安全，生産量以外に，競争力要素として考えられるものには何があるのか，考えよう。
　③競争力が高いと思われるメーカーを一社選んで，他の学生に，なぜその企業の競争力が高いと思うかについて，その根拠も含めて説明してみよう。

注
（1）　理想的な歩留まりは100％（不良品ゼロ）だが，実際の生産現場では，様々な要因で不良品が発生し，その結果，歩留まりが落ちる。
（2）　表の競争力は，マーケティングでよく使われるマーケティング・ミックス，4P（Product, Price, Promotion, Place）がもつ競争力の概念に近い。セグメンテーションによって絞ったターゲット市場に対して，4Pを組み合わせて働きかける。表の競争力は，その組み合わせをどうするかに依存するところが多い。
（3）　工場見学で，品質，コスト，生産リードタイムの競争力を短期間観察することは可能である。たとえば，自動車工場の組立工場を見学し，1台の車が完成するまでの生産工程を観察することで，生産リードタイムが把握できる。一般的に24時間かけて1台を完成させることが多い。
（4）　製品開発の競争力の分析については，『製品開発力』（藤本・クラーク，1991）を参照されたい。

（5）　複数企業を対象に訪問調査を繰り返すことで競争力の比較分析も可能である。
　　フィールド調査など経営学の研究法については『リサーチ・マインド経営学研究法』（藤
　　本ほか，2005）を参照されたい。
（6）　全工程のうち，上工程（製銑工程，製鋼工程）のみが終わった中間製品のことであ
　　る。その中間製品を，下工程（圧延工程）で加工することで，最終的に自動車メー
　　カー，家電メーカーに供給できる製品となる。上工程は化学反応が中心で液体状態の
　　鉄を処理することに対して，下工程は物理的加工が中心で固体状態の鉄を加工する。
　　粗鋼は，その中間の製品である。粗鋼生産量から最終製品の品質を判断することはま
　　だ早い。
（7）　設計の品質も考慮する。
（8）　部品点数が約 3 万点であることは，ボルト，ナットなど小部品から数えての点数で
　　ある。トヨタ自動車，日産自動車，ホンダのような「完成車メーカー」は，サプライ
　　ヤーから多くの部品を調達して完成車を仕上げる。
（9）　高い品質と安いコストの両立を実現した例がないことはないが，一般的には，ト
　　レードオフ関係が存在する。
（10）　改善の手法や組織的取組みについては，IE の専門書，日本 IE 協会が定期的に発行
　　する「IE レビュー」などを参照されたい。

参考文献

Clark, K. & Fujimoto, T., 1991, *Product development performance.* Harvard Business School
　　Press.（田村明比古訳 ,2009,『【増補版】製品開発力：自動車産業の「組織能力」と「競
　　争力」の研究』ダイヤモンド社）

藤本隆宏，2004,『日本のもの造り哲学』日本経済新聞出版。

藤本隆宏・新宅純二郎・粕谷誠・高橋伸夫・阿部誠 ,2005,『リサーチ・マインド経営学研究
　　法』有斐閣アルマ

Womack, P. J., 2007,*The Machine That Changed the World: The Story of Lean Production:
　　Toyota's Secret Weapon in the Global Car Wars That Is Now Revolutionizing World
　　Industry,* Free Press.（沢田博訳，1990,『リーン生産方式が，世界の自動車産業をこう
　　変える。：最強の日本車メーカーを欧米が追い越す日』経済界）

第6章　品質管理

——質を高める，不良を減らす——

　本章では，生産マネジメントの競争力要素の１つである品質の管理について説明します。まずは，品質の概念を整理し，品質と関係するコストの種類について説明します。高品質の製品を生産するためには，品質検査を徹底することも重要ですが，公差の設定と管理，工程能力の向上も欠かせません。また品質管理は統計学と親和性の高い分野ではありますが，統計専門家だけの領域ということではありません。組織的な取組みが重要です。

Keywords▶　品質コスト，品質検査，TQM，公差，工程能力

第1節　品質の概念と品質コスト

　みなさんは，商品を買うときに，製造国を重視するのか，あるいは，ブランド（企業名）を重視するのか。スマホの例を見てみよう。アップルの iPhone は，アメリカ・カルフォルニア州のアップル本社で設計されるが，中国の工場で組み立てられる。半導体，バッテリー，液晶などの部品の多数は，日本，韓国，台湾などから調達される。設計はアメリカ，生産は中国になっており，エンジニアリングチェーン上で分業が行われている。

　iPhone の高い品質を重視して購入した場合，その品質を２つに分けて考えることができる。アップルのデザイナーが iPhone を設計して，その結果，高い品質の図面を作成したこと，そして，その図面に基づいて工場で高い品質のスマホを生産したこと，両方を満たす必要がある。このように，品質は設計段階の品質（設計品質，design quality）と製造段階の品質（製造品質，manufacturing quality），２つに分けて理解する必要がある。不良品も，ものをつくっている

工場での不良だけではない。設計段階で，図面に不備などの不良があれば，工場でその図面をいくら正確に再現したとしても不良品を量産することになる。

1　品質の概念

　品質は，複雑で，かつ，抽象的な概念である。グラフ，チャート，写真などで可視化することは可能だが，定義することは極めて難しい（Garvin, 1988）。日本産業規格（JIS：Japanese Industrial Standards）では，品質を，「明示または暗黙のニーズを満たす能力に関する，あるモノの特性の全体」と定義している。また，世界最大のサプライチェーン・マネジメントの標準化団体であるAPICSでは，「要件への適合度合い，または利用への適応度合い」と定義している。利用への適応（fitness for use）は，ジュランが提唱した概念であり[1]，品質を顧客の視点からみることが大事であることを強調している。

　第2章の図2-1で説明した通り，仕事の順番からみれば，まずは設計を行い，その次に製品を生産する[2]。シンプルな流れだが，このつながりには，品質に関係する重要な管理ポイントがある。高い品質は，設計品質と製造品質，両方の高品質を求める。片方だけが高品質になったとしても，高い競争力をもつことはできない。工場で不良品が発生した場合，設計段階に戻って，設計を見直すこともある。

　設計品質とは，製品・工程の設計段階で意図された製品の機能・性能・外観などであり，「製造の目標としてねらった品質」，あるいは，顧客に対してあらかじめ約束した製品機能のことである[3]。製造品質とは，設計図面の段階でねらった機能・外観等が，ユーザーの購買段階あるいは使用段階で，現物の製品の中に実現されているかどうかを示す概念である（藤本，2001）。つまり，設計品質は，設計のアウトプットである図面の品質として理解できる。

　そして，製造品質は，図面がねらっている機能と外観等に「一致（conform）」する形で製品が生産できるか否かをみる品質である。設計図面に一致しているかを判断基準としているため，製造品質を「適合品質（conformance quality）」ともいう。そして，設計品質と製造品質を合わせて総合品質という（図6-1）。

　総合品質は，顧客が評価するもので，開発現場の図面の品質，そして図面を正確に再現した生産現場での製品の品質で成り立つ。不良品といえば工場での

図6-1　総合品質，設計品質，製造品質

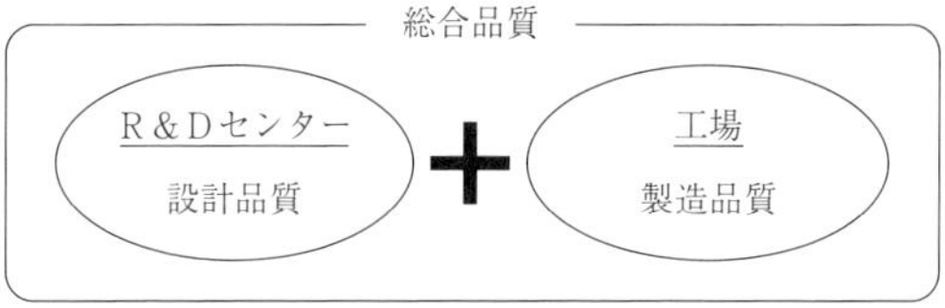

（出所）　筆者作成。

不良品を思う傾向があるが，図面に問題があり不良品をつくる場合もある。

　品質の好評価を受けるためには，顧客の期待を満たす必要がある。その意味で，品質は性能，信頼性，感覚的特性，アフターサービスの面から，顧客の期待水準を満たす能力としても理解できる。

・性能：ユーザーの期待通り製品が機能するかを見せる品質である。顧客が製品を購入する際に，顧客はメーカーが提示する製品スペックを参考に購入する。その際，製品スペックは，顧客と約束した性能ともいえる。たとえば，モバイルバッテリーを購入する際，充電時間，1回充電でスマホへの充電回数，繰り返し使える回数，容量などが性能であり，それを満たしているかが品質判断基準となる。

・信頼性（reliability）：規定条件下で，決められた期間，故障せずに製品が仕様通りの機能を発揮する可能性のことを意味する。[4] たとえば，通常の使い方でモバイルバッテリーの繰り返し使用可能回数が1000回と書いてあったが，実際にはその半分も使用できなかった場合，その製品の信頼性は低いと評価できる。

・感覚的特性：製品のデザイン，触感，色，香り，音など感覚的な特性も品質の重要な側面である。たとえば，印刷時，異音と匂いが気になるプリンターは，そうでないプリンターに比べると品質面で低い評価を受けやすい。

・アフターサービス：製品そのものだけではなく，販売後，顧客に対するサービスや保修，点検などが重要な場合もある。

図6-2　品質関連コスト

予防コスト	評価コスト
内部不良対応コスト	外部不良対応コスト

(出所)　筆者作成。

2　品質コスト

　生産活動において，不良品は大きなコストを伴うことがある。不良品をゼロにすることは難しい。いかに品質に関連するコストを最小限にするかが重要な課題となる。不良（defect, failure）とは，意図した要求または利用上の妥当な期待レベルを，商品が満たさないことであり，製品が規格・仕様・図面から乖離していることである[5]。不良品が発生した場合，その対応にコストがかかる。品質に関わるコストには，以下のような種類がある（図6-2）。

　(1)予防コスト（prevention cost）：不良品を事前に防ぐためにかけるコストである。不良を予防する方法は複数ある。

・製品設計の見直し：よりシンプルにつくれるようにする。

・工程設計の見直し：工程から不良を発生させる原因を取り除く。

・作業設計の見直し：不良品をつくりやすい作業方法を見直し，作業中ミスが発生しにくくする。

・データ収集と分析：センサー技術，IT技術の発展によって工場でのデータ収集にかかるコストが安くなり，リアルタイムで収集・蓄積できるようになりつつある。

・品質改善プログラムなどの教育・訓練：作業員に品質の概念，品質改善の手法などの教育を行う。

　たとえば，スマホに内蔵されているバッテリーに不良が発生したとする。その場合，バッテリーの大きさ，厚さ，容量などを見直したり，スマホ本体にバッテリーを組み立てる順番を変えたり，あるいは作業員がバッテリーの装着ミスがないように文字，色を使う方法がある。コストはかかるが，その対策に

よって不良品発生を抑えることができる。

(2)評価コスト（appraisal cost）：材料から完成品まで検査することで不良品とその原因を特定することにかかるコストである。たとえば，仕入れた原材料，部品を検査することにかかるコスト，生産工程内の仕掛品（中間製品）を検査することにかかるコストがある。加えて，異物検査装置など，検査機器にかかるコストも評価コストである。このように，検査にはコストがかかる。

　たとえば，チョコレートを生産する工場では，原料のココアを検査するだけではなく，生産過程の仕掛品も丁寧に検査する必要がある。また完成品のチョコレートに異物が混入されていないかを検査するために，X線異物検査装置を利用する。

(3)内部不良対応コスト（internal failure cost）：内部不良とは，出荷前に，工場内で発見された不良のことを意味する。その不良品は，幸いまだ顧客の手に届いていないので，工程内不良ともいう。工程内不良に対応するためにかかるコストを，内部不良対応コストという。工程内で不良品がみつかった場合，手直し，スクラップ処理でコストがかかる。手直しとは，みつかった不良品を生産工程に戻し，原因を修正するため，追加のコストをかけることである。一方，スクラップ処理は，修正することが難しい場合に廃棄処分する方法である。

(4)外部不良対応コスト（external failure cost）：外部不良とは，製品がすでに出荷され，顧客が使っている段階でみつかった不良品である。つまり，出荷前の工場ではみつからず，工場の外で発見された不良品である。そのため，外部不良をフィールド不良ともいう。

　内部不良対応に比べ外部不良対応では，企業のイメージ，ブランドイメージ，評判などを損なう恐れがあるため，大きなコストを伴うことになる。最近は，通販サイトで口コミ評価を参考にする顧客が増えていることもあり，他の顧客の評価（レビュー）は，潜在顧客に大きな影響を及ぼす。

　顧客からの苦情対応，商品交換で対応することで，コストアップにつながる。特に，自動車，医薬品，食品のように，顧客の安全と直結する製品の場合，外部不良発生は企業に甚大な影響を及ぼすことがある。

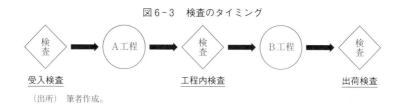

図6-3　検査のタイミング

受入検査　　　　　　　　　　工程内検査　　　　　　　　出荷検査

（出所）　筆者作成。

第2節　検査，公差，工程能力

　不良を減らすための対策として，まず考えられるのは品質検査の徹底である。検査は，製品の品質特性を測定，評価して，各特性が遵守されているかを判断するために，検査結果を具体的要件と比較する。品質検査のためには，事前に検査基準を設定する必要がある。

1　検　査

　検査（inspection）とは，製品の品質特性を測定，評価して，要件と比較することである。検査の頻度を多くすればするほど，不良品がみつかる可能性も高くなる。しかし，検査そのものは製品をつくる作業ではない。また，検査を行う検査員の採用，教育・訓練，検査装置の購入と維持管理にもコストがかかる。したがって，検査の頻度をコストの観点から考慮する必要がある。

①検査の種類

　検査を行うタイミングによって，図6-3の通り受入検査，工程内検査，出荷検査，3つに分けられる。

　受入検査は，サプライヤーから原材料，部品を仕入れて，注文した数量通りに納品されたのか，不良品はないのかを確かめる検査である。無検査で製造工程に投入することも可能だが，工場の受入検査場で検査を行うことが一般的である。受入検査は，生産工程に投入する前段階の検査である。

　工程内検査は，製造工程で加工・処理中の仕掛品に対する検査である。まだ完成品ではないので，検査項目は，生産工程ごとに異なるが，途中検査を通じて，不良品発生を未然に防止する目的がある。不良の原因を早い段階で特定し

やすい。

　出荷検査は，最終検査のことであり，顧客の手に届ける直前の検査であり，外部不良がないように万全を期して検査する。たとえば，自動車の最終検査は車検であり，この検査で不良品がみつかった場合，内部不良対応コストで処理できる最後の段階となる。

　一方，検査頻度は検査にかける投資の意思決定と関係する。受入検査も，工程内検査も，出荷検査もせずに，そのまま顧客に販売することも可能だが，顧客によって不良品がみつかり，顧客の安全と直結する問題が起こった場合には，企業として大きな負担になりかねない。

　一方，検査すべき対象が多すぎる場合もある。たとえば，ある自動車メーカーの工場で1日に生産される車の台数が5台未満だとする。(6) その場合，検査員は1台ずつ丁寧に検査できる。しかし，大量生産を基本とする自動車工場では，長時間をかける検査は困難である。自動車に対しては，安全性を重視する法規制もあり，すべての車を検査対象とする「全数検査」になっている。しかし，毎日，大量生産を行っている電子機器の部品工場では，全数検査は理論的な合理性はあるかもしれないが，経済的な合理性はない。その対策として考えられるのが，統計学を活用する検査方法である。

　②品質検査方法

　生産マネジメント分野において，統計学との親和性がある分野が需要予測と品質管理である。まず，検査の設計について考えてみる。たとえば，履修している科目の成績評価に即して考えてみよう。

　(1)無検査：完成品や納品物を検査せず，ラインに供給もしくはラインアウトする。つまり，試験，出席チェック，課題提示を一切行わない方法である。

　(2)ロット検査：ロット（lot）とは，一緒に製造される数量を指す。まとめて生産する数量単位のことで，バッチ（batch）とも呼ばれる。そのロットの一部を検査する方法がロット検査である。たとえば，クラスでグループをつくってプレゼンテーションをする場合，一部のグループ・メンバーが発表した内容に対して，グループ全員の成績をつけて単位を付与する，といった方法である。

図6-4　抜き取り検査の仕組み

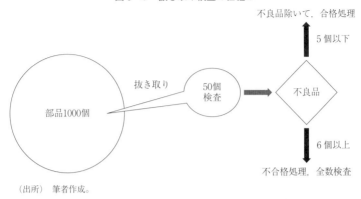

不良品除いて，合格処理

5個以下

抜き取り　50個検査　　不良品

部品1000個

6個以上

不合格処理，全数検査

（出所）　筆者作成。

(3)全数検査：文字通り，すべてを対象として検査を行う方法である。生産数量が多いほど，検査時間とコストが膨らむ。大学で履修登録したすべての学生を対象に，試験，出席チェック，課題提示を行い，採点するが，全数検査の典型的な例である。

(4)抜き取り検査：主に全数検査が難しいときに使われる。原材料，部品を大量に仕入れたとき，全数検査は現実的に難しい。検査を行う過程で中身の確認のために製品を壊す必要がある場合に理想的な検査方法である。なぜならば，全数検査をしてしまうと，原材料，部品が使えなくなるからである。たとえば，卵を大量に使う飲食店で卵の鮮度などの品質を検査するために，仕入れたすべての卵を割って検査してしまうと本来の目的である調理ができなくなる。抜き取り検査は，仕入れた部品からランダムにサンプルを取り出して，そのサンプルを対象に検査を行う方法である。検査では，あらかじめ定めた判定基準と比較して，合格なら仕入れた部品すべてを合格処理する検査方法である。

　ここで図6-4の例を示して考えてみよう。サプライヤーから仕入れた部品箱の中に部品が1000個入っているとする。全数検査をしようとすると，それだけで1日かかるかもしれない。したがって，部品箱からランダムに50個のサンプルを取り出す（全体の5％）。その際に，あらかじめ定めた判定基準は，以下の通りである。

・不良品が5個以下の場合，仕入れた部品を合格処理する。ただし，サンプルでみつかった不良品については，手直し，スクラップ処理する。

・不良品が6個以上の場合，仕入れた部品を不合格処理し，全数検査を行う。

統計学のことばに置き換えると，母集団1000個からサンプリングした50個の標本（サンプル）を対象に検査を実施し，母集団の真の不良率を推定することである。このように，統計学を活用して品質管理を行うことを，統計的品質管理（SQC：Statistical Quality Control）という。品質管理と品質向上は，複雑な統計的手法だけに依存することではない。シンプルな，直観的な手法を使いながら，日々，地道に品質改善を行うことで長期的に大きな成果を得られた事例もたくさんある。

たとえば履修登録した学生を学籍番号順に並べて，そのうち，一部の学生を選んで試験を行い，その成績を参考に履修生全員の成績を判断する場合，抜き打ち検査に近い。

製品を大量に生産する工場では，仕入れる部品数も多い。検査装置などを利用して短時間で全数検査ができれば理想的だが，抜き取り検査は現実的な選択肢になる。抜き取り検査は，検査しなかった製品の中に不良品が含まれているリスクがあるため，自動車や食品のように，顧客の健康安全と直接関係する製品には向いていない。たとえば，自動車産業では，国家資格である自動車検査員試験に合格した人のみが，自動車検査員として1台ずつ丁寧に全数検査を行っている。

2 公 差

品質検査のためには，判定基準を設ける必要がある。その基準によって，検査の結果，不良品（内部不良品）の数が増減するからである。判定基準を緩く設定すると，内部不良品は減る。逆に，判定基準を厳しく設定すると，内部不良品は増え，手直し，スクラップ処理のコストが上がってしまう。基準設定は，工場と企業の方針と戦略による。重要なのは，判定基準を自社の都合よりも，顧客の満足を優先して設定することである。

工場でものを生産する際に，品質にはバラツキが存在する。製品を10個つくっても，100個つくっても，品質値がずっと同じであれば管理は難しくない

図6-5　公差の例

(1) 公差を広く（緩く）設定した場合

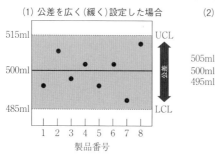

(2) 公差を狭く（厳しく）設定した場合

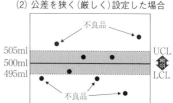

（出所）　筆者作成。

が，問題は品質値が変わることがよくあることである。品質管理はバラツキとの闘いでもある。そのため，現場の作業員は常に品質に関連するデータをモニタリングしながら管理する。最近は，IT技術発展に伴い，工場に大量のセンサーが導入されており，データをリアルタイムで収集して，人の代わりに判断も一部可能なスマートファクトリーも普及しつつある。

　では，品質値のバラツキをどのくらいまで許すか。その品質値のバラツキ範囲（上限，下限）を公差（tolerance）という。つまり，公差は，許容しうる最大寸法と最小寸法の差であり，一般的には設計技術者が確立した離脱の許容範囲である。この公差の範囲を狭く（厳しく）設定するか，広く（緩く）設定するかは，現場の管理経験に依存することが大きい。

　公差は，機械産業などの組立産業で「寸法公差」のことでよく利用されるが，それに限られた概念ではない。許容差の概念は，鉄鋼産業などのプロセス産業でも，「制御範囲」，「成分範囲」として使われる。

　図6-5は，品質値を時系列に見せてくれる管理図（control chart）である。たとえば，500ml容量の生ビールを生産する工場があるとする。ピッタリちょうど500mlにつくるのは難しいので，多少のズレ（誤差）を設定する。この工場では，500ml缶ビールの公差の上限（UCL：Upper Control Limit）を515ml，下限（LCL：Lower Control Limit）を485mlと設定し，10mlのズレ（誤差）を設定したとする。500mlピッタリちょうどの容量が理想であるが，どうしてもバラツキが発生しており，±15mlを許容範囲として設定している。実際に，生

産される缶ビールの容量を検査機器で測定した結果，**図6-5（1）**（広い公差設定）のような結果が観察された場合，すべての測定値が公差内に収まっているので不良品はない。一方，**図6-5（2）**（狭い公差設定）のように，上限を505ml，下限を495ml，つまり500ml ± 5 mlと，公差を狭く（厳しく）設定した場合，公差の範囲外の測定値は不良品となる。

　公差の設定が必要な背景には，機械で作業しても作業結果にバラツキが存在することがあるからである。作業のバラツキを少なくし，工程の均質性を確保するためには，次に説明する工程能力を上げる必要がある。

［ 3 ］ 工程能力

　生産マネジメントにおいて，品質値のバラツキの存在は難しい課題の1つである。バラツキは，工場のあらゆるところで観察できる。仕入れた原材料と部品のバラツキ，製品のできのバラツキ，完成品が出来上がるまでにかかる時間のバラツキ，製品をつくるのにかかるお金（コスト）のバラツキ，さらには，ものをつくる作業員の技能・スキルのバラツキなど，さまざまである。バラツキが少ないことは，安定的に管理されていることを意味する。安定していれば，管理もしやすい。以下でアーチェリー選手の例を挙げてみよう。

　　A選手（4，7，10）／B選手（7，7，7）／C選手（2，9，10）

　アーチェリー・チームに3名の選手がいるとする。各選手が標的に矢を3回打ち上記の成績を上げたとする。A，B，C選手の平均点数は，みんな7点である。しかし，3名の選手のうち，どの選手が高い能力をもっているかを判断する際に，平均値は参考になるが，それだけでは不十分である。ここでポイントとなるのが，バラツキである。

　B選手は，中央部10点を得点したことはないが，安定して7点を連続得点している。B選手の安定性を考慮して標的の狙い方などを調整すれば，10点連続得点の可能性がある。

　この話は，生産工程のバラツキと安定性にも応用できる。生産工程が製品設計仕様を安定的・均質的に満たす能力を，工程能力（process capability）という。工程能力が高いことは，バラツキが少なく，安定的に生産していることを意味する。逆に，工程能力が低いことは，バラツキが激しく不安定な生産工程を意

図6-6　工程能力とバラツキ

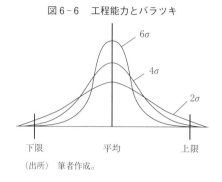

（出所）　筆者作成。

味する（図6-6）。先ほどの例からいえば，B選手は，他の選手に比べて，工
程能力が高いといえる。

　工程能力の測定方法には以下の2つがある。

(1)工程能力指数

　工程能力指数（Cpk）は，以下の式で表すことができる。

　　Cpk ＝［（平均値－下限）/ 3σ，（上限－平均値）/ 3σ］の最小値

　工程能力指数で，生産工程の品質値がどれぐらい集中しているかがわかる。
一般的に，±3標準偏差（σ），品質値が分布する。工程能力指数が2つの比
率の中で最小値を取ることになる。理論的に，工程能力の高い場合，指数は
1.0未満になる。

(2)工程能力比率

　ある工程が±3σの水準で安定していれば，上限と下限の差，つまり公差の
幅は6σより大きくなる。工程能力比率（Cp）は，以下の式で表すことができ
る。

　　Cp ＝（上限－下限）/ 6σ

　このように，工程能力を量的に評価するためには，平均とバラツキのσを計
算する必要がある。これを応用したのが，シックス・シグマである。シックス・
シグマは，品質と生産工程を詳細に分析するための品質管理手法である。シッ
クス・シグマという名称は，アメリカの企業，モトローラ社に由来する。標準
偏差σの意味からわかるように，品質値などの測定値の平均が，製品設計仕様
から±6σ内に分布するように工程を管理することで，不良品を減らすことが

目的である。初期のシックス・シグマは，生産工程そのものを改善するために考案されたが，その後，GE（General Electric）社は，生産工程だけではなく，営業，財務などの分野にも，この概念を広げた。

第3節　品質管理のための組織的取り組み

　実際に生産現場では「誰」が品質を管理しているのか。この問いへの答えは，1つではない。製造企業の組織には，品質管理チームおよび部，品質保証部のように，部署名に「品質」がついている部門があり，上述した統計的品質管理手法を利用して品質管理，品質向上に取り組んでいるエンジニアたちがいる。一般的に，これらの部門は，全社を対象に品質管理を担当する専門組織であるが，製品群の多い製造企業では，製品グループごとに品質管理担当を置く。たとえば，日本製鉄では，品質管理部に，品質保証室，一貫品質管理室，薄板一貫品質技術室のように専門を分けている。

　ところが，これから説明する品質管理への取り組みは，ある専門部門の領域に限られた話ではなく，毎日，生産ラインでモノを生産する作業員，オペレーター，さらには，直接ものづくりにはかかわっていないが，生産活動をサポートする部署（いわゆるスタッフ部門）も含めての活動である。いわば，全社を挙げた品質管理である。品質管理は，統計の専門家だけの領域ではない。構成員全員が高品質を目指して自分のできることを継続する「意識」がより重要である。

1　QCサークル，TQC，TQM

　QCサークルは，製品の品質，工程能力に関する課題を発見して，それを解決するために自主的に集まる小集団活動である。「サークル」のことばでわかるように，10人前後の少人数でリーダーを決めて，月数回集まって，品質と改善について議論しながら活動する。QCサークルの名称は，企業ごとに異なる。また，自分たちのサークルに名前（通称）をつけて活動する場合もある。自動車産業では，QCサークルがそのまま使われることが多いが，鉄鋼産業では，JK活動という名称で展開されることもある。企業によっては，品質管理

だけではなく，ものづくり現場全般に関する小集団活動として展開していることもある。[10]

　QCサークルの機能は，①改善による競争力向上，②意思決定への参加によるモラールの向上，③従業員の問題解決能力の向上にある（藤本，2017）。各企業では，QCサークル活動に対して，発表大会や表彰制度を設けて奨励している。

　QCサークルは，まずテーマを決めて，QC7つ道具といった手法を利用して比較的にシンプルな，直観的な手法を使いながら品質向上のための課題を解決していく。

　そして，QCサークルのメンバー構成は，主に生産現場でものをつくるメンバーが多い。一般的にQCサークルのメンバーは，工場で自分の担当する生産ラインでものづくりをしながら，課題解決のことも考えるため，品質管理を担当する部署とは，品質向上へのアプローチが異なる。具体的には，以下のような特徴がある。

　　・解決すべき課題が複数あるとき，改善効果の大きい課題を優先的に選ぶ。
　　・直観的，視覚的にわかりやすい手法を利用する。
　　・QCサークルの活動前と後がわかりやすく比較できる。
　　・改善の効果を，金額などの数値で表す。

　QCサークルのメンバーが課題を選定して，解決のロードマップを描く際に利用するのがQCストーリーである。数ある課題の中で，その課題（テーマ）を選んだ理由と背景，期待される効果について確認する。QCストーリーは，活動の後にも反省材料として利用される。つまり，活動の効果を確認して，今後の課題についても分析する。

　より広い範囲の品質管理への取組みにTQCがある。TQCは，全社的品質管理とも呼ばれ，概念自体はアメリカで生まれたが日本で発展した。「全社的」が示しているように，生産現場中心のQCサークルと品質管理専門部署のみならず，企業の全階層が参加する活動である。場合によっては，これらの部門の従業員を，生産現場の改善活動に短期間参加させることで，全社的活動の方針を理解してもらうこともある。

　日本では，TQCの活動は，個別企業のレベルだけではなく，普及組織に

よってさらに広がった。たとえば，日本科学技術連盟（日科技連），日本能率協会，日本規格協会，日本生産性本部は，表彰制度，研修・セミナー，コンサルティングを通じて，産業をまたいでTQCの浸透に大きな役割を果たした。

　日本のTQC活動は，日本製品の品質を高水準に押し上げることに大いに貢献し，海外市場においても日本製品と企業は，高い競争力を武器に競争で打ち勝つことができた。それによって，海外企業の実務家と大学などの研究機関の研究者は，日本企業の競争力を分析する際にTQCに注目した。

　日科技連は，1951年，戦後の日本に統計的品質管理を普及させ，日本製品の品質を世界高水準に押し上げた大きな礎となった故デミング博士の業績を記念して，デミング賞を創設し，品質管理に関する実務や理論に貢献した個人，および品質管理の水準がきわめて高く社会への貢献度の大きな企業に対し，1951年から授与している。デミング賞は，品質管理関連の最高レベルの賞であり実践に対するデミング賞，個人に対するデミング賞，海外企業に対するデミング賞の3つに分類される。デミング賞の選考は，日科技連のデミング賞委員会によって行われる。[12]

　1996年，TQCを長年推進してきた日科技連は，TQCの名称をTQMに変えた。TQM（Total Quality Management）は，「総合的品質管理」あるいは「総合品質経営」と訳される。変更の背景には，TQCの問題点があった。

　まず，デミング賞の受賞そのものが目的となり，本来の趣旨とは異なる方向に走ることである。受賞のために，残業を繰り返す，または，QCサークルの自主的な活動とは距離のある，トップダウン型の推進は，生産現場の改善意識を疲弊させた。その反省から生まれたTQMは，経営戦略，経営の質，取引先や株主との関係など，既存のTQCのいいところは残しつつ，より戦略性を意識した取組みを導入した。

　TQMは，アメリカの「マルコム・ボルドリッジ国家品質賞（The Malcolm Baldrige National Quality Award）」の影響も受けている。1987年に制定されたマルコム・ボルドリッジ国家品質賞は，日本にも影響を与え，1995年には，（財）法人社会経済生産性本部が「日本経営品質賞（Japan Quality Award）」を創設した。このように，日米間には，品質管理分野において，お互い影響し合ってきた歴史がある。統計的品質管理からTQCへ，TQCからTQMへの流れであ

る。

　TQM の基本思想は，顧客満足，全員参加型，継続的改善であり，TQC の根底にある思想と変わらないが，その中身に戦略性を意識した内容が追加されている。つまり，品質管理への取組みは，企業の戦略と不可分の関係があることを強く意識している。

　TQM が，品質向上，生産工程のパフォーマンス向上のための基本思想であることと同様に，先述したシックス・シグマも品質管理のための1つの思想である。これらの活動の違いは，品質向上と生産工程のパフォーマンス向上のための具体的な手法にある。今や，アメリカ発のシックス・シグマを採用している日本企業も多い。

　今後も品質管理に関する新しい思想と取組みが続くだろう。特に，工場のデジタル化が急速に進んでいる現在，AI を活用するなど既存の取組みとは異なるアプローチで品質管理に取り組んでいる企業も増えつつある。

2 QC 7つの道具の概要[(13)]

　ここでは，QC サークルの道具箱である QC 7つ道具について，概念を中心に説明する。詳細については，他の教科書あるいは専門書を参照されたい。QC 7つ道具は，統計的品質管理手法に比べて，シンプルながら視覚的かつ直観的な手法であり，生産現場での改善活動において使われている。道具箱と考えればよい。[(14)]これらの7つ道具の共通点は，「目で見る管理」ができることである。生産現場のものづくりで多忙な状況では，目で見て直観的に判断できることは，道具として非常に重要な要件となる。

　その QC 7つ道具は，①管理図，②特性要因図，③散布図，④パレート図，⑤ヒストグラム，⑥チェックシート，⑦フローチャートを指す。⑦のフローチャートの代わりに，層別を入れる場合もある。道具を使う順番は決まっていないが，最初に工程のフローチャートを作成することは，全体像を把握する上で役立つ。

考えてみましょう

　①品質管理の不祥事，あるいは，リコールの事例を探して，なぜそのような問題が起

こったのか，原因をまとめてみよう。

②品質の概念は，設計品質，製造品質に分けて考えられる。設計品質不良の事例を探してみよう。

注

（1）　ジョセフ・ジュラン（1904-2008）は，アメリカのエンジニア，経営コンサルタントであり，TQM の第一人者として知られている。ジュランは，ウェスタンエレクトリック社のホーソン工場の検査部門で働いた経験ももっている。

（2）　設計も，製品の設計が終われば，（生産）工程の設計を行う。製品設計は「何をつくるか」を決めることであり，工程設計は「どの方法でつくるか」を決めることである。

（3）　後述する品質コストのほとんどは，製品の設計で決まるともいわれる。

（4）　信頼性は製品が一貫して性能を維持することを意味する一方，持続性（durability）は，故障などで修理が必要になるまでにかかる期間を意味する。

（5）　乖離の方向はマイナスだけではない。たとえば，モバイルバッテリーの繰り返し使用回数の製品スペックが1000回とする。これに対して，実際に900回しか使えかなかった場合，100回分の乖離が生じており不良品となる。一方，1200回の場合，顧客は喜ぶかもしれないが，厳密にいうと，これも規格・仕様から乖離している。

（6）　実際に，イタリアのスーパーカー・メーカーの1日の生産台数は非常に少ない。ほとんどが注文生産（受注生産）であるからだ。注文生産については，第9章で詳細に説明する。

（7）　ランダム・サンプリングという。

（8）　公差は，許容差，許容誤差とも呼ばれる。

（9）　寸法公差は点と点との公差を，幾何公差は線および面の公差を意味する。

（10）　たとえば，日本製鉄では，現場力向上のために，JK 活動を展開している。JK とは，「自主管理」を意味し，QC サークルのことを指している。

（11）　アメリカの統計学者であるウィリアム・デミング博士（1900-1993）は，第2次世界大戦前後にアメリカの品質および生産性向上に大いに貢献した。その後，来日し，1950年から日本の経営者に，統計的品質管理を強化する方法を伝授した。

（12）　最近の受賞企業も含めて，デミング賞受賞企業リストは，日本科学技術連盟のホームページ（https://www.juse.or.jp）を参照されたい。

（13）　品質の7つ道具（seven tools of quality）とも呼ばれる。

（14）　あくまでも道具箱である。改善のための最終判断は，人（作業員，マネージャー）の役割である。

参考文献

藤本隆宏，2001，『生産マネジメント入門Ⅰ：生産システム編』日経 BP 日本経済新聞出版本部。

藤本隆宏監修・一般社団法人ものづくり改善ネットワーク編集，2017，『ものづくり改善入門』中央経済社。

Garvin, D. A., 1988, *Managing quality: The strategic and competitive edge*, Simon and Schuster.

第7章　原価計算
—— そもそも原価とは何か ——

　生産マネジメントの財務面を検討するには，原価（コスト）について知る必要があります。特に生産マネジメントの文脈では，原価計算システムを通じて測定される製品原価が問題となります。そこで，生産マネジメントの財務面を考えるために，まず原価計算における原価の概念を学ぶ必要があります。本章では，原価計算と原価概念について学習します。

Keywords▶製造原価，製品原価計算，全部原価計算，個別原価計算，総合原価計算

第1節　「原価」とは何か

[1] 原価（あるいは「コスト」）

　企業経営という文脈での「原価」（あるいは「コスト」）とは，企業が特定の目的を達成するために消費したり利用したりする経営資源（ヒト，モノ，カネ）を広義には意味する。[^(1)]生産活動という文脈での「原価」とは，生産活動から生み出される製品の原価を指す。これは，会計システム，特に原価計算システムから生み出される情報である。企業経営の目的は，会計システムを通じて計算される利益の追求にある。本章では，原価計算システムを通じて計算される原価に焦点を当てる。

[2] 生産活動に関連する製造原価

　経営活動は，職能の観点から販売活動，一般管理活動，製造活動に分類される。これらの活動は組織内部の部門とも概ね対応しており，それぞれ営業部門，管理部門，製造部門によって行われる。**表7-1**は，原価分類，経営活

表7-1　原価分類，経営活動，組織部門

原 価			活 動	組織部門	
総原価	販売費	販売活動に伴う広告宣伝費や販売費	販売活動	営業部門	会社全体
	一般管理費	一般管理活動を行う人事，総務，経理などの管理部門で生じる人件費や旅費	一般管理活動	管理部門	
	製造原価	材料費：材料の消費によって生じる原価 （例）素材費，買入部品費，燃料費	製造活動	製造部門	
		労務費：労働力の消費によって生じる原価 （例）給料，賃金，賞与手当，退職給付費用			
		経費：材料費，労務費以外の原価 （例）減価償却費，建物の警備費用，火災保険料			

（出所）　筆者作成。

動，組織部門の大まかな関係を図示したものである。

　表7-1左側の総原価とは，会社全体で発生した原価である。総原価は，販売費，一般管理費，製造原価に分類される。製造原価とは，製品の製造を目的とする製造部門（具体的には工場をイメージすればよい）で消費されたり利用されたりした経営資源の総額である。

[3] 材料費，労務費，経費

　製造原価は，その発生原因の観点から，さらに材料費，労務費，経費に分類される。たとえば，アイスクリーム工場では，牛乳や砂糖などの材料が消費されて，完成品であるアイスクリームが製造される。「材料費」とは，アイスクリーム製造のために消費された牛乳や砂糖などの材料が「何円分」なのかに関する「情報」である（原価計算に限らず，会計数値の単位は「円分」である。以下では，単位を「円」とする場合であっても，「円分」と読み直してほしい）。また，アイスクリーム工場では人も働いている。「労務費」とは，アイスクリーム製造のために利用された労働力が何円分なのかに関する情報である。材料費でも労務費でもない製造原価は，「経費」と呼ばれる。たとえば，工場の照明にかかる電気代，工場の管理者へ支払う給与，機械設備の減価償却費などが経費に相当する。原価の発生原因に基づくこのような原価分類は，製造原価の「形態別分類」と呼ばれる。

> Column：なぜ原価を分類するのか？
> ①教室には30人の学生がいます。
> ②教室には 1 年生と 2 年生がそれぞれ10人と20人います。
>
> 　①と②どちらの情報量が多いでしょうか？　②です。全体の人数は, 1 年生と 2 年生の人数の合計です。これは（当たり前ですが）30＝10＋20と計算されます。この式の右辺10＋20から左辺30を導くことはできますが, 逆はできません。分類（この場合は, 全体を学年で分けること）によって情報量が増えていることがわかります。原価を材料費, 労務費……と細かく分類することによって情報量が増えます。より多くの情報量に基づいて, より正確な原価計算が可能になると同時に, 細かな原価管理を実行できます。

　なお, 生産のノウハウや従業員の品質意識なども確かに経営資源であり生産活動で利用されるが, 原価計算の対象とはならない。ノウハウや品質意識を金額で表すことが難しいことに加え, ノウハウや品質意識は利用されても減少しないためである。

第 2 節　生産活動, 製品原価計算, 利益計算

1　製造工程, 仕掛品, 製品

　製品の製造は, 製造部門内部の「製造工程」で行われる。図 7-1 が示すように, 製造工程に投入された材料は, 加工されて中間生産物となる。販売できない中間生産物は, 会計上,「仕掛品」と呼ばれる。(2) 仕掛品は, さらに加工されて販売可能な完成品となる。この完成品が, 会計上,「製品」と呼ばれる。なお, 製品と商品は, 会計上, 明確に区別されている。製品とは, 販売を目的として自社で製造したものを指し, 商品とは, 販売を目的として仕入れたものを指す。

2　全部原価計算

　今日, 広く受け入れられている製造原価の計算方法は,「全部原価計算（full costing）」と呼ばれる方法である。全部原価計算による製品原価計算とは, 製

図7-1 材料，仕掛品，製品の関係

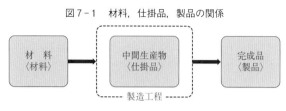

（注） 〈 〉内は会計上の名称である。
（出所） 筆者作成。

造部門で発生するすべての原価を，当該製造部門で製造される製品へ負担させる手続きである。

[3] 製造原価，貸借対照表，利益計算

　以下では，アイスクリームの製造と販売を行う会社の5月の活動を例にとり，全部原価計算の下での製品原価の意味と利益計算の関係を検討する。通常，「原価計算期間」は1カ月であるため，5月の製品原価や利益をこれから計算する。ここで注目するのは，ある時点の会社の財政状態を表す「貸借対照表」である。特に，貸借対照表の左側（借方）に記載される「資産」の変化に注目し，製品原価の情報内容を検討する。単純化のため，製品の種類としてバニラアイスクリーム1種類のみを10万個生産する状況を想定する。

① 5月1日に株主から現金1,000万円が出資され，アイスクリーム会社が設立された。

貸借対照表　（単位：万円）

現金	1,000	資本金	1,000
	1,000		1,000

　　①時点における会社の資産は現金のみであり，その残高は1,000万円である。また，会社の資産総額は1,000万円である。なお，資本金1,000万円とは，会社の資産総額1,000万円分が株主からの出資によってまかなわれていることを意味する。

② アイスクリーム製造機器が400万円で購入され，工場に設置された。この代金は，現金で支払われた。

　現金400万円が生産設備400万円分と交換されたと考える。つまり，現金という資産が400万円減少する一方で，生産設備という資産が400万円増加すると考える。固定資産である生産設備の「取得原価」は400万円である。この結果，資産総額1,000万円には変化がないと考える。したがって，利益には変化がないと考える。

③牛乳や砂糖を200万円分，アイスクリーム容器を100万円分，計300万円分の「材料」を会社は仕入れ，代金を現金で支払った。

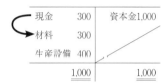

　現金300万円が材料300万円分と交換されたと考える。つまり，現金という資産が300万円減少する一方で，材料という資産が300万円増加すると考える。この結果，資産総額1,000万円には変化がないと考える。また，「材料原価」は300万円である。

④アイスクリーム10万個の生産が開始され，牛乳や砂糖などの材料200万円分が製造工程へ投入された。

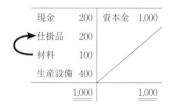

　材料が製造工程へ投入される時点から，製品原価計算が開始される。材料（牛乳や砂糖）という資産が200万円減少する一方で，中間生産物である仕掛品という資産が200万円増加すると考える。この時，材料費は200万円である。材料費とは，材料が製造工程に投入されたことを意味する情報である。200万円分の材料が材料費として消費されたと理解される。この時，

確実に材料200万円分が減少したはずであるが，この減少分を仕掛品原価が吸収することによって，資産総額1,000万円には変化がないと考える。

⑤現金100万円が賃金として従業員に支払われた。(3)なお，賃金とは，工場で働く工員に対して支払われる給与を意味する。

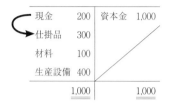

会社は現金100万円を賃金として従業員に支払う。現金という資産が100万円減少する一方で，仕掛品という資産が100万円増加すると考える。このとき，労務費100万円が発生する。労務費とは，労働力が製造工程で利用されたことを意味する情報である。100万円分の労働力が労務費として利用されたと理解される。確実に現金100万円が減少したはずであるが，その減少分を仕掛品原価が吸収することによって，資産総額1,000万円には変化がないと考える。

⑥生産設備の減価償却費50万円が計上された。

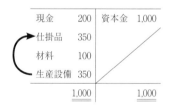

減価償却の手続きにより生産設備の「簿価」が50万円減少する一方で，仕掛品という資産が50万円増加すると考える。生産設備の簿価50万円の減少は，減価償却費によって説明される。なお，減価償却費50万円は計算上の値であり，現金の支払いを伴わない。また，減価償却によって生産設備が減少するわけでもない。減価償却費として減少した生産設備の簿価50万円を仕掛品原価が吸収することによって，資産総額1,000万円には変化がないと考える。なお，減価償却費は経費に分類される。

⑦製造したアイスクリームが容器に詰められ，10万個の販売可能な製品として

完成した。なお，材料である容器の原価は50万円であった。

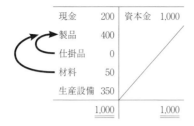

現金	200	資本金	1,000
製品	400		
仕掛品	0		
材料	50		
生産設備	350		
	1,000		1,000

　仕掛品という資産が350万円減少する一方で，製品という資産が350万円増加すると考える。同じく，材料という資産が50万円減少する一方で，製品という資産が50万円増加すると考える。この結果，製品という資産は400万円と計算される。仕掛品350万円と材料50万円の減少を製品原価が吸収することによって，資産総額1,000万円には変化がないと考える。なお，この製品原価400万円を「完成品数量」の10万個で除して，「製品単位原価」は40円と計算される（400万円÷10万個＝40円／個）。これは「@40円」としばしば表記される。

⑧完成したアイスクリーム 8 万個（原価 @40円）が顧客（小売業者をイメージすればよい）に500万円で販売され，会社は代金を現金で受け取った。

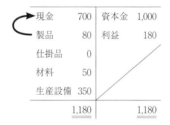

現金	700	資本金	1,000
製品	80	利益	180
仕掛品	0		
材料	50		
生産設備	350		
	1,180		1,180

　320万円分（ 8 万個×@40円）の製品という資産が減少する一方で，現金という資産が500万円増加すると考える。この操作によって，資産は差引で180万円増加し，資産総額は1,180万円へ増加する。この180万円分の資産増加は「利益」として説明される。なお，製品という資産320万円分が減少した理由が「売上原価」であり，現金500万円が増加した理由が「売上」である。その差額として，資産が180万円分，利益として増加したと説明される。

表7-2　材料費，労務費，経費による原価計算

(単位：万円)

材料費	250	材料（牛乳や砂糖200万円分と容器50万円分）の減少を説明
労務費	100	現金100万円分の減少を説明
経費	50	生産設備の簿価50万円分の減少を説明
製品原価	400	

(出所)　筆者作成。

4　製品原価計算

　表7-2に示されるように，材料費，労務費，経費といった「原価勘定」に注目しても製品原価を計算可能である。材料費，労務費，経費に注目して原価を計算するのは，製造活動に起因して減少した資産額を特定するためである。製造活動以外の理由でも資産は減少する。例えば，仕入れた材料を返品しても材料は減少する。製造活動に起因して減少した資産額を特定するために，材料費，労務費，経費といった原価勘定を利用するのである。

5　利益計算と損益計算書

　この会社の「損益計算書」を確認しておこう。損益計算書はある期間に利益として増加した資産を説明する書類である。どのような理由で，180万円分の資産が5月中に増加したのであろうか。この会社の現金500万円の増加は「売上」（より一般的には「収益」）によって説明される。同様に，

5月の損益計算書	
売上高	500
売上原価	320
売上総利益	180

(単位：万円)

製品320万円の減少は「売上原価」（より一般的には「費用」）によって説明される。収益とは資産が増加する理由であり，費用とは資産が減少する理由である。会計には，収益と費用を対応させるという「収益費用対応の原則」がある。この原則の下で，原価が320万円の製品という資産が販売され減少したことと，500万円の現金という資産が販売によって増加したことが対応させられる。これらの差額である180万円分の資産の純増額は，5月の利益として説明される。経営の目的は，利益としての資産を増加させることにある。[4]

表 7-3　アイスクリーム製造会社の 5 月中の資産の変化

	①	②	③	④	⑤	⑥	⑦	⑧
現金	1,000	600	300	300	200	200	200	700
製品							400	80
仕掛品				200	300	350	0	0
材料			300	100	100	100	50	50
生産設備		400	400	400	400	350	350	350
資産総額	1,000	1,000	1,000	1,000	1,000	1,000	1,000	1,180

（出所）　筆者作成。

6　製品原価と売上原価

　表 7-3 には，5 月中に行われた①から⑧の各取引における資産の変化が要約されている。①の会社設立時点では，会社の資産は現金1,000万円のみである。⑦では，会社の資産は，現金200万円，製品400万円，材料50万円，生産設備350万円である。⑦の1,000万円分の資産総額の内，200万円分の現金は事業に投じられておらず，残りの800万円分が事業に投じられていると解釈される。この800万円の資産の内，400万円はアイスクリーム10万個の製品原価に繰り入れられている。製品原価400万円の内訳は，材料費250万円，労務費100万円，経費50万円である（表 7-2）。

　⑦における製品原価400万円（厳密には，製品勘定の簿価400万円）という「情報」は，製品を400万円以上で販売できない場合，資産が製造開始前の1,000万円より小さくなることを意味する。この400万円の製品原価は，製品の販売を通じて回収されなければならない金額と理解される。

　⑧から，製品原価400万円の内，320万円は現金500万円の増加によって「回収」されたことがわかる。製品に原価を負担させ，製品を販売することで，製品の原価が回収される。この意味で，製品原価とは，製品の販売を通じた「必要回収額」として理解される。

第 3 節　個別原価計算

　これまで 1 種類の製品（アイスクリーム）が製造される状況を想定して，製品

図7-2　製造原価を複数製品へ割り当てるイメージ

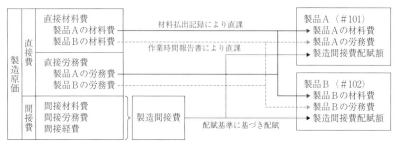

（出所）　筆者作成。

原価の情報内容を確認してきた。複数の製品が製造される状況であっても，製造部門で発生するすべての製造原価を製品に負担させるという「全部原価計算」の発想が適用される。たとえば，製品Ａと製品Ｂという２つの製品が同一の製造部門内で製造される場合，製造部門内で生じる製造原価は何らかの方法で製品Ａと製品Ｂに割り当てられる。このとき，製品Ａと製品Ｂの原価は，必要回収額としての性格をもつ。

　各製品への製造原価の割り当てはどのように行われるのであろうか。以下では，「受注生産品」の原価計算に適用される「個別原価計算」を取り上げる。図7-2は，個別原価計算によって製造原価を複数製品（製品Ａと製品Ｂ）へ割り当てるイメージである。製造原価は，まず「製造直接費」と「製造間接費」に分類される（単に，「直接費」と「間接費」と呼ばれることもある）。分類の基準は，製造原価を製品に「直接跡付ける」ことができるかどうかである。「直接跡付ける」とは，たとえば，製品Ａの生産のために投入されたことが明らかな原価については製品Ａの原価として集計することを意味する。原価計算では，これを「直課」という。製品へ直課可能な原価が製造直接費である。

　一方，製造間接費は，複数の製品を生産することから生じる原価である。たとえば，同一の製造工程で黒色と赤色の２種類のボールペンを交互に製造する状況を考えてみよう。黒色を製造した後に赤色を製造する場合，赤色に黒色が混ざらないように製造装置を洗浄しなければならない。この洗浄にかかる材料費や労務費が製造間接費である。こうした性格をもつ製造間接費は，何かの基準に基づいて各製品に「配賦」される。

個別原価計算の例

　企業 X は，顧客からの注文により各種の工作機械を受注生産している。工作機械は，顧客ごとに仕様が異なる。これらを生産するために，仕様や納期などが記された製造指図書が製品ごとに発行されている。今月の受注 2 件に対して発行された製造指図書番号は，No.101とNo.102である。各製品の原価を計算せよ。

【資料】
1. No.101に基づいて材料倉庫から払い出された材料は250kg，その単価は 2 万円/kg であった。同じく No.102では500kg，その単価は 1 万4,000円/kg であった。
2. 作業記録によると，No.101の製造に要した直接作業時間は延1,000時間，No.102では延750時間であった。工具の 1 時間当たりの労務費は2,000円であった。
3. 間接材料費として40万円，間接労務費として40万円，間接経費として60万円が生じたことが報告された。製造間接費配賦基準は，直接作業時間である。

表 7 - 4　各製品の原価計算

製造指図書	消費量	単　価	直接材料費	直接作業時間	単　価	直接労務費	製造間接費	合　計
No.101	250kg	2万円/kg	500万円	1,000時間	2,000円/H	200万円	80万円	780万円
No.102	500kg	1.4万円/kg	700万円	750時間	2,000円/H	150万円	60万円	910万円

（出所）　筆者作成。

　表 7 - 4 に示されるように，個別原価計算では，製造指図書に対して原価が集計される。直接材料費と直接労務費は各製品（計算手続きとしては各製造指図書）に直課される。各製品への製造間接費配賦額は，配賦基準に基づき以下のように計算される。図 7 - 3 は，この計算過程を図示したものである。

No.101への製造間接費配賦額　　　　No.102への製造間接費配賦額
140万円×(1,000÷1,750)時間＝80万円　　140万円×(750÷1,750)時間＝60万円

図 7 - 3　製造原価を製品 A と B へ割り当てるイメージ　（単位：万円）

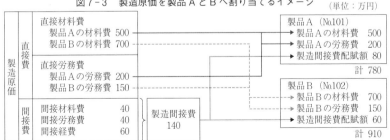

（出所）　筆者作成。

第4節　総合原価計算

　需要予測に基づき同一製品を「見込反復生産」する企業も存在する。たとえば，スナック菓子やジュースなどはメーカーが見込反復生産を行っている。このような製品に適用される原価計算が「総合原価計算」である。以下では，一種類の製品のみを見込反復生産している状況で適用される「単純総合原価計算」を例にとり，総合原価計算の概略を学習する。

　アイスクリームの例でみたように，5月の生産数量と製造原価がわかれば，製造原価を生産数量で除して製品単位原価を求めることができる。これが総合原価計算の基礎的な考え方である。つまり，同一製品の大量生産の下では，生産活動に投じられた1カ月分の製造原価を，当該原価計算期間の生産数量で割って製品単位原価を計算すればよいのである。

　しかし，見込反復生産を行っている工場では，常に製造工程に仕掛品が残っていることが一般的である。この場合，製品と仕掛品の原価を区別する必要性が生じる。製品原価は製品の販売を通じて回収可能であるのに対して，中間生産物である仕掛品原価は販売を通じて回収することができないためである。

　総合原価計算では，製造原価は「直接材料費」と「加工費」へと分類される。加工費とは，製造原価のうち直接材料費を除く部分である。具体的には，工場で働く人々の人件費や機械の減価償却費などをイメージすればよい。前掲図7-1に示されるように，製造工程に投入された材料が加工されて完成品になる。製造工程に投入された材料に対する加工の進み具合を，「加工進捗度」と呼ぶ。加工進捗度は，通常，0〜100%であらわされる。直接材料が工程に投入された直後（工程の始点）を加工進捗度0%とし，材料が加工され製品として完成する工程の終点を加工進捗度100%とする。図7-4は加工進捗度のイメージである。紙飛行機が製品であれば，製品あるいは仕掛品が負担する直接材料費（紙の原価）は，加工進捗度にかかわらず一定である。この一方，製品あるいは仕掛品が負担する加工費は，直接材料である紙が加工され完成品に近づくにつれて大きくなると考える。この考え方に従えば，たとえば，月末仕掛品の完成度が50%である場合，月末仕掛品が負担する加工費の大きさは，完

図7-4　総合原価計算における加工進捗度のイメージ

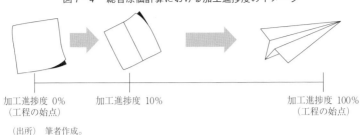

加工進捗度 0%　　　　加工進捗度 10%　　　　　　　　　　加工進捗度 100%
（工程の始点）　　　　　　　　　　　　　　　　　　　　　（工程の始点）

（出所）　筆者作成。

図7-5　直接材料費と加工費のイメージ

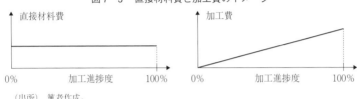

（出所）　筆者作成。

成品が負担する加工費の50%である。図7-5には，直接材料費と加工進捗度
との関係，加工費と加工進捗度との関係がそれぞれ図示されている。

単純総合原価計算の例

　企業Yは工業用アルコールを見込反復生産している。以下の資料に基づき，6月の
製品原価（総合原価計算ではしばしば「完成品原価」と呼ばれる），製品単位原価，月
末仕掛品原価を計算せよ。
1．当月，材料倉庫から払い出された材料は1,500kg，金額で300,000円分であった。
2．当月の加工費は270,000円であった。
3．当月の完成品は1,200kg，月末仕掛品は300kg（加工進捗度50%）であった。
4．月初に仕掛品はなかった。

　総合原価計算では，製品原価を直接材料費部分と加工費部分に分け，それら
を別々に計算する。直接材料費を月末仕掛品と完成品に割り当てる場合は加工
進捗度を考慮する必要はないが，加工費では考慮する必要があるためである。
まず，直接材料費部分の計算から開始しよう。加工進捗度にかかわらず月末仕
掛品と完成品が負担する直接材料費は一定であるため，直接材料費を月末仕掛

図7-6　直接材料費と加工費の完成品と仕掛品への配分

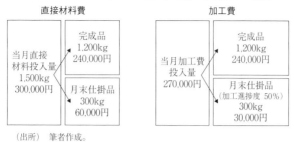

（出所）　筆者作成。

品と完成品に割り当てる計算は次のように行う。

　　月末仕掛品の直接材料費＝300,000×300kg/(1,200kg＋300kg)＝60,000円

　　完成品の直接材料費＝300,000円－60,000円＝240,000円

　続いて，加工費を月末仕掛品と完成品に割り当てる計算を行う。この計算過程では，加工進捗度を考慮する必要があるため，次のような計算を行う。

　　月末仕掛品の加工費＝270,000×(300kg×0.5)/(1,200kg＋300kg×0.5)＝
　　30,000円

　　完成品の加工費＝270,000円－30,000円＝240,000円

　図7-6は，直接材料費と加工費のそれぞれを月末仕掛品と完成品へと割り当てる計算を図示している。6月の製品原価（完成品原価），製品単位原価，月末仕掛品原価は次のように計算される。完成品については，第2節で扱ったように単位原価を計算する必要がある。一方，仕掛品の単位原価を計算する必要はない。仕掛品は，定義上，販売されないためである。

　　製品原価（完成品原価）＝直接材料費部分240,000円＋加工費部分240,000円＝
　　480,000円

　　製品単位原価＝480,000円÷1,200kg＝400円/kg

　　月末仕掛品原価＝直接材料費部分60,000円＋加工費部分30,000円＝90,000円

（考えてみましょう）

①そもそも，何のために製品原価を計算する必要があるのかについて考えてみましょう。

②製品の販売を通じて製品原価が回収されない状態が続くと（つまり，製品原価未満で製品が販売され続けると），会社の財政状態がどうなるかについて考えてみましょう。

注

（1）　原価とは「何かの原価（cost of something）」であり，必ずしも生産活動に限定して原価を考える必要はない。たとえば，学校教育や医療などの原価も考えることができる。

（2）　販売可能な中間生産物は，会計上，半製品と呼ばれる。たとえば，豆腐の製造工程における豆乳は半製品である。

（3）　労働者の立場から，「給料（賃金）をもらう」という表現は正確ではない。実際，アルバイトの対価として現金を得るはずである。給料や賃金とは，現金をもらう理由である。「現金を給料として（賃金として）もらう」が正確な表現である。

（4）　利益を計算する必要があるのは，この会社が「営利目的」だからである。営利とは出資者に対する成果配分を目的とするという意味である。出資者に対する成果の配分は「配当」によって行われる。利益とは出資者に分配可能な「配当金」の上限額を決定する情報である。

参考文献

廣本敏郎・挽文子，2015,『原価計算論〔第 3 版〕』中央経済社。

谷武幸，2012,『エッセンシャル原価計算』中央経済社。

第8章　原価管理
——生産管理の財務的側面——

　　　　原価管理では，原価を発生させる要因に直接働きかけることが効果的です。この要因は，コスト・ドライバーと呼ばれています。本章では，まず，コスト・ドライバーと原価の関係を理解する上で，コスト・ビヘイビアという概念を導入します。続いて，重要なコスト・ドライバーとして操業度を取り上げ，変動費と固定費について学習します。最後に，標準原価計算による原価管理の考え方を学習します。

Keywords▶原価管理，コスト・ドライバー，コスト・ビヘイビア，変動費，固定費，
標準原価計算

第1節　コスト・ドライバーとコスト・ビヘイビア

［ 1 ］ コスト管理の必要性

　前章でみてきたように，製品の生産工程で消費されたり利用されたりする経営資源は製造原価として記録・認識される。製造原価は製品の販売を通じて回収され，これと同時に利益が生み出される。したがって，経営の目的である利益を確保しようとすれば，企業は，製品の生産量の増減に合わせて経営資源の消費量や利用量——つまり，製造原価——を調整しなければならない。このための活動が「原価管理活動」である。経営資源の消費量や利用量を減らそうとする経営努力は，「原価低減活動」と呼ばれる。経営資源の消費量や利用量に直接働きかける原価管理活動によって，コストを適切な水準に保ち，企業はその目的である利益を確保することができる。

148

表 8-1　代表的なコスト・ドライバーのリスト

構造面でのコスト・ドライバー	遂行面でのコスト・ドライバー
規模（生産能力）	操業度（機械稼働率）
垂直統合の程度	改善活動
経験（累積生産量）	品質管理
生産技術	工場のレイアウト
立地	製品設計
生産ラインの複雑性（製品の種類）	顧客やサプライヤーとの関係

（出所）　加登・梶原（2017, 155頁）に基づき筆者作成。

2 コスト・ドライバー（cost driver）とコスト・ビヘイビア（cost behavior）

　原価管理では，原価発生に影響を与える要因に直接働きかけることが効果的である。この要因は，「コスト・ドライバー（cost driver）」と呼ばれている。コスト・ドライバーと原価の関係は，「コスト・ビヘイビア（cost behavior）」によって説明される[1]。コスト・ビヘイビアとは，原価を複数のコスト・ドライバーの関数とみた場合のコストの変化の仕方を指す。表 8-1は，代表的なコスト・ドライバーのリストである。現実には，コスト・ドライバーは無数に存在するため，そのすべてを特定することは不可能である。また，原価管理にとってすべてのコスト・ドライバーが等しく重要というわけでもない。たとえば，製造部門では材料価格や生産数量が重要なコスト・ドライバーとなるが，流通部門では輸送距離や配送頻度が重要なコスト・ドライバーとなる。企業は自社にとって重要なコスト・ドライバーを発見し，それを利用した原価管理を実施しなければならない。

　コスト・ドライバーを考える上で，「構造面でのコスト・ドライバー（structural cost driver）」と「遂行面でのコスト・ドライバー（executional cost driver）」の2種類のコスト・ドライバーを識別することが有用である。

①構造面でのコスト・ドライバー

　土地を確保し，工場を建設し，工場内に生産設備を導入し，製造工程が確定すると，それらを短期間で変更することは不可能である。工場の立地，生産設備，製造工程などがコストに与える影響は長期にわたって継続する。生産活動の構造面からコストに影響を与える要因を，構造面でのコスト・ドライバーと

呼ぶ。構造面でのコスト・ドライバーは，実際の生産活動が行われる以前に決定されていることが多く，製造部門ではコントロールできない場合が多い。

　②遂行面でのコスト・ドライバー

　工場で行われる品質管理活動や機械設備のレイアウトなどは，不良品の発生や製造リードタイムの長さに影響する。たとえば，上流工程での品質水準の向上が下流工程での歩留まりの向上に寄与する場合がある。この場合，上流工程での品質管理が，下流工程での仕損費や減損にとってのコスト・ドライバーである。また，製造原価は製品の設計段階でその大半が決まるため，製品の設計段階で原価を作り込む「原価企画活動」も重要なコスト・ドライバーである。このように生産活動の遂行面からコストに影響を与える要因を，遂行面でのコスト・ドライバーと呼ぶ。遂行面でのコスト・ドライバーは，工場での生産活動を通じてコントロール可能であることが多い。

［ 3 ］ コスト・ドライバーのコントロールにかかるコスト

　コスト・ドライバーをコントロールすること自体にもコストがかかる。これには注意が必要である。たとえば，上流工程での品質が下流工程での減損や仕損費に影響を与えるとしても，上流工程での品質向上を目的に高品質の材料を使ったり，高い加工精度を実現する高価な機械装置を導入したりすると，材料費や機械減価償却費が上昇する。上流工程での品質向上のためのコストは，下流工程で抑制可能なコストを超え，総合すると高いコストを会社が負担することになるかもしれない。

第2節　変動費と固定費

　コスト・ビヘイビアを理解する上で重要なコスト・ドライバーとして，「操業度（rate of operation）」を挙げることができる。操業度とはキャパシティの利用の程度であり，しばしば生産量，機械運転時間，直接作業時間などで測定される。「キャパシティー（capacity）」とは，製造部門が保有する生産能力である。生産設備や機械装置などのキャパシティーが利用される程度は，特に機械稼働率とか設備稼働率と呼ばれることが多い。

150

図8-1　変動費，固定費，製造原価の関係

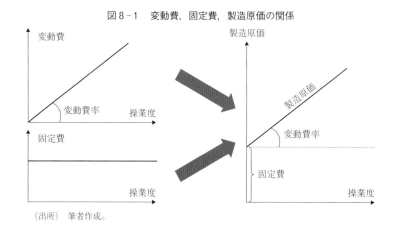

（出所）　筆者作成。

　操業度に関するコスト・ビヘイビアとして，製造原価は「変動費（variable cost）」と「固定費（fixed cost）」に分類される。変動費と固定費を，操業度の観点からの原価分類であると理解してもよい。変動費とは，操業度が増加するとそれに比例して増加する原価であり，固定費とは，操業度とは無関係に一定額が発生する原価である。変動費は，操業度1単位当たりの変動費である「変動費率」と操業度の積として求められる。変動費率の代表的な例は，製品1単位当たりの直接材料費である。生産量の増加とともに材料消費量も増加し，この結果として直接材料費が生産量に比例して増加するからである。固定費の代表的な例は，工場家屋の保険料や機械設備の減価償却費である。これらは生産量の増減とは無関係に発生する。また，工場で発生する人件費も短期的には固定費である。

　図8-1は変動費と固定費それぞれの概念図（**図8-1左側**）と，変動費と固定費から構成される製造原価の概念図（**図8-1右側**）を示している。変動費，固定費，製造原価が，「操業度の関数」として表現されている点に注意してほしい。

図 8-2　平均原価としての製品単位原価

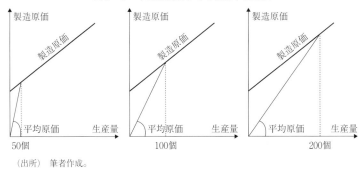

(出所)　筆者作成。

第 3 節　製品単位原価と操業度

1　平均原価としての製品単位原価

　図 8-2 では，同一の製造工程で同一製品を製造することを想定し，異なる操業度のもとで製品単位原価がどのように変化するのかが図示されている。全部原価計算のもとでは，製品単位原価は，図 8-2 に示されるように，ある生産量のもとでの製造原価を当該生産数量で除した「平均原価」として理解される。

　今，変動費率(製品 1 単位当たりの変動費)を50円，固定費を2,000円とすれば，表 8-2 に示されるように，平均原価としての製品単位原価は操業度の影響を受ける。

　生産量が100個から200個に増えれば，それに伴い製造原価は上昇する。しかし，製品単位原価は減少する。これは，生産量が100個のから200個へと倍増した結果として，製品 1 個当たりの固定費負担額が20円から10円へと半減するからである。この例から明らかなように，製品の販売から利益を得ようとすれば，操業度を高め，製品単位原価を製品の販売価格以下に抑える必要がある。このとき，製品単位原価の低下は，変動費率と固定費を低減する原価管理活動の成果とは限らないことに注意が必要である。

表8-2 生産量，製造原価，製品単位原価

(単位：円)

生産量	50個	100個	200個
変動費（変動費率50円）	2,500	5,000	10,000
固定費2,000円	2,000	2,000	2,000
製造原価	4,500	7,000	12,000
製品単位原価	90	70	60
単位当たりの変動費	50	50	50
単位当たりの固定費	40	20	10

(出所) 筆者作成。

2 キャパシティー・コストとアクティビティ・コスト

変動費と固定費はコスト・ビヘイビアの観点からの原価分類であるのに対し，変動費と固定費それぞれの発生源泉の観点から，コストは「キャパシティー・コスト（capacity cost）」と「アクティビティ・コスト（activity cost）」に分類される。この分類は，変動費と固定費を管理しようとする場合に有用である。

企業が製造活動を継続的に行うためには，一定の生産設備や人員から構成されるキャパシティー（生産能力）を製造部門内に維持しなければならない。キャパシティー・コストとは，キャパシティーを維持するために発生するコストである。キャパシティー・コストの代表例は，工場で働く人々の人件費である。キャパシティー・コストは，短期的には固定費の性格をもつ。これに対し，アクティビティ・コストとは，キャパシティーを利用して行われる生産活動から生じるコストである。アクティビティ・コストは生産活動量（アクティビティ）に比例して変化するため，コスト・ビヘイビアの観点では変動費であると考えられている。アクティビティ・コストの代表例は，直接材料費である。

3 見せかけの原価低減

図8-3のような3つの工程からなる製造部門を考える。各工程を維持するためのキャパシティー・コストは，第1工程が400円／月，第2工程が600円／月，第3工程が200円／月である。第4章第3節 2 TOCで検討したように，第3工程の月間処理能力がボトルネックとなり，製品の生産量は40個／月に限定される。製造部門のキャパシティー・コストの合計は1,200円／月（第1

> Column：コスト・ドライバー
>
> 　2007年に日本ヒューレット・パッカード（HP）の社長に就任した小出伸一氏は，当時，日本で知名度の低かったHPのブランディングとして「MADE IN TOKYO」を打ち出します。その背後にどのような発想があったのでしょうか。
>
> 　　当時は超円高。中国や台湾で生産した方がコストを抑えられます。「生産拠点を国外に移すように」…（米国本社から）求められましたが，突っぱねました。中国で作れば納品までに2週間以上かかるのを，東京生産なら数日に短縮できます。他社との違いを鮮明にできる上，輸送コストも抑えられます。故障が少なければ，保守のための部品点数や応答センターの席数も少なくできます。「長い目で見れば東京生産の方が安くなる」。そう確信していました。結果的に，私の言った通りになりました。（『日本経済新聞』夕刊2019年12月26日2頁）

図8-3　各工程のキャパシティー・コストと製品原価

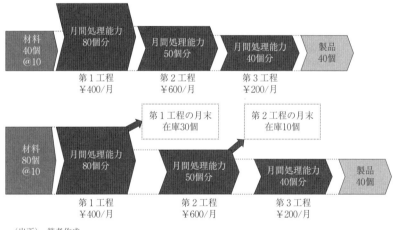

（出所）　筆者作成。

工程400円／月＋第2工程600円／月＋第3工程200円／月）であり，これは短期的には固定費の性格をもつ。全部原価計算では，この1,200円／月を40個／月の製品が負担することになる。したがって，この場合の製品単位原価は40円（直接材料費10円／個＋〔1,200円÷40個〕）である。

　図8-3の上段の状況では，第1工程の生産能力の50％，第2工程のそれの

表 8-3　全部原価計算による利益計算

材料投入量	各工程完成品の固定費負担額			材料単価	製品単位原価	販売量40個の売上原価
	第1工程	第2工程	第3工程			
40個分	10（＝400÷40）	15（＝600÷40）	5（＝200÷40）	10	40	1,600
80個分	5（＝400÷80）	12（＝600÷50）	5（＝200÷40）	10	32	1,280

　＊　第1工程月末在庫30個＝直接材料費30個分（@10×30個）＋第1工程完成品の固定費負担額（@5×30個分）
　＊＊　第2工程月末在庫10個＝第1工程完成品10個分（@10×10個＋5×10個）＋第2工程完成品の固定費
（出所）　筆者作成。

表 8-4　直接原価計算による利益計算

材料投入量	各工程完成品の固定費負担額			材料単価	製品単位原価	販売量40個の売上原価
	第1工程	第2工程	第3工程			
40個分	0	0	0	10	10	400
80個分	0	0	0	10	10	400

　＊　第1工程月末在庫30個分＝直接材料費30個分（@10×30個）
　＊＊　第2工程月末在庫10個分＝直接材料費10個分（@10×10個）
（出所）　筆者作成。

80％しか使用されていない。この状況では，材料投入量をいくら増やしても製品生産量は増大しない。しかし，図8-3の下段のように材料投入量80個／月へ増やし，第1工程と第2工程それぞれの固定費を各工程の完成品（工程全体からみれば仕掛品）に負担させれば，全部原価計算では製品単位原価を低減することができる。表8-3に要約されるように，材料投入量を40個から80個にすることで，製品単位原価を40円から32円に引き下げ，利益を400円から720円へと320円増大させることができる。

　この例にみられるように，原価低減努力をせずとも製品単位原価を引き下げ，利益を増やすことができる。材料投入量を増やすことで各工程の固定費を各工程の完成品在庫へ負担させることができるためである。これは，固定費の一部を翌月以降に繰り延べるのと同じであり，利益を調整するための主要な手段である。

材料投入量	販売量40個の売上原価	販売量40個,販売価格 @50円	利益	月末在庫簿価	
				第1工程	第2工程
40個分	1,600	2,000	400	0	0
80個分	1,280	2,000	720	450*	270**

負担額10個分（@12×10個）

材料投入量	販売量40個の売上原価	販売量40個,販売価格 @50円	限界利益（スループット）	製造固定費	利益	月末在庫簿価	
						第1工程	第2工程
40個分	400	2,000	1,600	1,200	400	0	0
80個分	400	2,000	1,600	1,200	400	300*	100**

第4節　スループット，限界利益，直接原価計算

1 スループット，限界利益

　こうした原価計算上の原価操作を回避するために，TOC では「スループット（throughput）」の増大を経営目的とすべきだとされる。スループットの意味内容についての完全な合意はないが，スループットが売上高から変動費を引いた値であると理解して間違いない。[2] 原価計算において，スループットに相当する利益概念は「限界利益」である。限界利益とは，売上高から変動費を控除した値である。また，限界利益から固定費を控除した値が製品の製造販売から生み出された利益である。[3]

2 直接原価計算

　表 8-4 のように，固定費を製品原価計算で考慮せず，変動費だけで製品原

価を計算することも可能である。このような原価計算の方法は「直接原価計算」と呼ばれる。表 8-4 に示されるように，直接原価計算では，材料投入量を増やすことで在庫に固定費の一部を吸収させることができない。このため，材料投入量を増やすことで製品単位原価を下げ，利益を押し上げることはできない。

スループットないし限界利益を増大させるためには，①生産量を増やすことで販売量を増やす，②変動費率を低減する，あるいは③その両方を同時に実現する以外にない。また，固定費は操業度ないし生産量の変化に連動して変化しない。したがって，スループットないし限界利益を増大させることが，製品の製造販売から生み出された利益を増大させる唯一の方法となる。これが，TOC においてスループットの増大を経営目的とすべきだとされる理由である。

第 5 節　標準原価計算

原価管理のための原価計算として，標準原価計算を取り上げる。「標準原価」とは，現行の製造工程を所与として，「実際の生産量のもとで達成されるべき原価」である。標準原価計算による原価管理は，①原価標準の設定，②実際原価の計算，③標準原価の計算，④標準原価差異の計算，⑤原価差異分析の実施，⑥改善提案と実施という手順を踏む。

1　原価標準の設定

標準原価計算による原価管理では，目標として達成すべき「原価標準」を事前に設定する。標準原価と原価標準を明確に区別することが重要である。原価標準とは，製品 1 単位当たりの標準原価を指す。

原価管理のための標準原価計算が原価標準（製品 1 単位当たりの標準原価）の設定から開始されるのは，製造すべき製品の仕様が事前に決定され規格化されているからである。たとえば，チョコレートを製造する会社では，チョコレート 1 枚当たりのカカオや砂糖の含有量が事前に決定されている。製造部門では，これらの数値を変更することは許されていない。むしろ，これらの数値を実現することが製造部門に要求される。

表8-5　製品1単位当たりの標準原価カード

	価格標準	物量標準	合計
直接材料費標準	2,000円/kg （価格標準）	5 kg （消費量標準）	＝10,000円
直接労務費標準	1,200円/時間 （賃率標準）	5時間/個 （作業時間標準）	＝6,000円
製造間接費標準	800円/配賦基準 （標準配賦率）	5時間 （標準配賦基準数値）	＝4,000円
合計			20,000円

（注）　製造間接費の配賦基準は，直接作業時間である。
（出所）　筆者作成。

この事前に決定されたチョコレート1枚当たりのカカオや砂糖の含有量が，以下に示す物量標準であり，原価標準を決定する基礎的な情報となる。原価標準は価格標準と物量標準の積としてあらわされる。

原価標準＝価格標準×物量標準

実際には，表8-5に示されるように，「標準原価カード」を通じて，直接材料費標準，直接労務費標準，製造間接費標準が設定され，これらの合計として原価標準が設定される。

直接材料費標準（製品1単位当たりの標準直接材料費）を例にとり，この値を計算してみよう。

直接材料費標準＝価格標準×消費量標準
直接材料費標準＝2,000円/kg × 5 kg ＝10,000円

2　実際原価の計算

製品の生産量は10個であった。製造に要した直接材料の実際消費量は55kg，実際材料単価は2,100円/kgであった。この結果，直接材料費の実際発生額は115,500円である。

実際直接材料費＝2,100円/kg ×55kg ＝115,500円

3　標準原価の計算

標準原価は，表8-5のような標準原価カードが確定し，実際に生産活動が

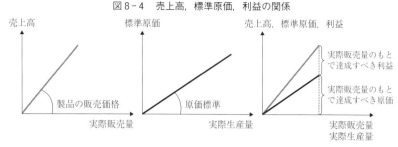

図8-4 売上高,標準原価,利益の関係

(出所) 筆者作成。

行われ,実際生産量が報告された後に確定する。標準原価の計算は次のように行われる。

標準原価＝原価標準×実際生産量

表8-5に示される直接材料費を例にとり,標準原価の意味を確認しよう。標準直接材料費は,生産量が10個のもとで達成すべき直接材料費である。直接材料費標準は2,000円/kg,実際生産量10個における標準直接材料消費量は50kg（5kg×10個）であることから,標準直接材料費は直接材料費標準と標準直接材料消費量の積として次のように計算される。

標準直接材料費＝2,000円/kg×50kg＝100,000円

この計算例から明らかなように,標準原価は実際生産量（操業度）の関数である。生産量が増加すれば標準原価は大きくなり,逆に,生産量が減少すれば標準原価は小さくなる。生産量に応じて標準原価が増減することは,標準原価計算の重要な特徴である。製品に対する需要は変動する。製品需要に連動して製品の生産量が増大しても減少しても,標準原価の範囲内に実際原価がおさまればよいのである。製造業においては,製品の生産がないところに製品の販売はない。製品需要の増大に伴って,販売量を増やすためには製品の増産が必要である。販売量を増やし利益拡大を図る場合,製品の増産に伴う製品原価の上昇は標準原価の範囲内ならば許容される（図8-4）。

4 標準原価差異の計算

標準原価差異は,次のように計算される。

表 8-6　　実際生産量10個のもとでの各種の原価

①標準直接材料費	100,000円	2,000円/kg × 5 kg × 10個 =2,000円/kg × 50kg =材料費標準 × 標準材料消費量
②実際直接材料費	115,500円	2,100円/kg × 55kg =実際材料費単価 × 実際材料消費量
直接材料費差異（①-②）	-15,500円	（15,500円の不利差異）

（出所）　筆者作成。

　　　標準原価差異＝標準原価-実際原価

　標準原価は実際生産量のもとで達成すべき原価であった。したがって，標準原価差異は，達成すべき原価と実際の原価発生額との差額を意味する。実際原価が標準原価より大きい［小さい］場合，標準原価差異はマイナス［プラス］になる。これは，達成すべき原価が達成されなかった［達成された］ことを意味するため，不利差異［有利差異］と呼ばれる。

　表 8-5 の標準原価カードに示される直接材料費を例にとり，標準原価差異を確認しよう。

　　　標準直接材料費差異＝①標準直接材料費-②実際直接材料費
　　　　　　　　　　＝100,000円-115,500=-15,500（不利差異）

　実際生産量10個のもとで達成すべき直接材料費100,000円は達成されず，実際額がそれを15,500円オーバーした。これが，15,500円の不利差異である。**表 8-6** にこれらの関係が要約されている。

　標準原価差異を計算するのはなぜであろうか。それは原価責任を明確にするためである。製造部門は所定の品質，納期，生産量で製品を製造する責任を持つだけでなく，財務面で原価責任を負う。原価責任とは，所定の品質，納期，生産量のもとで目標とする原価を達成する責任である。このような原価責任を負う製造部門は，財務面では「コスト・センター（cost center）」と呼ばれる。特に，標準原価計算のもとでの原価責任とは，実際生産量のもとで達成すべき原価を達成する責任であることに注意してほしい。この計算例では，製造部門に与えられた直接材料費に関する原価責任は達成されなかった。

表 8 - 7　数量差異と価格差異

①標準直接材料費	100,000円	2,000円/kg × 50kg	
		= 直接材料費標準×標準直接材料消費量	数量差異
③実際材料消費量のもとで 達成すべき直接材料費	110,000円	2,000円/kg × 55kg	
		= 直接材料費標準×実際材料消費量	価格差異
②実際直接材料費	115,500円	2,100円/kg × 55kg	
		= 実際直接材料費単価×実際直接材料消費量	

(出所)　筆者作成。

[5]　標準原価差異の分析

　15,500円の不利差異はどのような原因で生じたのであろうか。この原因を探り改善策を立てることが標準原価計算による原価管理の最も重要な機能である。このための方法が原価差異分析である。この時の鍵は，①標準直接材料費と②実際直接材料費を所与として，「③実際材料消費量のもとで達成すべき直接材料費」を考えることにある。

　繰り返しになるが，標準直接材料費は，直接材料費標準と標準直接材料消費量の積であった。

　　　①標準直接材料費＝2,000円/kg× 5 kg×10個＝2,000円/kg×50kg＝100,000円
　また，実際直接材料費は，材料 1 単位当たりの実際価格と実際消費量の積である。

　　　②実際直接材料費＝2,100円/kg×55kg＝115,500円
　ここで，「実際材料消費量のもとで達成すべき直接材料費」は次のように計算される。

　　　③実際材料消費量のもとで達成すべき直接材料費＝2,000円/kg×55kg＝
　　　110,000円

　標準直接材料費差異は，①標準直接材料費と②実際直接材料費との差額であった。この計算過程において，「③実際材料消費量のもとで達成すべき直接材料費」を引くと同時に足すと，標準直接材料費差異は，以下のように数量差異と価格差異へと分解される。また，表8-7はこれらの関係を要約したものである。

図8-5　数量差異と価格差異

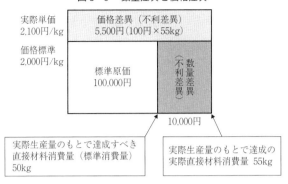

標準直接材料費差異＝①標準直接材料費－②実際直接材料費

＝（①標準直接材料費－③実際材料消費量のもとで達成すべき直接材料費）

　　＋（③実際材料消費量のもとで達成すべき直接材料費－②実際直接材料費）

＝［（2,000円/kg×50kg）－（2,000円/kg×55kg）］

　　＋［（2,000円/kg×55kg）－（2,100円/kg×55kg）］

＝［2,000円/kg×（50kg－55kg）］＋［（2,000円/kg－2,100円/kg）×55kg）］

＝［－10,000円］＋［－5,500円］

＝数量差異＋価格差異

　数量差異とは，50kgの直接材料で製品を製造すべきであったが実際は55kgを消費したことから生じる差異である。一方，価格差異とは，2,000円/kgの直接材料を使用すべきであったが実際は2,100円/kgの直接材料を使用したことから生じる差異である。図8-5にこれらの関係が図示されている。

　　6　原価責任の明確化による改善提案と実施

　標準原価差異を数量差異と価格差異まで分解するのはなぜだろうか。それは標準原価差異の発生原因とその責任の所在を明確にすることで，製造部門に改善策を提案させそれを実施させるためである。価格差異（直接材料価格差異）は製造部門の責任ではない。材料を調達するのは購買部門だからである。しかし，直接材料消費量は製造部門の管理下にあるため，数量差異（直接材料消費量差異）は製造部門の責任である。したがって，製造部門は直接材料消費量に

不利差異が再び生じないように対策を講じ，それを実行する責任を持つ。これが標準原価差異分析の原価管理上の意義であり，標準原価計算の最も重要な機能である。

考えてみましょう

①原価管理とは誰が何を行うことなのかについて考えてみましょう。

②コスト・ドライバーの具体例を探してみましょう。例えば，環境に優しい「ラベルレス」のペットボトル飲料は，直接材料費と加工費の節約です。「ラベルレス」を採用するという意思決定そのものがコスト・ドライバーとなります。

注
（1）　コスト・ビヘイビアは原価態様とも呼ばれる。
（2）　この点については高橋（2008, 第5章）を参照されたい。
（3）　これは貢献利益と呼ばれる。

参考文献
加登豊・梶原武久，2017，『管理会計入門』日本経済新聞出版社。
高橋賢，2008，『直接原価計算論発達史：米国における史的展開と現代的意義』中央経済社。

第9章　納期管理
──時間を短縮する──

　本章では，生産マネジメントの競争力の1つである納期について説明します。納期が延びること，長引くことを喜ぶ顧客はいません。工場側も製品をつくり始めて，完成品ができるまでにかかる時間を少しでも短縮することで競争力を高めようとします。そのために，まずは計画を立てて，進捗を管理する必要があります。本章では，計画と進捗管理のための様々な手法について説明します。中には，シンプルでアナログな管理手法もある一方，先端のITシステムを活用する手法もあります。本章の最後には，顧客に製品を届けることを想定して，輸送問題というモデリング手法も紹介します。

Keyword▶　生産リードタイム，見込み生産，受注生産，MRP，輸送モデル

第1節　納　期

　皆さんはネット上で買い物（たとえば，シャンプー）をする際に，何を最も重視しているだろうか。複数の通販サイトで，同じ商品をほぼ同じ価格で販売しているとする。Aサイトでは，翌日配送可能と書いており，一方，Bサイトでは，取り寄せ注文と書いてあるとしたら，どちらを選ぶのか。なるべく早くその商品を使いたいと思う人がほとんどであろう。

　次に，マイホームを持つことが夢である人が，注文住宅を建てることを考えているとする。世の中に1つしか存在しない，個性的な住宅である。資材の調達はもちろん，細かいところまで設計に時間をかけるので，完成まで時間がかかることが予想される。顧客は楽しみながら待ってくれそうだが，あまりにも納期が延びるのが望ましくないことは，設計事務所もよく認知している。

　シャンプーと注文住宅は，金額面から桁違いの買い物であるが，違いはそれ

だけではない。

・シャンプーは，予めつくられ，ドラッグストアなどのシェルフに陳列されているが，注文住宅は，発注してからつくり始める。
・店舗に好みのシャンプーの在庫がない場合，顧客は他の店舗に行ってしまう。一方，注文住宅は，注文に応じてつくり始めるので，在庫はない。
・シャンプーは大量生産されるが，注文住宅は一品ものである。
・シャンプーに比べ，住宅をつくるために必要な資材(部品)ははるかに多い。

以上の比較で明らかになったのは，「もの」によって，①生産開始のタイミング，②在庫の有無，③生産量，④部品点数が異なることである。これらは，すべて「納期」と関係する。

1 納期とは

納期（Delivery）とは，一般的に，顧客の注文を受けてから製品を納品するまでにかかる時間のことを意味する。厳密にいえば，納期には，①期間と②期日の2つの意味がある。①の納入期間は，幅をもって，その期間内に納品することを意味することに対して，②の納入期日は，幅をもたせずに，約束した時刻にピンポイントで納品することを意味する。実際には，①の使い方が多いため，ここでは，納入期間の意味合いで使うことにする。たとえば，自動車ディーラーの店舗で，新しい車を契約する際に，営業担当から納車日についての説明を聞く。あるいは，宅配便の再配達を依頼する際に，2時間ぐらいの幅をもたせて再依頼をする，などにあたる。

生産マネジメントの競争力の観点からみれば，「納期を短く」，「納期を早く」することが，他の競争力要素（品質，コスト，フレキシビリティ）が一定であれば，競争力向上につながる。一方，納期と関連する概念に「リードタイム」がある。リードタイムとは，ある活動の開始から終了までに経過する時間である。リードタイムの前に，その活動をつけることで，より具体的に経過時間を表すことができる。

・生産リードタイム：工場で生産を開始してから完成品が出来上がるまでにかかる時間。スループットタイムとも呼ばれる。
・開発リードタイム：製品のコンセプトづくりから，開発のアウトプットで

図 9-1　見込み生産と受注生産

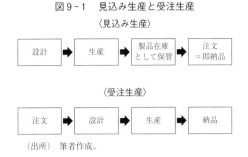

〈見込み生産〉

〈受注生産〉

（出所）　筆者作成。

ある図面を完成し，生産準備までにかかる時間[1]

・物流リードタイム：ロジスティックスの面から，顧客が注文して，商品を
受け取るまでにかかる時間

以下では，特に記述がない限り，納期（納入期間）を生産リードタイムと同
じ意味合いで使うことにする。つまり，納期の短縮は，生産リードタイムの短
縮と同じである。生産リードタイムを短縮するためには，まずは，生産開始の
タイミングと在庫の有無を確認する必要がある。

２　見込み生産，受注生産

製品を生産する方法には２つある。１つ目は，顧客の注文が来る前に，先に
製品をつくっておいて，顧客を待つ方法である。２つ目は，顧客の注文がきた
ら，つくり始める方法である。前者を「見込み生産」，後者を「受注生産」あ
るいは「注文生産」という（図9-1）。

①見込み生産（make-to-stock）

見込み生産は，メーカーが需要量を予測し（見込んで），製品を先につくって
在庫（stock）を確保して店舗などに陳列することで，顧客に納品する方式であ
る。たとえば，コンビニで商品を手に取ってレジで支払うことは，注文と同時
に納品されたことになる。設計，生産，在庫保管といったすべての活動が終了
した後，顧客の注文を待つことになる。

見込み生産方式を採用する製品は，日用品をはじめ，大量生産される規格品
の製品が多い。たとえば，歯ブラシ，シャンプー，カップ麺，飲料などが典型
例である。

166

図9-2　受注生産における設計の位置（順番）

〈純粋な受注生産〉

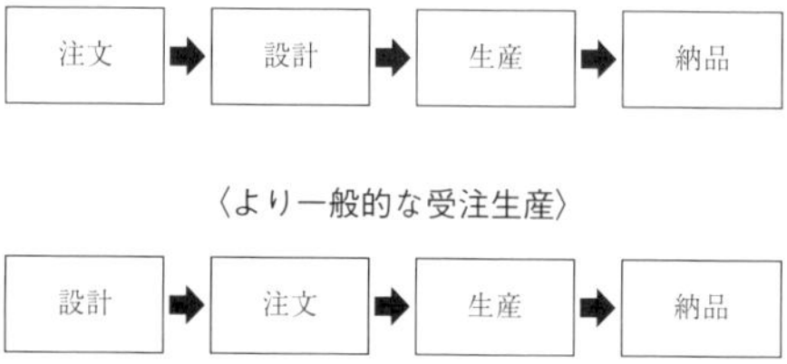

| 注文 | → | 設計 | → | 生産 | → | 納品 |

〈より一般的な受注生産〉

| 設計 | → | 注文 | → | 生産 | → | 納品 |

（出所）筆者作成。

　これらの製品の購入を考えている顧客は，ある店舗（ネット通販サイトも含む）に行って商品を探したが，あいにく在庫がない場合，他の店舗（サイト）に行ってしまう。つまり，在庫補充されることを待たない。顧客は，設計，生産，輸送にかかる時間は待ってくれない。したがって，メーカーも，予測誤差を覚悟して需要を予測した上で，先に部品，原材料なども調達して生産しておく。予測誤差が発生した場合には，在庫切れ，あるいは，過剰在庫につながる。見込み生産の場合，在庫さえ持っていれば，納期遅れの心配は少ない。

　②受注生産（make-to-order）

　受注生産は注文生産とも呼ばれ，顧客の注文が来るまで生産しない方式である。したがって，顧客の注文から納品まではどうしても時間がかかってしまう。また受注生産では，注文一つひとつが顧客に紐づいているので，見込み生産のように，需要量と納品予定量（受注残）の間にズレはない。しかし，受注生産でも，生産リードタイムを短縮するために細かい工夫をする。

　純粋な受注生産は，顧客の注文が来てから，設計から始めて生産して納品する方式であり，納期が長くなる傾向がある。そのため，より一般的には，企業がなるべく設計を共通化し，それらを組み合わせて製品を納品する。この方式は，納期を短縮すると同時に，顧客ごとのニーズにも対応できるメリットがある（図9-2）。

　特に受注生産は，カスタマイゼーションが必要な製品によく使われる生産方式である。見込み生産に比べて納期は長くなるが，顧客はその時間を楽しみながら待ってくれることもある。注文住宅，テイラードスーツ，高級車，高級腕時計，プロ用楽器などが，この生産方式でつくられる。たとえば，イタリアの

モデナ市にある高級車メーカー，ランボルギーニの工場では，1 日に数台しか生産しない。生産される車には，注文した顧客の情報をつけて管理している。これは，完全な受注生産である。受注生産は，鮮度を重視する料理の世界でもよく使われる。たとえば，顧客が生け簀の中のヒラメを指定して，刺身にしてもらうことを考えればよい。

第 2 節　生産計画

　見込み生産であれ，受注生産であれ，製品を生産する工場では，生産計画を立てて，進捗を管理する必要がある。生産計画が必要な理由には，大きく 3 つがある。まず，生産リードタイムを短縮するためである。生産計画を立てて，その通り進んでいるかをモニタリングしながら，何らかの原因で計画からズレが発生した場合，是正措置を取る。2 点目に，部品調達のためである。生産計画が決まらないと，調達すべき部品の数量も決まらない。さらに，部品の生産，調達にも時間がかかるため，生産計画を部品メーカー（サプライヤー）と共有する必要がある。最後に，日程計画（スケジューリング）のためである。日程計画では，納期管理のために，1 年間の計画から 1 日の計画まで，詳細な計画内容を決めていく。これに基づいて，マクロな工場全体の動きから，ミクロな一人ひとりの作業者の動きまでを計画する。

1　生産計画と日程計画

　広義の生産計画は，日程計画，在庫計画，生産能力計画を含む概念であり，工場の生産活動の基準となる（日本経営工学会，2014）。日程計画には，大きく3 つの種類がある（表 9 - 1）[3]。

　大日程計画から中日程計画，そして小日程計画に行くほど，計画対象と期間が細かくなる。

　大日程計画（APP：Aggregate Production Planning）は，集約生産計画，総合生産計画と呼ばれ，将来の生産に用いられる長期計画である。'aggregate' は，製品グループ（製品ファミリー）など，集約されていることを意味する。企業の生産戦略に合わせて，工場の長期的な生産計画を策定する際に，生産計

表9-1　日程計画の種類

種類	対象期間 （プラニング・ホライズン）	計画単位	内容例
大日程計画	6カ月～1年	週～月	長期的な生産計画
中日程計画	1～3カ月	1～10日	品目ごとの生産計画
小日程計画	1～10日	1時間～1日	作業者，機械の作業内容計画

（出所）　筆者作成。

画，人員計画，在庫計画について，類似した製品を「まとめて」立案する。大日程計画では，6カ月～1年の期間を，週～月単位で計画する。この計画期間のことをプラニング・ホライズンという。計画対象は，工場全体である。したがって，計画内容も全工場に関連する内容が含まれる。たとえば，工場全体の生産品種とモデルチェンジ，設備投資，サプライヤー選定に関連する計画内容が含まれる。

　中日程計画（MPS：Master Production Schedule）は，英文名称の「マスター」が意味するように，基準生産計画を意味し，工場で「基準」として最も利用頻度の多い生産計画である。プラニング・ホライズンは，1～3カ月を視野に入れて，1日～1週間あるいは10日単位で計画する。(4) 月次生産計画と考えればよい。計画対象は，工場内の部門あるいは工程であることが一般的である。

　大日程計画が製品グループをまとめて計画することに対して，中日程計画では，品目ごとの生産計画を立案する。具体的には，製品品種別の生産数量と最終納期を確定させる。基準となる中日程計画に基づいて，部品の調達も計画する。この部品調達計画が，後述するMRP（資材所要量計画）である。

　最後に，小日程計画（scheduling）は，スケジューリングとも呼ばれ，最も粒度の細かい生産計画である。プラニング・ホライズンは，1～10日間を，1時間～日単位で計画する。計画対象は，各工程で作業する作業者，機械である。

2　BOMと資材所要量計画

　生産計画を大中小計画に分けて立案したら，次に必要な部品点数を，必要な時にタイミングよく調達する必要がある。そのためには，まず，必要な部品に何があるのかを整理しておかなければならない。それが，BOM（bill of

表9-2　部品表（BOM）の例：収納ベッドのパーツリスト

No.	部品	使用数量
1	引出しユニット（左）	1
2	引出しユニット（右）	1
3	ヘッド・フットボードA	1
4	ヘッド・フットボードB	1
5	サイドレール	1
6	引出しユニット上桟	1
7	床板・オープンスペース用	2
8	床板・引出ユニット用	2
9	ボルト・短	4
10	ボルト・長	14
11	連結ボルト	4
12	連結ナット	4
13	スプリングワッシャー	26
14	ワッシャー	26
15	ストッパー	4
16	フェルト	22
17	突板シール	6
18	六角レンチ・大	1
19	六角レンチ・小	2

（出所）　筆者作成。

material, ボム：部品表）である。IKEA, ニトリなどの家具店で家具を購入して，自分で組み立てる際に，組立・取扱説明書には手元にある部品を確認するパーツリストがある。または，プラモデルを買って組み立てるために説明書を見れば，まず先に，部品の確認から始める。これらがBOMに近い。

　BOMは，部品表（部品展開表）のことを意味し，製品（親品目）に組み込まれる，すべての部品，原材料の一覧表である。BOMは，上述した中日程計画，つまり基準生産計画(MPS)と併せて利用される。製造企業の購買部署は，BOMとMPSに基づいて，サプライヤーから部品を仕入れる。したがって，BOMの精度は，生産計画と部品調達の面から非常に重要な管理項目になる。

表9-2は，収納ベッドの部品表を例示している。このリストをもとに，必要部品が揃っているかを確認する。家具の場合には，部品表を繰り返して使う必要性はあまりないが，工場での部品表は部品調達と生産のために繰り返して利用する。

BOMには，親品目の構成部品の数量だけではなく，部品の特性のほか，親子関係に関連するデータも含まれている。使用数量は，最も基本的な情報であり，1つの親品目をつくるために必要な部品の数量を表す。例の収納ベッドのように，顧客に提供する最終製品のことをエンド・アイテムという。これに対して，親部品を持ちながら，複数の部品でできている部品のことを中間部品あるいは構成部品という。さらに，複数の部品で組み立てられた中間部品のことをサブアッセンブリという。

BOMが準備できたら，次に，生産計画に基づいて，必要な部品の数量を計算する。どの製品をどれだけ生産するかを決める作業である。品種と数量が決まると，その計画を達成するために必要部品の所要量を計算する[5]。その際，すでに手元にある部品在庫と，注文して輸送中の在庫の数量まで計算して，正味の必要量を計算する必要がある。当然，これを手計算することは難しく，コンピュータ・ソフトウェアを使う。それがMRPである。

MRPは，MPS，BOM，在庫データを用いて，資材（部品）の所要量を計算する手法である。基本的な機能は，①MPSの製品品目から，製造に必要なすべての資材（部品）の数量を計算して，②所要期日も計算することである。その際，BOMを展開し（パーツリストを確認し），現在の在庫保有数，納入予定の在庫数量をもとに，「正味」の所要量を計算する。これらの計算機能のついたMRPは，ソフトウェア・パッケージ化されている。そして，他のソフトウェアと同様に，MRPもICT技術の発展に伴い，バージョンアップされ機能が追加されてきた。

MRPは，1950年代に，アメリカのGE（General Electric）社が導入して広く普及された。その後，1970年代，生産を含む企業業務にコンピュータが本格的に活用され始め，MRPがパッケージ・ソフトウェアとして製品化され，日本でも普及した。資材管理機能から始まったMRPはバージョンアップを重ね，様々な機能が追加された。それがMRPⅡである。

MRP Ⅱ（Manufacturing Resource Planning）[6]には，既存の資材所要量の計算機能に，いくつかの機能が追加された。需要予測，販売計画，生産管理機能がそれである。部品調達から需要予測まで，管理範囲が拡大されたのである。1990年代に入り，さらにバージョンアップされた MRP Ⅱ は，ERP パッケージまで統合された。

ERP（Enterprise Resource Planning）[7]は，企業の経営資源であるヒト，モノ，カネ，情報の管理まで，機能が拡大された。資材をサプライヤーから調達すると，その代金を払うことが必要である。ERP は，財務管理機能も併せもつことになった。さらに，生産管理，販売管理，物流管理までをトータルで管理できるソフトウェア・パッケージへ発展した。同時に，細かい機能としては，社内メール，人物検索，領収書などの伝票処理，稟議作成，有給休暇申請など，日々の企業活動の基盤システムとなっている。

日本に導入された初期には，欧米企業の ERP が外資系企業を中心に導入されたこともあり，日本の大手企業も同じシステムを導入していた。ところが，日本語への翻訳の問題など，日本式業務処理スタイルと合わないところ，使いにくいところもあり，国産の ERP パッケージも登場してきた。さらに，欧米の ERP パッケージに，国産のソフトウェアをリンクさせる形で修正するサービスなど選択肢が増え，現在では自社環境に合わせて導入できるようになっている。最近は，マイクロソフト社などのクラウド型 ERP が市販され，大きなIT 投資である ERP の導入に躊躇していた中小，中堅企業も，サブスクリプションの形で ERP を導入している。いずれにしても，ERP の源流は，資材所要量計算機能をもっていた MRP である（表9-3）。

資材の正味所要量は，以下の式で計算される。

　正味所要量＝総所要量－在庫量－入庫予定数量

つまり，MPS の生産数量に必要な部品のトータルの所要量のうち，すでに手元に持っている在庫量と，注文済みで工場輸送中の入庫予定数量を引き算すれば，正味の所要量がわかる。これは，あくまでもちょうどぴったりの数量であり，実際には少し余分をもって管理することが多い。

表9-3　MRPの発展と機能追加

種　類	主な機能
MRP (Material Requirement Planning)	MPS, BOM, 在庫データに基づいて, 資材（部品）の所要量を計算
MRP Ⅱ (Manufacturing Resource Planning)	MRP Ⅰの機能＋需要予測, 販売計画, 生産管理機能
ERP (Enterprise Resource Planning)	MRP Ⅱの機能＋財務管理機能, 物流管理など

（出所）　筆者作成。

第3節　納期短縮のための設計の取組み, マスカスタマイゼーション

　納期を短縮するためには, 生産計画通り生産活動が進捗しているかを常にモニタリングしながら, 遅れが発生した場合には, 是正措置を取る必要がある。PDCAサイクルのうち, 計画のPの次の管理に当たる。一方, 納期短縮のための, 開発現場の取組みもある。前掲図9-2で説明した通り, 注文を受けてから設計を始めると時間がかかってしまうため, あらかじめ設計を用意しておくことである。具体的には, 設計の共通化, 共有化である（➡詳細は第11章参照）。

　大量生産とカスタマイゼーションの両立は, 長年, 製造企業のジレンマだった。生産方式からみて, 大量生産は見込み生産方式を, カスタマイゼーションは注文生産方式を取っていたからである。顧客ごとの異なるニーズを満たしながら, 納期も短縮できる方法は不可能にみえていた。これを実現した方法がマスカスタマイゼーション（Mass Customization）である（➡第1章参照）。マスカスタマイゼーションは, 大量生産を意味するマス・プロダクションと顧客のニーズに合わせて開発・生産するカスタマイゼーションのいいとこどりをした概念である（Feitzinger & Lee, 1997）。

　工場は, 見込み生産方式で製品を大量に生産することで, 規模の経済性を活かして, 製品1個当たりのコストを下げることができる。もし顧客の好みに合わせて製品のカスタマイゼーションを行う場合, コストが上がると同時に, 大

量生産の妨げになることがある。その後，設計のモジュール化で，マスカスタ
マイゼーションが可能となった。設計のモジュール化は，あらかじめ標準化，
共通化された部品を用意し，顧客ごとに異なる最終製品を，なるべく共通部品
の組み合わせで対応することを意味する（➡第11章参照）。

　前掲図 9-2 の「より一般的な受注生産」の「設計」のところで，あらかじ
め共通化した設計を用意する。顧客には個性のある最終製品としてアピールす
るわけだが，実は，部品は複数製品間で共有している。これによって，共通部
品の生産に規模の経済性が効きやすい。ゼロからのカスタマイゼーションをす
るには，メーカーとして負担が重いと同時に，生産リードタイムも長くなる傾
向がある。マスカスタマイゼーションは，納期短縮とカスタマイゼーションと
の妥協点を探る取組みとして理解できる。多様な製品を，短い納期で提供でき
るため，assemble-to-order 方式ともいう。これに対して，まだ商品として存
在しない，顧客のユニークなニーズに応えるために設計から始める，純粋な受
注生産のことを design-to-order 方式という。

　たとえば，ドイツの自動車メーカー，フォルクスワーゲン社は，複数のブラ
ンドを展開しており，本家のフォルクスワーゲンと高級車ブランドのポルシェ
とアウディの一部のモデルは，車台を共有している。これによって，車台設計
にかかる時間を短縮している。

　また，パナソニックのノートパソコンのレッツノートシリーズでは，カスタ
マイズ・サービスを提供している。ノートパソコンの天板の色を市販用の色と
は異なるカラーにする以外に，顧客の要望に応じて名前などの文字も刻印して
くれる。これらのサービスは，最初からデザインする（design-to-order）ので
はなく，あらかじめ色と文字のフォント・デザインを用意しておくことで，個
別注文に素早く対応できる。これを可能にするためには，設計を先に済まして
おく必要がある。

　マスカスタマイゼーションを達成するために，生産戦略として多用されるの
が，いわゆる延期戦略（postponement strategy）である。最終製品化の延期戦略
は，顧客のニーズに合わせて製品をカスタマイズすることを，できる限り遅い
タイミングで行う戦略である。この方式は完成品の在庫削減にも役立つ。ま
た，不確実性に対するフレキシビリティ（➡第11章参照）との関係も深いので

表9-4　生産方式の種類

種　類	生産方式	生産数量
Design-to-Order	純粋な受注設計・生産	少量
Make-to-Order	事前設計，受注生産	少量
Assemble-to-Order	マスカスタマイゼーション	大量
Make-to-Stock	見込み生産	大量

（出所）　筆者作成。

　ある。たとえば，セーターは色を染めて完成品になる。しかし，工場で色を染めて市場に出荷する場合，市場ごとに余る在庫量が異なるだけでなく，他の色を求める顧客ニーズにも対応が難しい。セーターを色ごとに工場で染めてから各市場に運ぶのではなく，各市場での売れ筋を見極めながら，売れている色を市場の近くにある物流センターなどの拠点で染めて販売すれば，完成品の在庫が削減できる。この場合，まだ色を染めていないセーターは，先述した共通化された部品に近い。

　これまでの説明で，納期と関係する生産方式には，見込み生産と受注生産以外にも細かい分類ができることがわかる。これらをまとめたのが，表9-4である。

第4節　輸送問題

1 　輸送問題の定式化

　これまで，納期短縮には，工場での生産活動にかかる生産リードタイム短縮のための取組みを中心に説明してきた。しかし，注文した顧客の手に届くまでの時間（リードタイム）には，製造時間に加えて，開発時間と物流の時間が含まれる（図9-3）。

　このように製品が顧客の手に届くまでの時間をトータルで管理しなければならない。いくら生産リードタイムが短縮できたとしても，物流に時間を費やしてしまうと，他社との競争で不利になる。開発リードタイム，生産リードタイム，物流リードタイムはどれも競争上で重要な時間管理の対象である。

図9-3　開発，生産，物流リードタイム

（出所）　筆者作成。

表9-5　例：輸送距離と需要量

工場 ＼ 顧客	1	2	3	4	供給（可能な）量
a	19（x_{a1}）	30（x_{a2}）	50（x_{a3}）	10（x_{a4}）	7
b	70（x_{b1}）	30（x_{b2}）	40（x_{b3}）	60（x_{b4}）	9
c	40（x_{c1}）	8（x_{c2}）	70（x_{c3}）	20（x_{c4}）	18
需要量	5	8	7	14	34

（注）　1：工場（a, b, c）と顧客（1, 2, 3）がクロスするセルに，セル住所として，たとえばa工場と顧客1のセルをx_{a1}とすると，同じ具合で各セルをx_{a2}, x_{a3}, x_{a4},……のように表記する。

　　　2：セルの中の数字は，輸送単価を指す。たとえば，a工場から顧客1までの輸送単価は19であることを示す。

　　　3：供給量（5列のセル）は各工場の生産能力によって最大限供給可能な量を示す。

　　　4：需要量は，顧客が欲しい量であり，顧客1の場合5を，顧客2が8を，顧客3が7を，顧客4が14を必要とし，顧客1～4の合計が34である。この数字は各工場の供給可能量と一致する。

（出所）筆者作成。以下表9-17まで同。

　ここでは，物流コストを最小限にしながら，顧客に商品を届ける方法について考える。完成品を顧客に届ける際に，その距離によって輸送コストが変わってくる。以下では，ある企業の複数の工場から，複数の顧客に商品を輸送することを考える。この際，全体の輸送コストを最小にするための数理モデリングを輸送問題（transportation problem）という。

　では，3つの工場から4つの顧客に商品を輸送する際に，輸送距離によって表9-5のような輸送単価がかかるとする例を挙げて分析してみよう。まず，この表9-5とその注をよく念頭におきながらみると，輸送単価は，c工場から顧客2に輸送する際に最も安い8である。逆に，輸送単価が最も高いのは70で，b工場から顧客1へ，c工場から顧客3へ輸送するときである。

　目的は，全体の輸送コストを最小にしながら需要量に合わせて供給することである。経営資源が無限に存在していたら，輸送コストがいくらかかっても特

に問題にならないが，現実的に輸送コストは重要な制約要因となる。そのため，需給問題を解決しながら，トータルの輸送コストを最小にする方法を考えなければならない。

　工場 i（i = a，b，c）から顧客 j（j = 1，2，3）に送る商品の「量」を x_{ij} とする。このとき，目的関数と制約式を，以下のように表すことができる。

　目的関数は各セルの輸送単価に需要量の賭け算をし，その合計を最小化することになる。それを式にしてみると，「$19 \times x_{a1} + 30 \times x_{a2} + 50 \times x_{a3} + 10 \times x_{a4} + 70 \times x_{b1} \cdots\cdots + 20 \times x_{c4}$ ＝ 最小化」となる。そして，制約式は，各工場の最大供給可能な供給量と各顧客の需要量で表す以下の式となる。

①供給量の制約（各工場の供給可能量，総量＝34）

　（a 工場）$x_{a1} + x_{a2} + x_{a3} + x_{a4} = 7$

　（b 工場）$x_{b1} + x_{b2} + x_{b3} + x_{b4} = 9$

　（c 工場）$x_{c1} + x_{c2} + x_{c3} + x_{c4} = 18$

②需要量の制約（各顧客（市場）の必要とする需要量，総量＝34）

　（顧客 1 ）　$x_{a1} + x_{b1} + x_{c1} = 5$

　（顧客 2 ）　$x_{a2} + x_{b2} + x_{c2} = 8$

　（顧客 3 ）　$x_{a3} + x_{b3} + x_{c3} = 7$

　（顧客 4 ）　$x_{a4} + x_{b4} + x_{c4} = 14$

　つまり，①各工場から各顧客に供給する商品量の合計が，供給能力と一致しなければならないこと，②各顧客に供給する量が需要量と一致することを意味する。

　ただし，顧客はどの工場からの商品であるかには関心がないことに注意を払う必要がある。そのため，2 つの制約条件を満たす計画を導き出すことになる。その解を「基底解（basic solution）」と呼ぶ。その基底解を求める方法はいくつかある。輸送コストをさらに効率化できる方法が以下で紹介する 4 つの方法である。さらなる学習やより実践的な分析方法を求める人は，ぜひ次のページの内容に目を通してほしいが，その具体的な計算過程や分析までは不要な人は，ここまででよいと思われる。

2 輸送問題の多様な分析方法

　ここで，以下に紹介する 4 つの分析方法の基本的な考え方について簡単に整理しておこう。いずれの方法も，生産拠点から顧客（市場）まで商品を届けるに当たり，複数の顧客（市場）の需要量を満たしながら，輸送費の効率化を図るための模索といってよい。

　まず，「北西隅ルール」という方法の考え方は，非常に単純で，商品を出荷できる工場と顧客（市場）のマトリックスを書き，そのマトリックスの北西（左上）から右へ下へと順に，生産工場と顧客の需要量（輸送量）を決め，その結果出たものが総輸送費となるとみなすものである。次に，「ハウサッカー・ルール」は最小費用法ともいうが，輸送費（輸送単価×数量（需要量））がもっとも安い組み合わせ順に輸送問題を解決しようとするものである。さらに「フォーゲル法」は，生産工場と顧客の需要量（輸送量）の組み合わせの中で最も効率的なものを割り出した後，次善の効率的な組み合わせを反復的な検証を行い，模索していく方法である。最後に，「飛び石法」は，「北西隅ルール」と「フォーゲル法」で得られた解をベースに，さらに輸送費最小化のために，任意で決めたセルの組み合わせを作り出し，検討を行い，さらに別の組み合わせを反復的に検討することで，「基底解」を求める方法である。いずれの方法も制約条件の中でその条件を満たす計画という「基底解」を求めるもので，これらは線形計画法を含む数理モデルを用いて分析する場合が多い。

①北西隅ルール（northwest corner method）

　北西隅ルールは，最も直観的な手法を使って，基底解を 1 つみつける方法である。ルールの名前通り，工場と顧客を組み合わせたセルの北西の隅（左上）から右へ下へと順（↘）に選択し，目いっぱい，商品量を割り当てていく方法である（表 9-6）。これによって，需要量と供給量は 34 で一致している。北西隅ルールによる輸送コストの合計は，選択されたセル（①〜⑥）の輸送単価×数量（供給量）の合計になる。すなわち，$(19 \times 5 : ①) + (30 \times 2 : ②) + (30 \times 6 : ③) + (40 \times 3 : ④) + (70 \times 4 : ⑤) + (20 \times 14 : ⑥) = 1015$。

　しかし，この方法では，輸送単価が最も高い経路（表 9-5 の x_{c3} セル⑤の輸送単価70）が含まれている（c 工場から顧客 3 に 4 単位輸送）。基底解の 1 つとしてはいいが，よりよい方法を探す必要性を強く感じさせる。輸送単価が最も安い

表9-6　北西隅ルール

工場＼顧客	1		2		3		4		供給量
a	**19**	①	**30**	②	50		10		7
		5		2					
b	70		**30**	③	**40**	④	60		9
				6		3			
c	40		8		**70**	⑤	**20**	⑥	18
						4		14	
需要量	5		8		7		14		34

(注)　1：顧客1の需要量5は①セルにあてると，a工場は7の供給量から5（需要量）を引き，2の供給
能力が余る。次に顧客2の場合，すでにa工場から2が割り当たされている（②）ので，顧客2の
需要量8から2を引いて，追加で6を次の工場から割り当てればよい（③）。同じ具合に，④，
⑤，⑥順に，割り当てていく。その結果を表したものである。
　　　2：セルの中の番号①～⑥は，本文での説明のため，便宜上に付けたもので，以下の表でも同様であ
る。

順番で，商品を送る方法が考えられる。

②ハウザッカー・ルール（Houthakker method）

　ハウザッカー・ルール（最小費用法）は，アメリカの経済学者で，ハーバー
ド大学とスタンフォード大学で教鞭を執っていたハウザッカーが考案した方法
である。

　c工場から顧客2に輸送する際に，輸送単価が8で最も安い。したがって，
c工場の商品は，なるべく顧客2に輸送しなければならない（表9-7）。

　次に，輸送単価が安い経路は，a工場と顧客4（10）である。顧客4が求め
る商品量は14だが，a工場が供給可能な量は7しかない。したがって，a工場
から顧客4への供給量は7になる。

　次に，輸送単価が安いのは，a工場から顧客1への経路だが，a工場からの
供給可能量は，すでに顧客4に輸送したため，これ以上輸送可能な商品は残っ
ていない。したがって，その次に輸送単価の安い経路を探さなければならな
い。それは，c工場から顧客への経路で，輸送単価は20である。顧客4が求め
る商品量14のうち，すでにa工場から7を輸送してもらったので，残り7をも
らえばいい。c工場は，供給可能量18のうち，8を顧客2へ輸送して，まだ10
が残っている。したがって，工場cから顧客4への輸送は問題ない。

表9-7　ハウザッカー・ルール

工場＼顧客	1	2	3	4	供給量
a	19	30	50	**10**　② **7**	7
b	**70**　⑥ **2**	30	**40**　④ **7**	60	9
c	**40**　⑤ **3**	**8**　① **8**	70	**20**　③ **7**	18
需要量	5	8	7	14	34

表9-8　フォーゲル法①

工場＼顧客	1	2	3	4	供給量
a	19	30	50	10	7 単価の差9
b	70	30	40	60	9 単価の差10
c	40	**8**　① **8**	70	20	18 単価の差12
需要量	5 単価の差21	8 単価の差22	7 単価の差10	14 単価の差10	34

　ハウザッカー・ルールによる輸送コストの合計は，顧客別に需要量に輸送単価を掛け算し，その合計額となる（表9-7の②，⑥，④，⑤，①，⑧の合計）。すなわち，（7×10）+（2×70）+（7×40）+（3×40）+（8×8）+（7×20）=814である。先ほどの北西隅ルールの基底解（1015）より，201安くなっていることがわかる。しかし，この方法でも，b工場から顧客1へ，商品を2単位輸送していることがわかる。

　③フォーゲル法（VAM：Vogel's approximation method）

　ハウザッカー・ルールが絶対優位にある選択肢を優先させるアプローチを取ったことに対して，フォーゲル法は，2つの選択肢（最善の選択肢と2番目の最善の選択肢）間の差に注目し，最善と次善との輸送単価の差を計算する方法である（表9-8）。

　この方法では，最善と次善の格差が大きいところを優先する。顧客2が輸送

表9-9　フォーゲル法②

工場＼顧客	1	3	4	供給量
a	**19**　　　② **5**	50	10	7 単価の差9
b	70	40	60	9 単価の差20
c	40	70	20	10 単価の差20
需要量	5 単価の差21	7 単価の差10	14 単価の差10	26

表9-10　フォーゲル法③

工場＼顧客	3	4	供給量
a	50	10	2 単価の差40
b	40	60	9 単価の差20
c	70	**20**　　　③ **10**	10 単価の差50
需要量	7 単価の差10	14 単価の差10	21

単価の差が22であり，最も大きい。したがって，顧客2に商品量8を，輸送単価が比較的に安いc工場（輸送単価8）から輸送する（①）。これによって，顧客2の需要量は満たされたので，顧客2の列を削除して表を再作成する。c工場の供給可能な量は，18から8を引き10に修正する（表9-9）。フォーゲル法では，このような作業を反復していく。その際に，単価の差を更新していく。

　表の修正後，単価の差が最も大きいのは，顧客1（21）であることがわかる。したがって，輸送単価が比較的に安いa工場から顧客1に商品量5を輸送する。a工場の供給可能な量は残り2になった。これによって，顧客1の需要量はすべて満たされているので，顧客1の列も削除できる。同様に反復作業を進める（表9-10）。

　次に，単価の差が大きいのは，c工場である。今度は，c工場から，輸送単

表9-11　フォーゲル法④

顧客＼工場	3	4		供給量
a	50	**10**	④	2
		2		単価の差40
b	40	**60**	⑤	9
		2		単価の差20
需要量	7 単価の差10	4 単価の差50		11

表9-12　フォーゲル法⑤

顧客＼工場	3		供給量
b	**40**	⑥	7
	7		
需要量	7		7

価が比較的に安い顧客4に送ればよい。残りの供給可能量10を輸送したら，c工場の行も削除でき，a工場とb工場のみが残る（表9-11）。

　今度は，顧客4のほうがa工場の10とb工場の60なので，単価の差が最も大きい（50）。まずは，a工場から残りの商品量2を顧客4に送る（セル④）。それでも，顧客4の需要量（4）の半分しか満たされていない。続いて，b工場からも，商品量2を輸送することで，顧客4の需要量（4）はすべて満たされる。顧客4の列と，a工場の行を削除する。最後まで反復していく。最後には，b工場から顧客3に商品量7を輸送することで，すべての作業が終了する（表9-12）。

　これまでの反復作業を表にまとめてみると，**表9-13**のようになる。

　フォーゲル法による輸送費の合計は，（5×19：②）+（2×10：④）+（7×40：⑥）+（2×60：⑤）+（8×8：①）+（10×20：③）=779である。ハウザッカー・ルール（814）より，35安くなっている。しかし，これも基底解の1つに過ぎない。さらに輸送費を削減できる方法でよりよい基底解を探してみる。

④飛び石径路法（Stepping stone method）

　飛び石径路法は，フォーゲル法などの方法で求めた基底解を再検討すること

表9-13　フォーゲル法⑥

工場＼顧客	1	2	3	4	供給量
a	19　②　5	30	50	10　④　2	7
b	70	40　⑥	40　⑥　7	60　⑤　2	9
c	40	8　①　8	70	20　③　10	18
需要量	5	8	7	14	34

表9-14　飛び石径路法①

工場＼顧客	1	2	3	4	供給量
a	19　5	30　①　(＋1)‥‥	50　②	10　(－1)2	7
b	70　③	30　④	40　7	60　2	9
c	40　⑤	8　(－1)8‥‥	70　⑥	20　‥‥(＋1)10	18
需要量	5	8	7	14	34

で，よりよい基底解を探す方法である。具体的には，輸送していないセルを使って輸送する場合，輸送量の合計に変化があるかを確かめる。

　フォーゲル法で求めた基底解から始めてみる。以下の輸送計画の基底解では，全12（工場3×顧客4）のセルのうち，6つのセルのみを使っている。つまり，のこりの6つのセルは空欄になっている。飛び石径路法では，これらの空欄になっているセルを使う場合，輸送費の合計に変動があるか，特に，輸送費に削減につながるかを確認する作業を行う（表9-14）。

　表9-14の中で空欄になっているセルを任意で選ぶ。たとえば，a工場と顧客2のセルの組み合わせ（セル①）を確かめてみる。供給量と需要量の制約（需要量＝供給量）の下で，以下のことを考えてみよう。

　（a工場，顧客2）に，商品1単位を輸送すると仮定すれば，（プラス1）

　（c工場，顧客2）には，商品1単位を減らし，（マイナス1）

　（c工場，顧客4）には，商品1単位を増やし，（プラス1）

（a 工場，顧客 4）には，商品 1 単位を減らさなければならない。（マイナス 1）

飛び石径路法では，プラス 1，マイナス 1，プラス 1，マイナス 1 で，全体の合計は 0 になるセルの組み合わせである。つまり，需要量と供給量には変動がない。確認したいのは，輸送コストに変化があるかどうかである。

同じセルを対象にみると輸送費は，以下のように計算できる。セル①，すなわち x_{a2} と組み合わせられるのは x_{c4}，x_{a4} である。

①$30 - 8 + 20 - 10 = 32$

これは，仮に a 工場から顧客 2 に輸送することになれば，商品 1 単位あたり，32 の輸送コストが追加されるということを意味する。空欄の他のセルも同じ方法で繰り返してあるセルの組み合わせを作ってそれを確認してみると，以下のような結果がわかる。言い換えると，表 9-13 で空欄のセルを用いるので，次の対象空欄セルとして x_{a3} を対象とする場合，表 9-14 のセル②（x_{a3}）に当たる。これと組み合わせるセルを任意で選ぶが，ここでは，x_{b3}，x_{b4}，x_{a4}，ちょうど□の形にある組合せを作って，輸送単価を前述したセル間の（＋）と（－）をした結果である。それを表 9-13 の空欄に当たる番号（②〜⑥）を表 9-14 に付けて，輸送費を計算した結果が次のものである。

②（a 工場，顧客 3）$= 50 - 40 + 60 - 10 = 60$

③（b 工場，顧客 1）$= 70 - 19 + 10 - 60 = 1$

④（b 工場，顧客 2）$= 30 - 8 + 20 - 60 = -18$

⑤（c 工場，顧客 1）$= 40 - 19 + 10 - 20 = 11$

⑥（c 工場，顧客 3）$= 70 - 40 + 60 - 20 = 70$

この中で，④の b 工場と顧客 2 の組み合わせに注目してみよう。b 工場から顧客 2 に輸送すれば，商品 1 単位あたり18の輸送コストが削減可能であることがわかる。可能な限り，多くの商品量を，この経路で輸送すればよい（**表9-15**）。

b 工場から顧客 2 に輸送する量だけ，c 工場と顧客 2，b 工場と顧客 4 の組み合わせから商品量を減らす必要があるが，8 と 2 のうち，少ないほうの 2 をもってくればよい。その結果，輸送コストへの影響は以下のように計算できる。

$2 \times (-18) = -36$

表9-15　飛び石径路法②

工場＼顧客	1	2	3	4	供給量
a	19　　5	30	50	10　　2	7
b	70	**30**	40　　7	**60**　2	9
c	40	**8**　8	70	**20**　10	18
需要量	5	8	7	14	34

表9-16　飛び石径路法③

工場＼顧客	1	2	3	4	供給量
a	**19**　5	30	50	10　2	7
b	70	**30**　2	**40**　7	60	9
c	40	**8**　6	70	**20**　12	18
需要量	5	8	7	14	34

表9-17　輸送問題の各方法の比較

基底解を求める方法	輸送コストの合計	輸送コストの増減
①北西隅ルール	1015	
②ハウザッカー・ルール	814	− 201
③フォーゲル法	779	− 35
④飛び石径路法	743	− 36

　b工場から顧客に輸送する場合，c工場と顧客2にはマイナス2を，c工場と顧客4にはプラス2をすればよい。

　輸送費の削減分を先ほどの779から引き算すれば，743にさらに下がる。同様の方式で，もう一度，空欄のところを再点検してみると，すべてプラスになることがわかり，これ以上，輸送コストを下げることはできないことが明らかになる。つまり，限界にきているということである。この基底解を最適解（optimum value）という。つまり，最適解も基底解の1つである（表9-16）。

Column：経営学の「生産マネジメント論」と工学の「生産システム論」

　生産マネジメント論を学ぶ学生が履修する科目名は，大学と学部によって異なるが，文系の経営学部では，「生産管理論」「生産マネジメント論」の科目名で開講しているところが多い*。理工学部と工学部にも類似科目がある。科目名には「生産システム論」「生産システム工学」「生産工学」「オペレーションズ・リサーチ」などがある。講義シラバスや，使っているテキストの内容を見ると，経営学では，経営戦略論と経営組織論の視点をベースにしながら，競争力の要素である品質，コスト，納期に焦点を当てて紹介しているケースが多い。一方，理工学部と工学部では，品質管理，在庫管理について説明している部分でも計量的なアプローチを使うことが多い。統計的品質管理の手法，在庫管理のための数理モデリングを詳細に紹介しているのが大きな特徴である。

　アメリカでは，Production Management, Operations Research, Management Science, あるいは Production and Operation Management の頭文字を取って，POM という名称が多用される。強いて細かい分類をすれば，オペレーションズ・リサーチ（OR）は，輸送問題のような数理モデリングが中心になっている。OR は，第 2 次世界大戦中に，イギリスで生まれた分野である。また，フレデリック・テイラーから始まるインダストリアル・エンジニアリングの知識も，この分野で文系，工学系を問わず登場してくる。いわゆる，産業工学である。

　生産マネジメントに関連する科目は，文理融合の学問であり，かつ，いくつかの分野が融合している科目である。違いは，どの分野にフォーカスしながら紹介しているかである。重要なのは，文系，工学系ではなく，これらの知識と技法が企業現場で日々使われている点である。

　経営学部の生産マネジメントを学んだ人が，生産現場の作業員，オペレーター，エンジニアとのコミュニケーションで共通の言語が使えることは，管理者の重要な能力に他ならない。生産マネジメントとこれらの分野は，学術的な面からだけではなく，実務の世界とも密接に関連しているので，生産マネジメントを履修する学生には，開講されている上記のような科目の履修をお薦めする。

　＊　一昔前は，計量経営学という科目名も使われた。

　輸送問題で基底解を求める複数の手法の輸送費をまとめると**表 9-17**の通りである。

　生産マネジメント分野では，輸送問題のような数理モデリングが活用されている。先述した MRP も含めて，生産現場で手計算することはほとんどない。

186

計算のロジックは，すでにプログラミングされ，工場の管理システムに組み込まれているからである。だが，基本ロジックを理解することは，工場管理システムを操作する上で非常に重要である。トラブルに対応するために，または，改良を施すためにも，背後にある計算ロジックを理解しているか否かによって，成果が左右されるからである。

　ここで紹介した輸送問題は，生産マネジメント分野で利用されている数理モデリングの1つに過ぎず，生産システム論，オペレーションズ・リサーチ（OR），経営工学の分野でより詳細に紹介している。これらの科目分野は主に理工学部，工学部を中心に開講されている。

（考えてみましょう）

①ランチタイムのマクドナルドで，ビッグマックセットを注文した。その際，ひき肉のパティはすでに調理済みで，すぐ注文通りにビッグマックセットが出てきた。見込み生産，受注生産どちらに当てはまるか，考えてみよう。

②輸送問題

　東京，大阪，福岡にある物流センターから，京都，名古屋，横浜，仙台の販売店に商品を輸送する問題を考える。各物流センターから各販売店に輸送するための輸送単価，物流センターの在庫量，各販売店の需要量は以下のとおりである。

物流センター ＼ 販売店	京都	名古屋	横浜	仙台	在庫量
東京	20	15	10	25	100
大阪	10	20	15	20	40
福岡	15	5	20	10	60
需要量	50	70	10	70	200

　1）北西隅ルール，2）ハウザッカー・ルール，3）フォーゲル法の順で基底解を求めて，比較せよ。その後，4）飛び石径路法で最適解を求めよ。

注

（1）　開発リードタイムを測定するためには，開発活動の始点と終点の基準を明確に決める必要がある。

（2）　在庫切れは，生産した数量を売り切ったという解釈もあるが，余分の在庫があればもっと売れたかもしれないことからみれば，販売機会損失の可能性もある。つまり，在庫ゼロというのは必ずしもポジティブな意味ではない。詳しくは，次章の在庫機能

で説明する。

（3）　日本では，日程計画を大・中・小の3段階で分けることが多いが，英文名称は大中小の名称は使わない。大日程計画では planning のことばを使うことに対して，中日程計画，小日程計画では，schedule を使う。

（4）　計画単位としての10日を，「旬（しゅん）」ともいう。月の初旬，中旬，下旬と同じである。30日を10日で分けて計画を立てる際には使いやすい分け方になるが，今は週単位で分けることがより一般的である。

（5）　資材所要量計画の「資材（material）」は，資材，部品，構成品，材料のことである。

（6）　material requirement から manufacturing resource に変更されている。つまり，資材だけではなく，生産資源全般に管理領域が広がっていることがわかる。

（7）　今度は，manufacturing resource から enterprise resource に変更された。生産資源だけではなく，企業の経営資源全般の管理まで守備範囲が拡大されたソフトウェア・パッケージである。米国の Oracle 社，ドイツの SAP 社の ERP パッケージなど大手企業で多く導入されている。

参考文献

Feitzinger, E. & Lee, H.（1997）"Mass customization at Hewlett-Packard: the power of postponement," *Harvard Business Review*, 75, pp. 116-123.

日本経営工学会，2014，『ものづくりに役立つ経営工学の事典：180の知識』朝倉書店。

第10章　在庫管理
——モノの数量と流れをコントロールする——

　本章では，在庫の機能と管理について説明します。見込み生産で，在庫が納期短縮のための重要な役割を果たしていることが，前章でわかりました。しかし，過剰な在庫は工場に大きな負担となります。工場では，「適切な」水準の在庫を保持するために，体系的に管理しています。本章では，まず，在庫の種類と機能について説明した上で，在庫管理手法を紹介します。中でも，トヨタ生産方式の重要な要素である「かんばんシステム」について理解することで，在庫管理が日本の自動車産業の競争力に重要な貢献をしていることがわかります。

Keywords▶　安全在庫，パイプライン在庫，かんばんシステム，ABC管理，EOQ

第1節　在　庫

　新型コロナウイルス感染症の拡大によるマスクの在庫不足や，ロシアのウクライナ侵攻による小麦の在庫不足など，われわれの生活になくてはならない製品は，日々の在庫管理のおかげで品切れになることを回避できるようになっている。本章では，主に見込み生産方式で生産される製品を対象とする在庫管理について説明する。受注生産による在庫管理は，見込み生産に比べれば，納品先が決まっているので納期さえ守れば在庫管理に困ることは少ないからである。本書では，説明のために，別々の章立てで納期管理と在庫管理のことを説明しているが，実務の世界では，納期管理と在庫管理はセットで考えられている。

1　在庫の機能と種類
　在庫（inventory, stock）とは，顧客の需要を満たすために，または，製品の

生産を円滑に行うために必要な品目のことである。在庫は，顧客サービスのためにも使われる。たとえば，アフターサービスなどで，新品に交換するための在庫である。新しいスマホを購入して，不良がみつかった場合，新品に交換してくれることがあれば，企業はそのための余分の在庫を確保する必要がある。われわれが日常生活で，コンビニ，スーパーなどの有人店舗で，さらには自動販売機の無人店舗で，商品を手に取って購入することができるのは，ちょうどそのときに，商品の在庫があったからである。一方，在庫は，製品（完成品）の在庫だけではない。生産に必要な原材料，部品，原燃料の在庫から，まだ完成品ではないが，つくる途中の生産工程にある中間製品の在庫，そして品質検査が終わって出荷される完成品の在庫がある。

・原材料在庫：原材料は，生産システムへのインプットであり，生産要素の1つである。加工組立産業の場合には，部品がそれに当たるが，部品のないプロセス産業（例：鉄鋼産業，製紙工場，化学産業，ガラス産業など）では，原料と燃料が原材料にあたる。

・中間製品の在庫：中間製品（work-in-process，仕掛品）は工程と工程の間で，加工あるいは処理を待機している未完成品である。中間製品の在庫が，工場のいたるところに山積みされている場合，本来ならば販売されて現金として回収できることから，札の束が眠っていると表現される。しかし，工程と工程の間に在庫がゼロであることが理想とはいえない。適正水準の在庫が必要である。

・完成品在庫：一般的に在庫というと，完成品在庫のことを指す。ある企業の完成品は，他の企業の原材料になる場合もよくある。たとえば，鉄鋼メーカー側からみれば完成品の自動車用鋼板が，自動車メーカー側からみれば，それを調達して自動車のサイドボディーをつくるための原材料（素材）となる。

原材料在庫，中間製品在庫，完成品在庫の分類は，製造工程の時間軸で分類したものであるが，在庫がもつ機能で分類すれば，以下のような在庫の種類がある。

・パイプライン在庫（pipeline inventory, pipeline stock）：輸送中の在庫を指す。より広くいえば，注文済みだが，まだ手に届いていない在庫を意味する。注文してから届くまでに時間がかかる場合，その時間が長ければ長いほど，パイプライン在庫は増える。部品，原材料などをある地点から他の地点に移動させる

表10-1　在庫の分類

カテゴリー	在庫の種類	内　容
製造工程による分類	原材料在庫	部品，原燃料の在庫
	中間製品在庫	仕掛品の在庫
	完成品在庫	出荷製品の在庫
機能による分類	パイプライン在庫	輸送中の在庫
	安全在庫	バッファー在庫
	サイクル在庫	ロットサイズの一部の在庫

（出所）　筆者作成。

必要があれば，パイプライン在庫が発生しやすい。

　たとえば，製品をつくるための部品が大量に必要であり，部品の生産地が熊本にあるとする。その部品を使って製品を仕上げるメーカーが仙台にあるとしたら，JR の貨物便で運ぶ必要があり，輸送に時間がかかる。その鉄道コンテナに乗っている在庫がパイプライン在庫である。パイプライン在庫のことばの由来は，石油，ガスなど，パイプでつないで供給することから来ている。たとえば，アメリカ国内では石油パイプが都市間につながっており，パイプで移動中の石油の在庫をイメージしている。

　・安全在庫（safety stock）：需要や供給の変動に対処するための在庫である。基本的には，品切れによる販売機会損失を回避するために，バッファーとして余分に持つ在庫のことである。需要や供給の変動，調達にかかるリードタイムの変動といった不確実性が大きくなるほど品切れになる可能性も大きくなるため，余分の在庫を持つことで，生産などの活動に支障がないようにする。

　・サイクル在庫（cycle inventory）：循環在庫，ロットサイズ在庫とも呼ばれ，まとまった量を意味するロットサイズの一部の在庫のことである。繰り返される生産活動を持続させるためには，部品，原材料の注文の頻度や数量を決めなければならない。この作業を，ロットサイジング（lot sizing）という。

　たとえば，工場で使われるある部品を毎月（頻度），サプライヤーに4000個（数量）発注するとする。部品が届いたときに，在庫の量は4000個（＝ロットサイズ）になる。月末になれば，部品在庫の量はゼロになる。したがって，4000個と0個の平均を取れば，平均サイクル在庫量になる。

平均サイクル在庫量＝（ロットサイズ＋０）÷２＝（4000＋０）÷２＝2000個

このように，在庫の水準は，インプットのフローとアウトプットのフローの間に存在する在庫の量として理解できる（**表10-1**）。

［２］ 在庫と関連するコスト

在庫を保管する，在庫を運ぶにはコストがかかる。たとえば，宅急便のクール便サービスを利用する場合，輸送費に加えて，冷蔵庫を稼働するための電気代などもかかる。トラックではなく，倉庫で保管する際にも，品質を維持するためにコストがかかると同時に，倉庫そのものを管理する人件費もかかる。また，海外から大量の在庫を船で運んでくる場合，何らかの原因で，港湾停泊期間内に荷役が完了しない場合，この約定期間を超えてさらに停泊することによって港費が発生する。

このように，在庫を持つことには，安全在庫を持つことで販売機会損失を回避できるメリットもあれば，コストを伴うデメリットもあり，トレードオフ関係が存在する。工場のマネージャーは，これらのトレードオフ関係をよく理解し，バランスを取る必要がある（**図10-1**）。

短納期で顧客に納品するためには，在庫管理コストも最小限に抑える必要がある。

・在庫保持コスト（在庫保管コスト）：在庫は持っていても，持っていなくても（不足しても）コストがかかる。在庫保持コスト（inventory holding cost）は，在庫を持つことで発生するコストを意味する。具体的には，在庫を維持するために，倉庫が必要になり，その管理に費用がかかる。たとえば，管理に当たる人件費，倉庫の賃借料，保険料などがかかる。また，在庫は，本来販売されれば現金で戻ってくるはずだが，工場あるいは倉庫に眠っているため，企業の貴重な資本を固定化してしまう。そのため，金融機関から借り入れた資金に対する金利負担が増える。

・品切れコスト（stockout cost）：在庫が不足してもコストがかかる場合がある。[1] 顧客が買い求める商品の在庫がない場合，顧客は他の店舗に探しにいく。完成品だけではない。製品をつくるための原材料，部品をサプライヤーから調達したくても在庫が不足する場合もある。たとえば，震災により道路が寸断さ

図10-1　在庫量のバランスをどうとるのか

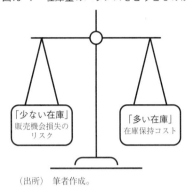

（出所）　筆者作成。

れ，原材料と部品の調達が難しくなると，生産ラインの稼働を一時的に中止せ
ざるを得なくなる。

　・輸送コスト（transportation cost）：輸送費を節約するためには，１回の輸送
になるべく多い量を積載するほうが安くなる。たとえば，工場は原材料，部品
を運ぶとき，トラックの積載量の上限いっぱい運んだ方が，原材料，部品当た
りの輸送単価が安くなる。インバウンド物流と同様に，アウトバウンド物流で
も，完成品在庫の出荷にかかる輸送費を節約するために，なるべく多めの製品
を運ぶことで輸送コストが下げられる。

　・注文コスト（ordering cost）：発注そのものにも時間と金がかかる場合があ
る。必要な部品，原材料を生産できる業者を探し，見積書，納品書，請求書な
どの，ペーパーワークにも手間がかかる。

　・その他：在庫の中には，在庫期間が長くなるにつれて，価値が落ちてしま
うものもある。ファッション，アパレル系の製品は，時間経過とともに，流行
の変化によってその価値が徐々に落ちることが多い。その際，企業は当初の値
段より安売りするか，処分する。これを「在庫の陳腐化」という。この場合，
製品の経済的価値は下がったとしても，物理的な状態は変わらないことに注目
する必要がある。

　一方，長い在庫期間が原因で，経済的価値も物理的価値も変化する製品もあ
る。食品，飲料など，賞味期限があるものは，時間とともに劣化し，安売り，

表10-2　在庫関連コスト

在庫の種類	多い場合	不足する場合
①原材料，部品在庫	保管，維持コスト	生産ライン中止
②中間製品在庫（仕掛品）	保管，維持コスト	納期遅れ
③完成品在庫（製品）	保管，維持コスト	販売機会損失

（出所）　筆者作成。

処分，他産業へ供与（例：肥料）することになり，コスト増加につながる。

　以上のように，在庫保持と在庫不足，両方ともコストがかかる。その背後には，生産現場には，在庫を少なくする必要性と，在庫を多く保持する必要性が同時に存在しており，管理の圧迫要因として作用しているからである（表10-2）。

第2節　ABC，EOQ，定量発注，定期発注

　工場だけではなく，倉庫，販売店でも，過剰な在庫は，マネジメントの重要な課題になっている。マネージャーは，コスト面で最も効率のよい方法で在庫を削減する工夫をする。以下では，在庫管理の基本形であるABC管理，EOQ管理について説明する。次に，発注量と発注期間による区分として，定量発注と定期発注を比較説明する。

〔1〕 ABC管理（ABC分析）

　ABC在庫管理とは，製品品目をA，B，C，3つの製品群グループに分類して管理する手法である。在庫の種類がたくさんある場合にも，3つのクラスに分けて管理する理由は，少数の品目（約20%）が在庫の使用金額（需要×原価）の80%を占めるため，それを集中的に管理することが効果的だからである。つまり，その3つの製品群グループに分ける軸は，金額価値である。すべての在庫を金額ベースで高いモノから安いモノまで並ばせたときに，高いモノをAグループ，安いモノをCグループ，その真ん中に位置するモノをBグループに分けて管理する。3つのクラスを分けるための「線引き」には，主観的な

図10-2　ABC 在庫管理

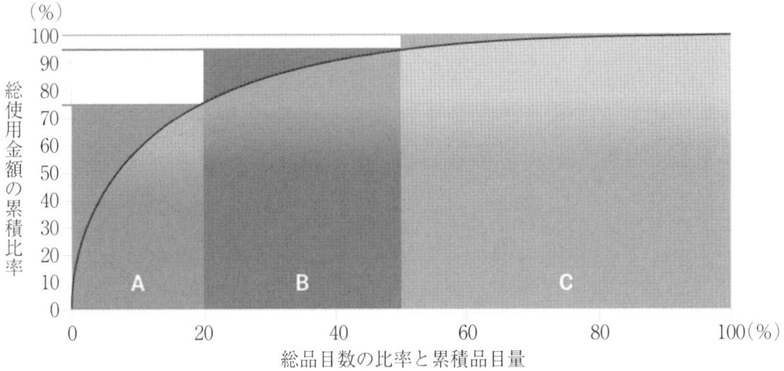

（出所）　筆者作成。

部分があるものの，マネージャーが管理する上ではわかりやすい。

　典型的に，A グループが全体製品品目数の20% を，使用金額の80% を占め，C グループは品目数の50% と使用金額の 5 % を，中間の B グループは品目数の30% と使用金額の15% を占める。そのため，在庫分類 ABC 分析は「80－20法則」とも呼ばれる（Schrodder, Goldstein and Roungtusanatham, 2010）。これをパレートチャート（パレート図）で示したのが図10-2 である。縦軸に「総使用金額の累積比率（%）」を，横軸に「総品目数の比率と累積品目量（%）」をとると，前述したように，A グループが全在庫の使用金額の80% と総品目数の20% を占めていることがわかる。また，B グループは品目数の30%，使用金額の15% を，C グループは残りを占めていることがわかる。ここから効率的な在庫管理のためには，高い使用金額を占めながら，品目数の割合が少ない製品群順に優先ターゲットにして，管理をすることが効率的かつ効果的であることがわかる。たとえば，A グループの製品群は集中購買を通じて価格交渉を行うこと，C グループの場合は簡易管理を行ったり，品目数の削減を開発部門と試みたりすることが考えられる。

　たとえば，ドラッグストアのレジの後ろに置いてある高額商品（例：育毛剤）と，店舗の外側（手前）に置いてある商品（例：トイレットペーパー）の管理手法は同じではない。ABC 分析で在庫管理を行う場合，前提となるのは，在庫の数量と金額に関連する記録が存在することである。この記録が不正確だった

り，あるいは，記入漏れがある場合，ABC 管理を行うのは難しい。

　他方，3 つのグループに分けるのは便宜上の分け方で，いくつのグループに分けるかや，そのグループの比率は，製品の特徴や在庫の性質によって任意で決められる。また，企業や製品によっては，それぞれの割合は変わることも多々あることに注意を払いながら，ABC 分析を実践的に用いた方がよい。

［　2　］ EOQ (Economic Order Quantity)

　EOQ は，経済的発注量（最適経済ロット）を意味し，1 回に発注（購入あるいは製造）されるべき品目の数量を決定する在庫管理モデルである。EOQ は，次に説明する定量発注モデルの 1 つである。「経済的」の意味は，在庫に関連するコスト，具体的には，在庫の取得，保管にかかるコストの合計を最小化することを目指すということである。

　先述した通り，在庫を管理するマネージャーは，在庫関連コスト，つまり，在庫保持コスト，在庫不足コスト，発注コストを最小限にするために取り組んでいる。EOQ モデルでは，まず，①在庫保持コスト，②発注コスト（注文コスト）を考慮する。そして，これらのコストを最小化するロットサイズ在庫を決める。ロットサイズ在庫とは，サイクル在庫，循環在庫とも呼ばれ，まとまった量を意味するロットサイズの在庫のことである。EOQ モデルは，いくつかの仮定の上で成り立っている。

・需要量は常に一定であり，確実に知られている（例：1 日20個ずつ使う）。
・ロットサイズに制約はない。
・在庫に関連するコストは 2 つのみ（①在庫保持コスト，②発注コスト）である。
・リードタイム，供給にも不確実性は存在しない。リードタイムは一定であり，確実に知られている（例：7 日）。
・ある品目に関する意思決定は，他の品目とは独立して行われる。

　これらの仮定は，実際の企業現場では使いにくい部分もあるが，ロットサイズを計算し始める段階で参考するモデルである。つまり，このモデルだけに頼って在庫管理の意思決定を行うのではなく，このモデルを踏まえて行うということである。EOQ モデルは，受注生産ではなく，需要量が一定である見込み生産方式を仮定している。また，最適解を求める方法ではなく，基底解を求

図10-3　12日ごとに，12ℓのミネラルウォーターを注文

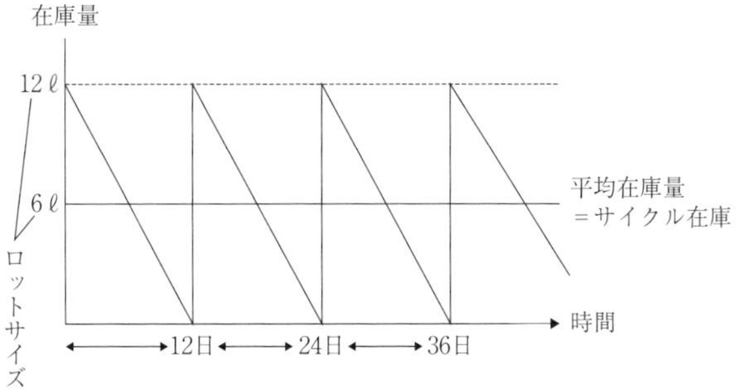

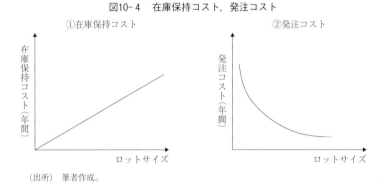

（出所）　筆者作成。

図10-4　在庫保持コスト，発注コスト

（出所）　筆者作成。

める方法である。

　EOQ モデルは，定期発注ではなく，定量発注をベースとする在庫管理モデルである。たとえば，ある家庭で，12日ごとに，12ℓのミネラルウォーターを注文しているとする。契約の申込みの後，12ℓのミネラルウォーターのボトルが届いて1日1ℓのペースで飲んでいく。12ℓのボトルを飲み干すと，ちょうどタイミングよく，次の12ℓのボトルが届く。**図10-3**の横軸はワンサイクル（12日）を，縦軸は手元にあるミネラルウォーターの在庫量の状況を示している。

　この場合，長いスパンでみたときに，ミネラルウォーターの平均在庫量は何ℓなのか。これが，サイクル在庫である。EOQ モデルでは，この家庭の需要

図10-5　EOQ モデルのトータルコスト

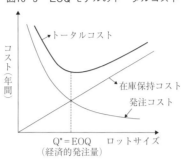

（出所）　筆者作成。

量（12日ごとに12ℓ）と消費ペース（1日1ℓ飲む），注文してから届くまでのリードタイムも知られていると仮定する。そして，ちょうど飲み干したときに新しい12ℓのボトルがタイムリーに届く。[3]この家庭のミネラルウォーターの在庫量は，0ℓから12ℓの間である。具体的には，1日1ℓずつ減っていくので，サイクル在庫は，ロットサイズである12ℓの半分，つまり6ℓである。ちなみに，12日ごとの発注は「定期発注」，12ℓの発注は「定量発注」になる。

　次に，EOQ モデルを見てみよう。まずは，2つのコストの在庫保持コストと発注コストについて説明しよう（図10-4）。

　①の在庫保持コストは，ロットサイズに比例して増加する（線形）。それに対して，②の発注コストは，ロットサイズが多くなるほど，下がっていく（非線形）。保持コストと発注コストを，年間で計算するとする。[4]

　　在庫保持コスト（年間）＝年間平均サイクル在庫量×維持単価

　　発注コスト（年間）＝年間発注回数×発注費

　たとえば，年間1万2000個の在庫が必要であり，ロットサイズが1000個の場合，年間発注回数は12回になる。この2つのコストを合わせて，トータルコストを図で表したのが，図10-5である。

　すなわち，トータルコストは，以下の式となる。

　　トータルコスト（TC）＝在庫保持コスト＋発注コスト

　これを記号に書き換えると，

　　TC ＝（Q ／ 2）× HC ＋（D/Q）× OC

　　　Q：ロットサイズ，HC：在庫保持コスト，D：年間必要な在庫量，
　　　OC：発注費

　これで，トータルコスト曲線上のコスト計算が可能になった。残りは，その曲線上で，①コストが最も安くなるQと②その際のTCを求める作業である。この①のQのことを，EOQ，つまり，TCが最も安い，最適ロットサイズが最も経済的な発注量になる。以下では，具体的な数値例でトータルコストを計算してみよう。

　ある店舗でiPad用ケースが週に18個販売されている。この店舗は，業者から1個6000円で仕入れている。業者に発注する際にかかる費用は500円で年間の在庫保持コストは商品価値の25%であるとする。この店舗は，1年に50週間営業している。この店舗の店長は，ロットサイズを300個として計算したとし，以下の①と②の問いについてその値を求めてみよう。

　①年間のサイクル在庫のコスト（TC）はいくらなのか。

　②ロットサイズを400個にする場合と比較説明しなさい。

まずは，年間需要量を計算する。

　　　D ＝18個×50週＝900個

　　　商品1個当たりの在庫保持コスト＝0.25×500円＝125円

　　　① TC ＝（300/2）×125円＋（900/300）×500円＝18750円＋1500円＝20250円

　　　②ロットサイズを400個にする場合，

　　　TC ＝（400/2）×125円＋（900/400）×500円＝25000円＋1125円＝26125円

　つまり，現在のロットサイズを400個に変更する場合，TCも高くなる。具体的には，発注コストは375円安くなるが，在庫保持コストは6250円増える。そこで最適ロットサイズを求めるために，微分を使う計算をすると

$$\text{EOQ} = \sqrt{(2\,\text{D} \times \text{OC}/\text{HC})}$$
$$= \sqrt{(2 \times 900 \times 500 \div 125)} = 60$$

EOQは，**図10-5**のQ*に当たる。EOQは60となるのである。

　　[3] 定量発注，定期発注

　皆さんは，アマゾンなどのネット通販で「定期おトク便」を利用したことはあるだろうか。顧客が商品を定期的に購入することで，毎回注文する手間を省

図10-6　定量発注モデルと定期発注モデル

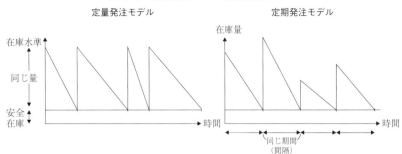

（出所）　筆者作成。

けるサービスである。定期おトク便を利用する顧客には数％の割引サービスも提供している。ここでポイントとなるのが，「定期発注」である。工場や小売店でも，原材料，部品，完成品を定期的に調達している。定期発注は，発注間隔は一定しているが，発注量は定まっていない。毎回バラバラの量で購入することである。もう1つの考え方に「定量発注」がある。これは，発注するタイミングはバラバラだが，発注量は一定していることを意味する。この点でEOQモデルは，ロットサイズが決まっているため，「定量発注」モデルである。アマゾンの定期おトク便は顧客がその都度，注文内容が調整でき，「定期発注」と「定量発注」の組み合わせで対応している。

　では，定量発注モデルと定期発注モデルを図で比較してみよう（図10-6）。

　定量発注モデルと定期発注モデルの共通項となるのが，「安全在庫（バッファー在庫）」である。EOQモデルでは，在庫を使い切ったタイミングで，在庫が補給されると仮定しているが，実際に生産現場，店舗において，ギリギリのタイミングで在庫を補充するのはあまりにもリスクが大きい。したがって，実際には，在庫水準がある水準にまで下がったら，発注をかけることが多い。なぜならば，発注してから在庫が届くまで時間（納品リードタイム）がかかるためである。その間，手元の安全在庫（バッファー在庫）を，パイプライン在庫が届くまで使う。

　まずは，図10-6の左側にある定量発注モデルを見てみよう。横軸は時間軸であり，縦軸は在庫水準を表している。在庫が減っていくペースは，スロープ

の傾きで理解すればよい。定量発注モデルでは，横軸の発注期間はバラバラになっていることに対して，縦軸の毎回の発注量は一定している。そして，安全在庫水準に到達したら発注して納入されるまで，残りの安全在庫を使う。一方，定期発注モデルでは，横軸の発注タイミングの間隔が一定していることがわかる。縦軸の発注量は伸縮している。安全在庫の水準に到達して発注することは同様である。

第3節　トヨタ自動車のかんばんシステム

　トヨタ生産方式（TPS）は，日本のものづくり企業を代表する生産方式であり，日本が世界に発信する知的資産でもある。TPS は，欧米ではリーン生産システムとしても知られており，これを構成する要素について，学術研究も多く蓄積されている（➡第1章参照）。トヨタ自動車のホームページでも紹介している通り，トヨタ生産方式には2つの柱があり，1つはジャスト・イン・タイム（Just-in-Time），もう1つは自働化（ニンベンのついた自動化）である。

　かんばんシステムは，前者のジャスト・イン・タイムを支えるツールであり，TPS，特にジャスト・イン・タイム方式の一部分としての在庫管理手法である。いわゆる「後補充」（製品在庫が減った分だけ部品を発注・補充して元の在庫量に戻す方式）を原則とする，定量発注方式である（藤本，2001）。

　かんばんシステムは，トヨタ自動車（特に元副社長の大野耐一氏）が構築してきた在庫管理システムとされている。1980年代以降は，トヨタ系の部品メーカーのみならず，外国企業や他産業の企業でも導入するメーカーが増えた。それ以来「かんばん」は英語でそのまま通じるほどに国際的にも有名になったが，かんばんシステムが JIT 方式のすべてだという誤解は根強い（藤本，2001）。かんばんは，紙の伝票の形をしている。宅配便を送る・受け取る際に荷物に貼っている伝票を見たことがあるだろう。トヨタ自動車で使われているかんばんは，サプライヤーとトヨタ自動車の間を行き来する伝票である。そして，サプライヤーとトヨタ自動車の間では，部品の入った段ボールが往来しており，それに伝票が貼られている。

　かんばんという紙媒体の伝票は，本質的に，メーカーとサプライヤー，ある

いは，工場内の前工程と後工程間の「コミュニケーションのツール」である。そして，そのコミュニケーションの目的は，ムダな在庫をつくらないことである。つまり，サプライヤーが余分の部品をつくり，メーカーにどんどん押し出し方式で運んでいく，あるいは，前工程の作業スピードが速くて，後工程の処理・加工ペースを無視して，押し出し方式で後工程の前に仕掛品の在庫を積んでいくことを防ぐ。なお，近年は電子かんばん化されている。

1 かんばんの種類

宅配便を送るとき，送り状を作成する。配送料金を元払いにするか，着払いにするか，時間設定など，細かく記入する。かんばんシステムで使うかんばんには2つの種類がある。そのどちらかが，1つの荷物に貼られて一緒に移動する。荷物は，コンテナ，箱，パレットなど，いろんな容器名称で呼ばれるが，重要なのは，以下のかんばんのいずれかが必ず貼っていること，そして部品が入っているか，空箱になっているかである。

・生産指示かんばん（＝仕掛かんばん）

生産指示かんばんは，メーカーがサプライヤーへ，あるいは，後工程が前工程へ「空箱（コンテナ，段ボール）」に貼って送る伝票である。生産指示かんばんは，仕掛かんばん，納品指示かんばんとも呼ばれる。コミュニケーション内容は，①部品の品名，②生産数量，③納入場所などである。

サプライヤー，あるいは前工程は，原則，この生産指示かんばんと空箱が来ない限り，先に部品をつくって送る余力があるとしても送ってはいけない。

・引き取りかんばん

引き取りかんばんは，サプライヤーがメーカーへ，あるいは，前工程が後工程へ「満載の箱（コンテナ，段ボール）」に貼って送る伝票である。上述した生産指示かんばんの指示に応えて部品をつくり，「納品」するので引き取ってくださいとの旨のコミュニケーションである。生産指示かんばんが貼られていた箱は空箱だったが，引き取りかんばんが貼られている箱には部品が入っている。

このように，箱にどのかんばんが貼られているかは，箱の中と関係する。そして，かんばんは箱と一緒に（同じスピードで）移動する。図10-7は，かんば

図10-7　かんばんの種類

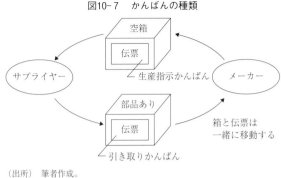

（出所）　筆者作成。

んの種類を表している。

　2 　かんばんシステムの本質は「後補充方式」

　モノの流れの方向からみて，モノの流れには，プッシュ方式（押し出し方式）とプル方式（引っ張り方式）がある。かんばんシステムでは，メーカー側あるいは後工程が生産指示を出さない限り，部品をつくらないことが大きな特徴であり，かんばんは，それを実現するためのツールである。したがって，かんばんが紙媒体のものであれ，電子媒体のものであれ，コミュニケーション・ツールとしての役割は変わらない。

　過剰な在庫を持つと，在庫保持コストが発生する。それを防ぐために，メーカーあるいは後工程が必要なときに部品の生産を指示する（＝部品を取りに行く）かんばんシステムは「プル方式」である。つまり，必要な量だけ補充する「後補充方式」である。

　かんばんは，必ず箱と一緒に移動する。つまり，紙のかんばんの枚数は，箱の数と一緒である。別の言い方をすれば，部品が入っている箱は「モノ」であり，箱に貼っているかんばんは「情報」である。このように，かんばんシステムでは，モノと情報が一緒に移動する仕組みになっている。生産現場では，生産指示かんばんと引き取りかんばんは，最終的に，支払いを伴うことから，キャッシュと同じものとみなす。

第4節　在庫管理の特殊モデル

　ここでは，在庫管理と関連する特殊モデルを紹介する。1つは，輸送問題の応用であり，もう1つは，時間経過とともに在庫の物理的・経済的価値が落ちる在庫の管理モデルである。

1　輸送問題の応用

　第9章では，輸送問題の基本原理について説明した。一般輸送問題では，輸送単価を考慮してトータルコスト（輸送コストの合計）を最小化する輸送経路を計算した。輸送単価を在庫保持コストに置き換えれば，在庫保持コストを最小限にする問題として応用可能である。つまり，在庫管理の問題を輸送問題化できる。

　ある家電メーカーが，サーキュレーターを生産・販売しているとする。このメーカーは，サーキュレーターの需要が多い夏に備えて，2〜5月の4カ月間，集中してサーキュレーターを生産する。需要がピークを迎えるシーズンの前に，先に生産して在庫として保管する方式である。しかし，在庫保持にはコストがかかる。サーキュレーター1台当たりに，1カ月に1000円がかかるとする。

　　問題：需要を満たすと同時に，在庫保持コストを最小限にするための，2〜
　　　　　5月の生産量を求めよ。ただし，1月までの在庫はない。また，期末
　　　　　の在庫も持たないとする。

　　在庫保持の問題を輸送問題に変えるためには，以下のようにすればよい。
　　供給先（2，3，4，5）＝生産月
　　需要先（2，3，4，5）＝販売月
　　供給量＝各月の生産能力
　　需要量＝各月の需要量の予測値
　　各月の需要量，生産能力，製造コスト，在庫保持コストは**表10-3**の通りだとする。
　同一期間に生産して販売する場合には，在庫保持コストは発生しない。たと

表10- 3　サーキュレーターの需要量と生産能力

月	需要量	生産能力	製造コスト（円）	在庫保持コスト（円）
2月	2,000	4,000	14,000	1,000
3月	3,000	5,000	16,000	1,000
4月	5,000	3,000	17,000	1,000
5月	4,000	5,000	17,000	1,000
合計	14,000	17,000		

表10- 4　サーキュレーターの生産と販売

（単位：千円，千個）

生産＼販売	2月	3月	4月	5月	ダミー	供給量
2月	14	15	16	17	0	4
3月	B	16	17	18	0	5
4月	B	B	17	18	0	3
5月	B	B	B	17	0	5
需要量	2	3	5	4	3	17

えば，2月に生産して，同月に販売する場合には在庫保持コストはゼロである。この問題で注目したいのは，先に生産して在庫を保持することである（見込み生産）。その際，在庫保持期間によってコストが変わる。たとえば，2月に生産して5月に販売する場合，3カ月分の在庫保持コスト，3000円が発生する。トータルコストは，月ごとに変動する製造コストと在庫保持コストの合計であり，このコストを最小化することが，この問題の目的である。これを輸送問題のように表で表してみよう。

　表10- 4では，いくつかの操作をしている。①まず，需要量と供給量が一致していない。この場合，ダミーを入れて一致させる操作を行う。計算の結果，ダミーのセルを使う結果になった場合，実際には使わないこととして解釈すればよい。②販売は，生産の後にくる。3月生産分を，2月に販売することはできない。この場合，簡単な操作を通じて解決できる。つまり，製造コストがとても大きい数字（たとえばB）を入れておけば，計算過程でそのセルを避けることができる。ここまでの操作が終われば，あとは輸送問題の計算プロセスと同様である。まずは，北西隅ルール（➡第9章参照）を使って基底解を計算し

表10-5　北西隅ルールによる基底解

(単位：千円，千個)

生産＼販売	2月	3月	4月	5月	ダミー	供給量
2月	14　① 　　2	15　② 　　2	16	17	0	4
3月	B	16　③ 　　1	17　④ 　　4	18	0	5
4月	B	B	17　⑤ 　　1	18　⑥ 　　2	0	3
5月	B	B	B	17　⑦ 　　2	0　⑧ 　　3	5
需要量	2	3	5	4	3	17

表10-6　飛び石経路法による最適解

(単位：千円，千個)

生産＼販売	2月	3月	4月	5月	ダミー	供給量
2月	14 　2	15 　2	16	17	0	4
3月	B	16 　1	17 　2	18	0 　2	5
4月	B	B	17 　3	18	0	3
5月	B	B	B	17 　4	0 　1	5
需要量	2	3	5	4	3	17

てみよう（表10-5）。

　次に，この基底解から，飛び石径路法を使って生産月最適解に到達する（表10-6）。

　したがって，このメーカーの「生産計画」は以下のようになる。

・2月にサーキュレーターを4000個生産して，2000個を販売する。そして，残りの2000個は，1カ月間在庫保持してから，3月に販売する。

・3月には，3000個生産して，当月に1000個，4月に2000個販売する。4月販売の分は，1カ月間の在庫保持コストが発生する。そして，ダミーの2000個は，生産能力のバッファーになる。つまり，稼働率を下げて，その能力は使

わない。

・4月には，3000個を生産して，当月に販売する。4月の需要量は，5000個だ
　が，3月の在庫の2000個と一緒に対応する。

・5月には，4000個を生産して対応する。1000個分の生産能力は使わない。

この際，トータルコストは，

$$(2 \times 14) + (2 \times 15) + (1 \times 16) + (2 \times 17) + (3 \times 17) + (4 \times 17)$$

$$= 2億2700万円$$

このように，輸送問題は，在庫保持コストを考慮して生産計画問題としても
利用できる。ダミーを入れたモデル，Bを入れたモデルは，今回の生産計画問
題だけではなく，輸送問題でも使える。

2 ニュースベンダー・モデル：「仕入れすぎ」対「少なすぎ」間のトレードオフ

上述のサーキュレーターは，先に生産しておいて，翌月以降に販売すること
が可能な商品（耐久財）の事例だった。しかし，在庫保持期間が短い商品の場
合，在庫管理はどうすればいいのか。

たとえば，新聞の例を挙げてみよう。日刊の新聞は，先に制作することも不
可能であり，発売日が過ぎた新聞を買い求める顧客もいない。新聞紙そのもの
の物理的な状態は変わらないが，経済的な価値はなくなる。

もう1つの例を挙げよう。今度は，経済的価値だけではなく，物理的価値も
下がる商品の例として，クリスマスケーキのことを考えよう。サンタクロース
など，クリスマスのデザインが入っているケーキを，12月26日から買い求める
顧客はいないだろう。また，ケーキには，賞味期限もある。時間経過とともに
に，物理的価値も大きく下がっていく。

このように，時間経過とともに陳腐化する製品の在庫管理を考える上で参考
になるのが，ニュースベンダー・モデル（ニュースボーイ・モデル）である。新
聞の発注量を決める方法であり[7]，陳腐化だけではなく，ファッション性がある
製品の発注量管理にも使える。

このモデルの大きな特徴は，確率を考慮している点（stochastic demand）で
ある。毎朝仕入れた新聞がどれぐらい売れ残るかには，不確実性が存在する。

Column：VMIとは

　本章で説明した在庫管理の手法は，在庫を持っている企業自ら，在庫を管理することを前提としている。しかしながら，サプライヤー（あるいはベンダー）が，顧客の店舗あるいは倉庫にある自社製品在庫の状況をモニタリングしながら管理する手法もある。これを，VMI（Vendor Managed Inventories）という*。この手法は，製造業だけではなく，小売業でも広く使っている在庫管理手法である。ベンダーによる管理であることがポイントであり，アメリカのスーパーマーケットのウォールマートや，パソコンメーカーのデルが，この手法を積極的に導入していることで知られる。

　サプライヤーは，顧客の在庫データを参照し，顧客が求める在庫水準を維持する責任をもつ。定期的に計画された在庫棚卸を通じ，サプライヤーが，補充を行うプロセスによって実現される。実在庫がカウントされ，在庫はあらかじめ決められた水準まで補充される。ベンダーは，補充された在庫分の受領書を受け取り，それに従って顧客に請求書を発行する。

　VMIを実現するためには，サプライヤーが倉庫あるいは店舗の在庫データにアクセスできなければならない。つまり，企業間の情報共有が前提である。最近は，RFID（Radio Frequency IDentification）技術を駆使して，タグをつけた商品の販売状況もリアルタイムでモニタリングできるようになっている。たとえば，ユニクロの店舗の精算機もRFID技術を導入している。

　そして，サプライヤー側には，欠品が発生しないように，一定水準の在庫を維持する責任がある。部品在庫あるいは商品在庫そのものは，顧客企業の倉庫あるいは店舗にあるが，実際に顧客企業がその部品を使ったとき，あるいは，陳列されていた商品が販売されたときまで，在庫の所有権はサプライヤー側がもつ。

　VMIはサプライヤーが，日々，販売実績や倉庫からの出荷数の報告を受け，販売製品の補充を，在庫切れを起こすことなく，かつ，補充注文を受けることなく行うプロセスである。

　VMIは，以下のようなメリットをもつ。

　1点目に，関連コストが引き下げられる。サプライヤーも，顧客企業も，過剰な在庫を保持する必要がなくなり，生産計画の精度も上げられる。また，VMIによって，発注コスト，在庫管理コストも下げられる。在庫回転率も向上する。

　2点目に，サプライヤー側が顧客企業の現場をよく訪問することにつながり，顧客のオペレーションをよく理解することで，サービスの質もよくなる。

　このように，サプライチェーンの性能がよくなるメリットをもつVMIは，サプ

ライヤーと顧客企業間には明確な同意が必要であり，書面による正式の同意書を作成することが多い。同意書には，請求の手続き，予測手法，補充スケジュールだけではなく，欠品が発生した場合の責任所在についても明記される。

　＊　Continuous replenishment, rapid replenishment ともいう。

先述した EOQ モデルでは，このような不確実性を考慮していない。需要量に不確実性がある場合，最適発注量を求めることは困難である。

　ニュースベンダー・モデルでは，総費用の"期待値"を最小にすることを考える。

　　　新聞の仕入れ量＞需要量　→　売れ残り　→　「処分に費用がかかる」

　　　新聞の仕入れ量＜需要量　→　売り切れ　→　「販売機会損失」

　ニュースベンダー・モデルは，①「処分費用」と②「販売機会損失」の合計費用を最小にするモデルである。確率概念を導入することで，期待値を計算するところが，これまでのモデルと大きく異なる部分である。

　まず，新聞を110円で仕入れるとする。このコストは，発注部数の分だけかかる。そして，新聞の販売価格は決まっており，1部ごとに190円とする。新聞を1部販売したとき，80円（190円−110円）の利益が残る。売れ残った新聞は，90円で処分できるとする（salvage value）[(8)]。つまり，処分することになれば，20円の損失（90円−110円）が発生する。

　次に，需要モデルのことを考えよう。これがニュースベンダー・モデルの中核部分である。需要量がどれぐらいの水準になるかはわからない不確実性が存在するからである。新聞販売店は，そのランダムのことが起きる前に発注量を決めることになる。そして，処分コスト(Co)と販売機会損失コスト(Cu)といった相反する力（トレードオフ）の中でバランスを取らなければならない。そこで，前述したように，売れ残りの処分コスト（Co）が20円で，販売機会損失コスト（Cu）が80円であったことを想起しよう。

　　　Co ＝新聞1部当たりの売れ残りによる処分コスト（overage cost）＝20円

　　　Cu ＝新聞1部当たりの販売機会損失コスト（underage cost）＝80円

　新聞販売店が決めなければならない量を Q とすれば，期待利益を最大化す

るQの量は，以下の式で計算できる。

$$F(Q) = \frac{Cu}{Co+Cu}$$

考えてみましょう

①陳腐化される製品の事例を探してみよう。

②トヨタ生産方式のもう1つの柱である自働化について調べてみよう。

注

（1） 在庫保持，在庫不足，どちらもコストがかかることから，企業現場では，在庫を「必要悪」と呼ぶこともある。企業現場の在庫管理の実際については，平野（1991）を参照されたい。

（2） このチャートは，品質管理で紹介したQC7つ道具の1つであるパレートチャートを基にしている。

（3） EOQモデルの仮定は，現実と距離があることがわかる。

（4） もちろん，月間で計算してもよい。

（5） これを計算するためには，微分の作業が必要である。

（6） かんばんシステムの仕組みの詳細については青木（2007）と高松・具（2018）などを参照。

（7） 新聞売り子モデル，新聞少年モデルともいわれる。

（8） このような高値で処分することは難しいが，計算のために設定した価格である。

参考文献

青木幹晴，2007，『トヨタ生産工場のしくみ』日本実業出版社。

藤本隆宏，2001，『生産マネジメント入門Ⅰ：生産システム編』日経BPマネジメント（日本経済新聞出版本部）。

平野裕之，1991，『在庫管理の実際』日本経済新聞出版社。

Schroeder, R. G., Goldstein, S. M. and Rungtusanatham, M. J., 2010, *Operations Management: Contemporary Concepts and Cases*, 5th edition, McGraw-Hill Higer Education.

高松朋史・具承桓，2019，『第2版　コア・テキスト　経営管理』新世社。

第11章 フレキシビリティ
――不確実性と予期せぬ変化に対応する――

　予期せぬ市場の変化によって，あらかじめ立案した計画や戦略が当初の計画通りに進まない場合，企業に求められる能力は何でしょう。消費者のニーズや好みや需要数量，想定外の出来事など，企業を取り巻く環境要因の多様な変化を正確に予測することは困難です。そのため，予期せぬ変化や企業を取り巻く環境の「不確実性」に柔軟に対応できる組織能力（フレキシビリティ）が求められます。本章ではこの問題について考えます。

Keywords▶不確実性，フレキシビリティ，平準化，混流生産，サブアッセンブリー化，モジュール生産方式，モジュール設計

第1節　不確実性への対応能力

⌑1⌑ フレキシビリティ

　近年「想定外」という言葉をよく耳にする。想定外とは，事前に予測した範囲を超えることをいう。この言葉を最近になってよく耳にするようになったのは，事前に予測したものが外れたり，予測値の精度が悪くなったりしているということだろう。ビジネスおよび生産活動を行う際にも同じことが起こる。事前の情報に基づき，計画を立案・予測したものの，予測・予定通りにならないことがしばしば起きる。このことは，人間の認知能力と情報処理能力の限界にも影響されるが，予測困難さは多様な要因が複雑に絡み合い，その影響範囲と度合い，因果関係の不明確さ，不測の出来事などによる。これが企業活動の「不確実性（uncertainty）」を増幅させる。また，認識の範囲を超えて，多様な事柄を媒介し，時間をおいて影響を与えることがしばしば起こる「バタフライ

表11-1　環境の不確実性とフレキシビリティの必要性

	環境の不確実性	フレキシビリティ・ニーズ（必要性）
内部	機械故障，材料特性，部門間調整，資源獲得，輸送問題などの組織問題	設備・労働力・材料のフレキシビリティ，ルーチン及びプロセスのフレキシビリティ
外部	競争相手，消費者，技術，経済政策，製品市場，需要，社会，不確実な規制など	製品，規模，製品ミックス，納期，需要，市場のフレキシビリティを含む事業戦略，マーケティング戦略，生産戦略とのリンクしたフレキシビリティ

（出所）　Chang (2012).

効果（butterfly effect）」と呼ぶものが不確実性を増幅させる（**表11-1**）。

　生産活動をめぐる不確実性は，まず機械の故障，材料特性の変化，資源（労働力や資金，設備）獲得問題などに加え，諸機能部門との連携と調整問題といった内部要因に起因する。また競争相手および消費者行動や技術，社会の変化，マクロ経済政策（為替，税金，規制，産業政策など），直接的かつ急速な製品市場や需要量の変化といった外部要因が不確実性を増幅させる。こうした環境の不確実性に対して適応・応答する対応能力を「フレキシビリティ（flexibility）」という（Gupta and Goyal, 1989）。表11-1は，企業の内外部の不確実性とそれに対応する能力を示したものである。これらの要因を少し抽象化すると，予想・予測から外れた「変化の範囲（多様性）」と「時間のズレ」によって不確実性が生じるとみなすことができる。要するに，不確実性が高くなればなるほど，最終的にはパフォーマンスに負の影響を与えるため，不確実性への対処能力は重要な戦略的課題である。

［ 2 ］ 不確実性のタイプとフレキシビリティの多次元性・タイプ

　様々な文脈の中に不確実性は多様なタイプで現れる。そのタイプによってとるべき戦略的目的と対処方法が異なってくる。**表11-2**に示すように，生産戦略と関連する不確実性とそれぞれのタイプのフレキシビリティに対応する形で，戦略的目的と対策を講じる必要がある（Gerwin, 1993）。たとえばどのぐらいの製品種類であれば，市場需要の多様性に対応できるのか，その戦略的目的を具現化するためには，混合生産が適する（①の場合）。また予期せぬ製品総需

表11-2　不確実性のタイプとフレキシビリティの多次元性

不確実性のタイプ	戦略的目的	フレキシビリティの次元
①製品種類の市場の受け入れ度	・多様な製品生産ライン	・混合
②製品ライフサイクルの長さ	・製品イノベーション	・切り替え
③特定製品の特徴	・顧客層への反応力	・修正
④製品の総需要	・市場シェア	・規模（変動）
⑤設備のダウンタイム	・顧客の受け入れ期日	・ルーチンの見直し
⑥材料の特徴	・製品の品質	・材料
⑦不確実性のある変化	・戦略的適応性	・柔軟な対応力

（出所）　Gerwin（1993）より引用。

要の変動がある場合（表11-2の④），生産規模の変更を通じて市場シェアの維持や拡張という戦略的目標を達成できる。このように，フレキシビリティは多次元性の概念（multidimensional concept）であり，タイプによって異なる戦略的目標と対策が必要になる（Gerwin, 1993 ; Pérez, Bedia and Fernández, 2016）。

では，ここで生産活動と関連づけてフレキシビリティのタイプとその定義について整理しておこう。

生産活動に関わるフレキシビリティは，基礎的フレキシビリティ（BF），システムフレキシビリティ（SF），総量的フレキシビリティ（AF）に分けられる（表11-3）。これらは部品の次元から生産オペレーションを含むシステム，そして市場や生産戦略次元まで関係を示したものである。BFのマシーン，マテリアルハンドリング，オペレーション，SFのプロセス，製品，ルーチング，規模，拡張，AFのプログラム，生産，市場といった11個のフレキシビリティであり，これらは相互密接に関連している。

このことから，フレキシビリティ問題を考える際には，その対象や焦点となる戦略的目的に応じたアプローチが必要とされる。戦略的意思決定の際には，その対象である11個のタイプ（表11-3）のうち，どの問題に対してどのようなフレキシビリティを追求するかを決める必要がある。たとえば，「需要変動に対するフレキシビリティ」，「生産数量変動に対するフレキシビリティ」，「顧客ニーズの多様性に対するフレキシビリティ」，「コスト変動に対するフレキシビリティ」等々のように考えるべきである（藤本，2001）。

214

表11-3　多様なフレキシビリティの区分と定義

区分	フレキシビリティ（F）・タイプ	定　義
BF	・マシーン（機械・設備）F ・マテリアルシステムF ・オペレーションF	・多様な種類の作業が遂行可能な機械（設備）の能力 ・効率的に多様な部品タイプに転用できる能力 ・違う方法で部品の生産が可能な能力
SF	・プロセスF ・ルーチングF ・製品F ・規模F ・拡張	・主要なセットアップなしで，異なる部品セットが生産できる能力 ・システムを通じて代替的な方法によって部品を生産できる製造システムの能力 ・既存部品に対する新部品の代替または追加が可能なシステム能力 ・異なるすべてのアウトプットにおいて利益を出せるオペレーションが可能な製造システムの能力 ・必要に応じて容易に生産システムのケイパビリティと生産拡張できる
AF	・プログラムF ・生産F ・マーケットF	・長期間，ほぼ無人で稼働するシステム能力 ・大きな追加設備投資なしで，様々な種類の部品を生産するシステムの能力 ・市場環境の変化に適応する製造システムの能力

（出所）　Chang（2012）p.2136より引用。

３　競争力としてのフレキシビリティ，そしてパフォーマンス

　フレキシビリティへの関心が高くなったのは，顧客ニーズの多様化が顕著になった1980年代半ばごろからである。では，不確実性とフレキシビリティ，生産戦略，パフォーマンスの関係を全体図で把握しておこう。

　図11-1は，D. ガーウィン（Gerwin, 1993）によって提唱されたフレームワークである。[1]この図は環境の不確実性，生産戦略，フレキシビリティ，パフォーマンスの関係を示す。つまり，環境の不確実性に対応するための生産戦略，そして生産戦略におけるフレキシビリティの向上を通じて，市場が求める品質・コスト・納期などを満たしつつ，パフォーマンス向上を図らなければならない。攻略しようとするフレキシビリティのタイプによっては，製造コスト，品質，納期，製造サイクルタイム，顧客への対応力，新製品導入のタイミングの向上を図る対処法がとられる。また，そのプロセスは時間経過に伴う学習効果による能力向上と環境の再認識が伴うものとなっている。

　ここで生産戦略におけるフレキシビリティは，インプット要素（原材料や設

図11-1　不確実性への対応戦略としての生産のフレキシビリティ

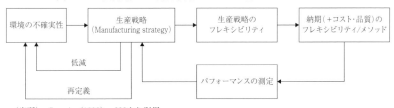

(出所)　Gerwin（1993）p.398より引用。

備，人員など）の状況と先進製造技術，情報技術の導入・活用状況にも左右されるところがあることも念頭に置いておこう。このフレキシビリティのある生産システムは，1980～90年代日本企業の競争力の向上につながったのである。

第2節　市場・需要側の変動要因

　1　規則変動

①景気変動

　景気変動は，経済状況によって消費者の購買力が変わり，需要量が変動するものである。景気が良くなると需要が上がり，逆に景気が鈍化すると需要量が低下する製品にみられる。たとえば，好景気には，高価な贅沢品やバックなどの需要が多くなる。

②季節変動

　季節変動は半年・四半期・月別・週別を周期に繰り返して変動が起きる需要変動を指す。たとえば，夏や夏目前に需要量が上がるエアコンや扇風機，ビール，そして冬の暖房機器やダウンジャケット，鍋物などが季節変動の代表的な製品であろう。また，クリスマスシーズンによく売れる子ども向けの商品や3～4月の転勤や入学などのイベントに伴う1人暮らし用の家電や家具，雑貨も季節変動の代表的なものである。

③循環変動

　循環変動はある期間を周期に起こる変動で，2～4年の長期トレンドで需要・受注が集中する半導体や造船が代表的な製品である。半導体産業には約4年の周期で需要変動が起こるシリコンサイクル（silicon cycle）と呼ばれる循環

変動がある。それに伴い，設備投資が行われるため，半導体サプライチェーンの川上の各種半導体製造装置の需要が増えたり，川下の家電やPC，携帯電話，通信産業の新モデルの投入と新規製品需要が高まったりする。また，大型船舶の場合，概ねその寿命が約20〜30年であるため，特定期間に注文が集中し，循環的に需要が集中する製品といえる。

［2］ 不規則変動

不規則変動は言葉の通り規則性のない変動を指す。たとえば，自然災害，事故，紛争や戦争，伝染病の流行，そして突然の顧客ニーズや好みの変化と一時的なブームなどによって起こる変動である。

新型コロナウイルス感染症（COVID-19）による初期に起きた爆発的なマスク需要が代表的な不規則変動の例であろう。またCOVID-19のため各国が講じた伝染病拡散防止政策による国境の閉鎖，それによる原材料や部品輸送の寸断，工場稼働中止，そして輸送手段であった航空便やコンテナの不足に起因する世界的な半導体不足も同様の例として捉えることができる。

他方，モバイルSNS時代には，芸能人や有名人などのオピニオンリーダーだけではなく，一般人も話題の製品やサービスなどについて積極的に発信することで流行が起きたりすることも少なくない。SNS時代は当該製品やサービスの伝播スピードが速く，急に需要が多くなりやすい。逆に，そうしたブームが突然消えることもある。たとえば，2018年ごろ若者に大流行したタピオカミルクティーはその好例ともいえよう。SNSによる口コミは大変な人気につながり，多くのお店が開店したが，輸入品である原材料がネックとなり，後発店はビジネスチャンスを失なった。

第3節　フレキシビリティ能力の向上策

［1］ 生産工程におけるフレキシビリティ向上活動

需要側の変化と多様性によるブレを，企業組織のどのような活動や段階で吸収するかについて考えてみよう。まず，生産工程における数量変動と品種の多様性に対するフレキシビリティを向上させる取組みについて，次に製品開発プ

ロセスの上流ステージの設計段階で講じられるモジュール設計（modular design）手法による品種の多様性の吸収方法について解説する。

①総需要（数量）変動への対応

予測需要から超過（または不足）数量が発生すると，迅速に超過分の需要数量に対して，労働者と設備，生産ラインの調整などを通じて対応が求められる。

・労働側の量的・質的調整：従業員数や，作業時間の調整，シフト制の変更などを通じて対応する量的調整方法である。従業員数の調整の場合，業務量が集中するときに人員を増やし，閑散期には雇用を減らせる雇用システム（期間工やパート，アルバイト）が必要とされる。このような方法は，賃金上昇圧力を回避するバッファーとしての機能もあるため，社会的な批判もある。また，個々の従業員の熟練度の向上を通じてサイクルタイムを短縮させる質的調整法も取れる。いずれにしてもこれらの方法は労働者や作業員にフレキシビリティをもたせる方法で，協調的な労使関係が前提となる。

・設備の稼働率：同一生産設備や装置から生産数量を増やすためには，当該設備・装置が止まらず稼働・運転する時間（稼働率）を増やすことで対応できる。もちろん，均質な品質の達成が前提となるため，装置や設備の運用時間に伴い，起こりうる機械のトラブルを事前に探知したり，メンテナンスしておく「予防保全」活動が設備稼働率向上に必要となる。近年は，AI（人口知能）とセンサー技術を活用し，事前にしかるべき処置をとる予防保全活動が実施される現場も増えつつある。また，稼働率向上のため，直接的な付加価値を生まない時間の低減をする。複数の製品を一定のロット数ごとに，製造に伴う加工機や設備，治具などの変更という「段取り替え」時間を短縮させる。たとえば，金型交換のとき，機械と設備の稼働中もしくは作業員の作業中に行う「外段取り」が稼働率向上につながる。

②生産量および作業量の平準化による対応

時期によって生産量に波がある場合，生産量の増加に伴う作業量が増えたり，生産量の低下により作業量が減ったりする。そこで，需要集中期の生産量を，停滞時期に割り振ることによって，期間全体にわたって一定の生産量と作業量を維持しようとするのが平準化生産である。つまり，需要集中期（A）に

218

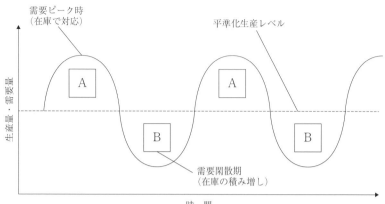

図11-2　平準化生産の考え方

需要ピーク時
（在庫で対応）

平準化生産レベル

生産量・需要量

A

A

B

B

需要閑散期
（在庫の積み増し）

時　間

（注）　Aは需要集中期を，Bは需要停滞期を表す。
（出所）　富田・糸久（2015）p.145図表7.1を参考に筆者作成。

は，需要停滞期（B）に作っておいた物量の在庫で対応し，需要停滞期にはピーク期に備えて在庫の積み増しをすることで一定の稼働率と作業量をほぼ同様にしておくことである。

　平準化生産の発想は，これまでみた時間軸における生産量の均等化を図るだけではなく，従業員間の作業量の均等化と，工程間（前工程と後工程）の作業量の均等化などにも適用でき，淀みのない流れづくりに寄与する。図11-2の見方を変えると，Aは作業能力を超える「ムリ」の区間であり，Bは作業能力を下回る「ムダ」な区間（手持ち）である。こうしたムリやムダの区間（TPSでは「ムラ」という）をなくし，なるべく作業量を工程間または作業間で均等にする生産の平準化を図る。

　ランドセルの例を挙げてみよう（図11-3）。2021年4月に小学校に進学する児童向けのランドセルの購入時期をみると，入学時より10〜6カ月ほど早い時期に購入されていることがわかる。ランドセルの需要が集中する時期は5〜10月の間で，需要ピーク時に比べて11〜4月の間は需要が非常に低く，年間を通して需要量の変動が激しい。ランドセルのように，季節および循環変動のある製品製造の場合，最も需要量の高い時点と低い時点でバラつきが発生する。

図11-3　2021年のランドセルの購入時期に関する調査結果

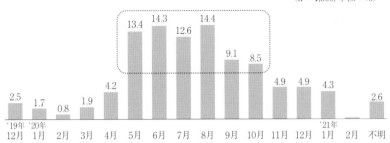

（注）　2021年：2月の聴取なし。
（出所）　一般社団法人日本ランドセル工業会 HP「ランドセル購入に関する調査 2021年」（2022年 2 月閲覧）。

　企業にとって，どの時点の需要量に合わせて，設備や生産能力を設定するかが問題となる。同時に人員動員数も変わってくる。時期によって需要変動が激しい製品の場合，ピーク時の需要量に合わせて，生産能力と人員を配置すると，需要停滞期になると稼働率が低下すると同時に，余剰人員が発生することになる。逆に需要停滞期に合わせると，ピーク時の需要に対応できなくなってしまう。そこで，年間を通じて，均等な量を生産するのが望ましい。この考え方が「平準化生産」である。

　平準化生産の期間を日単位で考えると，全工程をとおしてサイクルタイム（稼働時間 / 生産必要量[3]）中心の工程を編成し，生産を行うことである。言い換えれば，作業負荷と作業能力をなるべく一致させることである。このような平準化生産の発想は，日，週，月，四半期などの期間に適用させることもできる。要するに，平準化生産は人や設備の無駄をなくすと同時に在庫品の数を減らし，原材料や部品の使用量を安定させ，仕掛品や在庫品を削減できる。

③多品種生産の平準化

　一品生産の平準化はそれほど困難な問題ではない。ところが，製品発売後，製品ライフサイクルの進展と参入企業が増加するにつれ，色やオプションのバリエーションを増やしながら多様なニーズを企業は獲得しようとする。この問題に対して，あらかじめ骨格となるものを決めて，標準製品のバリエーションや種類を増やしながら，多品種生産を行う場合が多い。

表11-4　多品種製品の標準化生産の例

(単位：個)

計画\製品	月	週	日	直	単位時間
	20日	5日	1日	0.5日	0.1日
A	800	200	40	20	4
B	400	100	20	10	2
C	200	50	10	5	1

月1生産（①）	⇒	月に1回生産	A：800個，B：400個，C：200個
週1生産（②）	⇒	1週間に1回生産	A：200個，B：100個，C：50個
毎日生産（③）	⇒	毎日1回生産	A：40個，B：20個，C：10個
小ロット（④）	⇒	10回繰り返し生産	A-B-A-C-A-B-A 順

（注）　「直」は勤務時間のシフト，「旬」は10日間である。
（出所）　菅間（2003）p.155に基づき，一部筆者修正作成引用。

　では，具体的にどのような方法で多品種の平準化生産を行うかについて見てみよう。

　表11-4 の例のように，製品 A, B, C を月ベースでそれぞれ800個，400個，200個生産しようとする企業があるとしよう。稼働時間は月20日で1日8時間（480分）という仮定で，3つの製品を標準作業に基づいて生産する場合，週，日，直，単位時間当たりの必要生産個数量を計算したものである。平準化生産を図ろうとしたら，必要とされる生産量に対して，どのくらいの時間を基準に，生産の平準化を行うかを計算する。その後，製品モデルの生産の順番と時間，そして製品別に必要とされる材料と部品の順番と作業時間を考慮し，平準化生産を決めることになる。

　ここでは，複数モデルの異なる数量に対して，生産をすべき基準期間（月，〔旬〕，週，日，直）を設定し，ロット生産単位を決め，平準化生産を行う例を説明する。まず，月基準で必要生産量を決めて，生産することになると，①のように，製品 A を800個，製品 B を400個，製品 C を200個，製造するように計画を立てる。週基準（②）では，製品 A を200個，製品 B を100個，製品 C を

50個，そして日（デイリー）基準（③）では，製品 A を40個，製品 B を20個，製品 C を10個生産するようにする。期間内であれば，どの製品のロットを先にしたり後にしたりするかは問題ない。月から週，日基準に生産ロットをより細分化していき，最終的に小ロット生産（④）が可能になる。一般的にはロット単位をなるべく小さくすることが無駄を省き，コスト削減にもつながる。その点で，小ロット生産（④）はトヨタ生産システムの根幹ともいう JIT 生産の中核要素になる。

② 生産工程における工数調整と複雑性の低減
①混流生産における工数差の調整

　新製品開発の際，いくつかの製品モデルをつくり，多様な顧客ニーズの獲得を図る。しかし，2007年スマートフォンとして世界で初めて発売され，610万台が売れた初代の iPhone は単一モデルだった。1つのモデルだが，その革新性が顧客の心をとらえたわけである。一般的に，PLC が進むにつれ，様々な企業が市場に参入すると，機能性や色，大きさ，容量，デザインなどのバリエーションが増え，多様なニーズに対応しようとし，製品モデル数とバリエーションを増やす。モデル別に専用ラインを設け，対応しようとすると，生産拡張に伴う設備購入と人員配置に追加投資が必要になる。

　そこで，製品別専用ラインを設けず，既存の製造ラインで複数の製品モデルを生産する方法がとられる。これを混流生産という。混流生産は追加投資コストを抑えるメリットがあるものの，各製品モデルにかかる作業量が異なるため，同じラインで生産しようとすると，製品モデル間の作業量の差を調整し，装着部品やオプションによる製品間の工数差を吸収できる生産ラインにしなければならない。

　ここで，まず工数について簡単に説明しておこう。工数とは，「ある作業を完了させるために要する作業量」と定義される指標である。よって，工数は作業員数（n）と作業時間（h）の掛け算で表す（工数＝作業員数（n）×時間（h））。精度の高い工数管理は，より効率的な工程作業表の作成ができる。精度の高い工数管理レベルを維持するためには，学習効果を最大化する組織の取組みが重要である。ヒト（作業員）の熟練度や作業組織の柔軟性にも影響を受ける。製

品の工数を考慮し，ロット単位を決め，製造を図る。より工程管理が精緻化すれば，小ロットでの生産を図ることができよう。

②サブアッセンブリーライン化

製造ラインにおいて工数の調整手段として使われるもう１つの手段はサブアッセンブリー化（「サブライン」または「サブアッシー」とも呼ぶ）である。サブアッセンブリーは，メインラインから一定の作業量を切り離し，別のラインを設け，そこであらかじめ組立もしくは加工作業を行い，メインラインに投入する方法を指す。

たとえば，代表的なサブアッセンブリーラインとしては，自動車工場のドアのサブアッセンブリーが挙げられよう。自動車の製造プロセスをみると，プレス工程後，外板の組付け後，車体は塗装工程に運ばれる。塗装が終わった車体は，トリムラインに運ばれ，そこで一旦車体からドア部分を切り離して，車体はトリムラインへ，ドア部分はサブアッセンブリーラインで組み立てられ，再度トリムラインの後半で，車体に締め付けられる。このサブライン化は車体の室内空間での部品装着の作業性向上のために行っている。当然ながら，混流生産の場合は，ドアの組み立てラインも混流生産となり，メインラインの車両の順序と同じになるように組立ラインでの生産計画を立てることになる。

一方，サブアッセンブリーをより拡張したやり方が1990年代後半から広く採用された「モジュール生産方式[5]」と呼ばれるものである。この方法は，車体の一定部分（モジュールと呼ぶ）を固まりにし，それを分割して，あらかじめ別のラインでその単位ごとに部品やユニットを装着・組立を行った上，固まりごとに投入し，車体に簡単に装着する方式である。

③SPS方式

他に，混流生産の際の製品間の工数差を調整するSPS（Set Parts Supply）と呼ばれる方式がある（野村，2015）。多様な製品を流しながら製造する多品種混流生産体制だと，製品別に必要とされる部品が工程ごとに供給される必要があるが，その種類や数も多くなると，混流の度合いや工程別作業量により，メインラインでの複雑性が増加し，問題を引き起こす可能性がある。つまり，あらかじめ組立に使われる部品などをピッキングし，セットにして，組立の製品と所要部品を紐づけて，生産ラインに流し，工数差の調整と品質向上を図ろうと

する方式である。よって，部品のピッキング作業は，メインラインの外側に設けた部品補完エリアで専門作業員により行われ，AGV（無人搬送機）や作業員によってメインラインに投入される。SPS は混流生産時に起こりやすい部品の誤装着を防ぐ効果がある。

④モジュール設計によるフレキシビリティの確保

　工場や生産ラインにおいて不確実性を吸収し，フレキシビリティを高める方法以外に，「モジュール設計」を用いて製品のフレキシビリティを高める手法がある。「モジュール（module）」とは「製品システムから切り離せる（準）分離可能な単位（モジュール）にし，その単位ごとに分業ができ，搬送，装着，設置が可能なチャンク（固まり）」を指す（Ulrich, 1995; 具，2008）。その単位は機能完結的なもので，さらにそれらのモジュール間のインターフェースを標準化しておけば，モジュール単位間の調整があまり要らず，いくつかのモジュールの組み合わせによって，多様な製品のバリエーションを作り出すことができ，開発リードタイムの短縮も図れるとともに，生産ラインでの複雑性も低減できる。デンマークの玩具会社レゴ社のレゴブロックが典型的な例である。他にもPC，タブレット，スマートフォンなどの情報通信機器，そしてハウスメーカーの住宅，浴槽，オフィス家具，食品などにもみられる。

　たとえば，幼い頃，多くの人はタカラトミーのプラレールで遊んだ記憶があるだろう。プラレールの鉄道車両は実社会の電車の種類に匹敵するぐらい多様性に富んでいる。タカラトミーは，どのように子どもの欲しがる鉄道車両を次々と発売し，豊富な品揃えで魅力を創り出せるのか。その背後にはモジュール設計の思想が潜んでいる。**図11-4** のように，プラレールは車両の顔となる上部と，車輪とモータ（先頭車両のみが搭載）で構成される 2〜3 種類の車台（下部）がある。つまり，2〜3 種類の車台を共通に利用し，上部と下部は標準化インターフェースを用いて簡単に結合できる構造で，多様な上部により，顧客ニーズを捉えている。

　また，カップ麺でも同じ考えがみえる。カップ麺は麺，スープ，入れ物の大きく3つで構成される。いくつかの麺類と違う風味や味を出すスープと具材で多様なカップ麺を生産販売している。麺2種類，スープ4種類（カレー，海鮮，塩，醤油），具材3種類だとすると，カップ麺の種類の理論的な組み合わせ数

図11-4　タカラトミー社のプラレールのモジュール構造

（出所）　筆者撮影。

は，2×4×3の24種類が作り出せる，モジュール設計になっている。

［ 3 ］ 生産要素と部門間連携によるフレキシビリティ

①ヒトによるフレキシビリティ：多能工

　従業員数や労働時間増以外に複雑性に対応する方法は，複数の工程作業また
は複数の製品の加工・組立作業が可能な「多能工（Multi-skilled worker）」と呼
ばれる作業員によって，市場環境の変動を吸収することである。多様な製品か
つ多様な加工や組立の作業ができるようになるためにも熟練が要る。そこで，
生産現場ではジョブローテションを通じて経験と学習を重ねることで熟練の形
成を図る場合が多い。

　多能工は多品種少量生産の実現のための重要な組織資源である。第1章で説
明したように，単一製品の大量生産の場合，工程を細分化し，特定の作業に特
化した単能工を中心とした作業組織になるが，多品種少量生産の場合，多様な
製品の切り替えや作業量の変更に対応できる多能工がより効果的な手法となる
（Piore and Sabel, 1984）。

　近年は，注文頻度が少ないものについては，熟練形成の機会が少ないことか
ら，動画を撮り，ビジュアルの形を見せながら作業指示ができるような工程を
導入し，熟練不足の問題に対応している現場が増えている。そして，高熟練の
多能工を活用すると，製品別の生産量の変動が大きい生産に向いたU字ライ
ンやセル生産方式の採用が容易になる。よって，多品種少量生産システム構築
には多能工養成が重要になる。

②設備と材料のフレキシビリティ

　設備または装置・機械にフレキシビリティをもたせるのは，多様な製品の加
工，組立作業に対応できる高い汎用性のある設備・装置の配置である。たとえ

ば，汎用性の高い多関節ロボットや治具，旋盤，マシニングセンターなどが用いることで実現できる。マシニングセンターは機械の中に加工材料をセットし，設計図面の形状をコンピューターに取り入れ，数値制御を通じて刃物・工具の選択と回転を行いながら，フライス削り，穴あけ，ねじ立て，リーマ仕上げなどの多種類加工を連続で行える NC 工作機械(Numerically Control)を指す。NC 旋盤機能は，工具の自動交換をしながら，切削，穴開け，穴掘りなどが1つの装置で対応でき，複雑な形状のものを加工できるように飛躍的に発展してきた。

　同じ原理で，汎用性の高い材料を用いて多様な製品に展開できる「汎用性材料」の採用は，サプライチェーン寸断によるダメージの軽減と有利な立場で価格交渉が可能となるメリットがある。

③部門間連携によるフレキシビリティ

　企業が，顧客の好む色や機能，形，数量までを事前に予測することは非常に困難である。たとえば，ファッション製品の場合は，売れ筋を見極めながら，製品品目を絞り込み，迅速に生産できる体制になることが望ましい。この方法は生産部門だけではなく，マーケティングや販売部門との緊密な情報のやり取りがなければ実現できない。

　ZARA は ICT を活用して市場動向を素早くキャッチ・分析し，サプライチェーンの柔軟な対応と生産スピードのアップで市場変化に対応している(Ferdows, Lewis, and Machuca, 2004; Girotra and Netessine, 2011)。この点で，ZARA は企業全体において高いフレキシビリティを有し，それを武器にしている企業ともいえよう。

（考えてみましょう）
①季節変動または景気変動が激しい製品の代表的な例を挙げ，生産ラインの形態と重視すべき戦略的課題について考えてみましょう。
②生産のフレキシビリティとモジュール設計との関連性について考えてみましょう。

注
（1）　彼は Child（1972）と Skinner（1985）を参照し，企業レベルでのフレームワークを提示している。

（2）　段取り替えは大きく機械やラインを停止して行う「内段取り」と，機械と設備の稼働中もしくは作業員の作業中に行う「外段取り」に分けられる。

（3）　サイクルタイムの計算をやってみよう。月の稼働日が20日で，日の稼働時間が480分（8時間）で，製品の生産必要数量が1600個だとすると，1日当たりの必要数量は1600個÷20日＝80個で，サイクルタイムは480分÷80個＝6分となる。

（4）　ロットは「等しい条件下で生産され，または生産されたと思われる品物の集まり」（JIS Z8101）と定義される。つまり，ロットは1回準備をして一緒に生産される物量を指す。また，ロットはその目的によって購買ロット，生産ロット，運搬ロット，検査ロットなどの言い方でも使われる（「絵で見てわかる工場管理・現場用語辞典」編集委員会（1998）。

（5）　一般的に，情報通信産業における「モジュール」は標準インターフェースをもつ機能完結性を有する単位を指す。しかし，自動車産業におけるモジュール生産は，機能の分離可能な単位にするには困難なものが多い製品であるため，自動車の車体（製品システム）から切り離して作業，運搬が可能な構造一体的な単位をも含む。自動車産業のモジュール生産方式とそのマネジメントに関する詳細は具(2008)を参照されたい。

参考文献

Chang, A., 2012, "Prioritising the Types of Manufacturing Flexibility in an Uncertain Environment," *International Journal of Production Research*, 50（8），2133-2149.

Child, J., 1972, "Organizational Structure, Environment and Performance: The Role of Strategic Choice," *Sociology*, 6，1 -22.

Das, A., 2001, "Towards Theory Building in Manufacturing Flexibility," *International Journal of Production Research*, 39（18），4153-4177.

「絵で見てわかる工場管理・現場用語辞典」編集委員会，1998，『絵で見てわかる工場管理・現場用語辞典』日刊工業新聞社。

Ferdows, K., Lewis, M. A. and Machuca, J. A.D., 2004, "Rapid-Fire Fulfillment", *Harvard Business Review*, 82（11），104-117.

藤本隆宏，2001，『生産マネジメント入門 I ：基礎編』日本経済新聞社。

Gerwin, D., 1993, "Manufacturing Flexibility: A Strategic Perspective," *Management Science*, 39（4），395-410.

Girotra, K. and Netessine, S., 2011, "How to Build Risk into Your Business Model," *Harvard Business Review*, 89（5），100-105.

具承桓，2008，『製品アーキテクチャのダイナミズム：モジュール化・知識統合・企業間連携』ミネルヴァ書房。

Gupta, Y. P. and Goyal, S., 1989, "Flexibility of Manufacturing Systems: Concept and Measurement," *European Journal of Operational Research*, 43, 119-135.

野村俊郎，2015，『トヨタの新興国車 IMV：そのイノベーション戦略と組織』文眞堂。

Pérez Pérez, M., Serrano Bedia, A. M. and López Fernández, M. C., 2016, "A Review of Manufacturing Flexibility: Systematising the concept," *International Journal of*

Production Research, 54（10）, 1 -16.

Piore, M.J. and Sabel, C. F., 1984, *The Second Industrial Divide*, Basic books.

Sethi, A. K. and Sethi, S. P., 1990, "Flexibility in Manufacturing: A survey," *International Journal of Flexible Manufacturing Systems*, 2, 289-328.

Skinner, W., 1985, *Manufacturing: The Formidable Competitive Weapon*, John Wiley.

菅間正二, 2003, 『図解よくわかるこれからの生産管理』同文舘。

富田純一・糸久正人, 2015, 『コア・テキスト　生産管理』新世社。

Ulrich, K., 1995, "The role of product architecture in the manufacturing firm," *Research Policy*, 24（3）, 419-440.

第12章 サプライチェーン・マネジメント
——淀みのない流れを企業間でつくる——

　生産活動は自社単独で行うことは稀です。多様な材料や部品を外部企業に依存しているのが一般的です。そのため，川上から川下までの参画企業から，調達やロジスティック，そして効率的な仕組み構築が生産活動を支援することに留まらず，企業競争力とパフォーマンス向上に貢献します。本章では，こうしたサプライチェーンを理解するための基礎的な概念とプロセスの全体図，サプライチェーンのドライバー，そして異常や危機に強いサプライチェーン構築，持続可能性などについて学びます。

Keywords▶サプライチェーン，サプライチェーン・プロセス，サプライチェーン・ドライバー，ブルウィップ効果，プッシュ方式，プル方式，プッシュ・プル方式，持続可能なサプライチェーン

第1節　サプライチェーン・マネジメントの全体図とプロセス

1　サプライチェーン・マネジメントの範囲と競争力

　サプライチェーン・マネジメント（Supply Chain Management：SCM）が台頭したのは1980年代後半だったが，1990年代から急速に進んだ生産活動のグローバル化や国際分業の進展の中でSCMに対する関心はさらに高まった。それ以前は調達，流通，保全，在庫管理を対象に，輸送，倉庫，補完，積載業務などといった実務レベルを対象に，現場作業の手順や効率化などを扱うロジスティクス・オペレーション・マネジメント（Logistics and Operation Management：LOM）分野であった。現在は，SCMはLOMを含め，生産マネジメント論と密接な関係にある分野として見なされている。

　実際に，SCMの重要性を物語る出来事が近年多く起きている。2021年上半

期，多くの自動車メーカーは減産もしくは工場の稼働停止を余儀なくされた。COVID-19によるパンデミック，ウクライナ戦争，地政学リスクなどによる海外からの部品供給不足が主な原因であった。たとえば，半導体不足によって自動車メーカーだけでなく家電産業も生産・稼働停止，減産状況に陥り，顧客は商品購入に数カ月または1年を超して待つこととなった。こうしたことは，完成品メーカーが円滑に生産活動を行うためには，自社の企業境界を超え，多様な部品や原材料の生産を担うサプライヤーや販売企業までも自社のマネジメント範囲に入れることが重要であることを物語る。

　サプライチェーン（供給連鎖）とは，製品が市場の顧客に届くまでの諸活動と調整を行う企業のネットワークを指す（Hugos, 2018）。より厳格に定義すると，企業内および複数の関連企業にわたって，顧客満足のためのサービスあるいは製品を生産する相互に関連する一連のプロセスである（Krajewski, Ritzman and Malhotra, 2010）。そして，原材料から最終顧客までのサプライチェーン全体を捉え，企業や組織の壁を超えてプロセスの全体の最適化を目的とするのがSCM である。数多くの構成部品を外部から調達し，生産活動を行い，顧客まで届ける全プロセスを簡単に要約すると，供給者，生産者，分配者，小売業者，顧客にまで届く流れとなる。このプロセスにはロジスティクス業者や倉庫業者，そして製品開発を担う製品企画と市場調査，決済関連のファイナンスプロバイダーなども参画する（図12- 1）。

　言い換えると，SCM は顧客注文，生産および在庫，受発注，輸送状況などの情報が多様なサプライチェーン参加主体に行き渡り，実際に製品やサービスの移動が伴う活動を行い，必要な顧客・場所に，必要な製品とその量を，必要な時期に問題なく届けることを目的とするマネジメントである。その点で，SCM は各段階に参画する企業組織（専門業者）が相互緊密につながるネットワークであり，淀みのない情報とモノの流れが形成できる仕組みの設計とオペレーションを通じて，個別段階の部分的・局部的なパフォーマンス向上ではなく，サプライチェーン収益性（＝顧客価値—サプライチェーンコスト）の向上と全体最適化を目指す。

　そのため，製品の構成部品数やモデル数，生産地が分散していればいるほど，そのマネジメントの複雑性も増す。このようなテーマを扱うのが SCM で

図12-1　広義のサプライチェーン

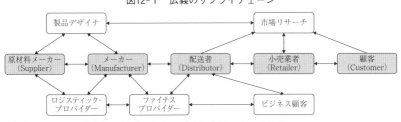

（注）　1：↔：モノと情報（受発注・在庫・売れ行きなど）の流れを示す。
　　　　2：色付き：狭義のサプライチェーンを表す。
（出所）　Hugos（2018）p.26より引用。

あり，製品差別化が一時的なものになる可能性があることに対して，仕組みによる競争優位に立つ戦略である。

2　サプライチェーンの全体図とSCM

ここでは，主に受注生産に基づいて生産活動を行う自動車メーカーの例を取り上げ，サプライチェーンの全体図を把握しておこう。受注生産の場合，顧客からの注文情報（車種，グレード，色，オプションなど）が起点となる。メーカーは，顧客の注文を受けると，エンジンのような部品は社内で生産（内製）するが，ハンドルや電池などの約7割の部品はTier 1（1次サプライヤー）に発注する。その注文を受けたTier 1は，ハンドルや電池の生産のために必要な構成部品をTier 2から購買もしくは注文（生産依頼）する。さらにTier 2は当該部品の生産に必要な材料などを原材料メーカーに注文することになる。逆に，生産物は，原材料メーカー，Tier 2，Tier 1の順に生産，納入され，最終的に自動車メーカーに納入される。そして注文情報に合わせて加工組立，生産，品質チェックを経て出荷される。その後，完成品がディーラー（小売業者）に搬送され，顧客に引き渡される（**図12-2**）。

これらの流れから，SCMの中身はものの流れだけではなく，生産活動の主体との間で顧客注文情報が，生産（指示）および調達，販売実績情報などに変換されながら，密接な情報のコミュニケーションが背後で行われていること，そしてサプライチェーンの各段階の状況に関する情報のやりとりに関するマネジメントも含まれることに注意を払うべきである。

図12-2　自動車メーカーのサプライチェーン（概念図）

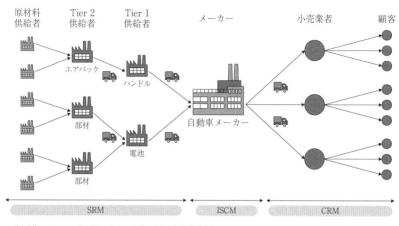

（出所）　Chopra（2019，7 th eds.）p.16より加筆修正。

　以上でみたように，サプライチェーンは自社（完成品メーカー）を起点に，川上のサプライヤーと生産物を購買する顧客との関係管理が必要とされる。つまり，SCM は大きく以下の3つのプロセスに対するマネジメントが必要になる（Chopra，2019）。

・サプライヤー関係管理（Supplier Relationship Management：SRM）
　　企業と供給者（サプライヤー）との間の連携プロセスにおけるマネジメント事項で，資源，交渉，購買，設計および供給協調などの管理（インバウンド業務という）が含まれる。SRM における生産中断，低品質，硬直的な供給量，生産ラインの変更が起こると，供給側の不確実性が増すことになる。

・内部サプライチェーン管理（Internal Supply Chain Management：ISCM）
　　当該企業内部における戦略立案，需要および供給計画，生産活動に伴うロジスティクス，部材料の生産ラインへの供給，運搬，保全，在庫，保管などの管理にかかわるものが含まれる。他に内製部品の生産も含まれる。

・顧客関係管理（Customer Relationship Management：CRM）
　　顧客管理，価格設定，受注，配送，請求，アフタサービス，リコール管理などの業務（アウトバンド業務という）がある。需要量の変動や販売チャ

ネルなどの増減要求品質レベル増加，新製品志向が生じるとサプライ
チェーンの（需要側）不確実性が高まる。

一方，各段階との間は，輸送モード（トラックや鉄道，航空機，船舶）を選択
し，搬送業務によってモノの移動が行われる。生産拠点と倉庫などの立地選択
の際，道路や鉄道，空港，港湾，運河などの交通インフラの整備水準がSCM
のパフォーマンスと深く関係する。

ところが，既存のサプライチェーンや供給（調達）先は，市場・技術環境の
変化につれリデザインされることもしばしばある。新製品の導入の際，新技術
の成果を反映した新規材料や部品が加わる。そのため，供給先も変わる。たと
えば，アップル社のサプライヤー数の変化をみると，2012年（staista 基準）の
211社の内，米国61社（28.9%），台湾49社（23.2%），日本45社（21.3%），中国8
社（3.8%），韓国11社（5.2%），その他37社（17.5%）だったが，2021年時点（部
品点数ベース）で，上位200社の内，香港を含む中国に拠点を置く企業51社
（25.5%），台湾48社（24%），日本38社（19%），米国38社（19%），韓国18社（9%）
などへ変わった。世界中に供給先は分散するが，サプライヤーはモデルの変化
に伴い変わってきたことがわかる。

第2節　SCM戦略と戦略的適合

1 製品特徴とSCM戦略：効率性と市場対応力

SCM戦略の遂行に当たり，最も考慮すべき重要な要因は「製品の特徴」と
される。製品の特徴は，需要のパターン，需要量，価格，製品設計，価格，在
庫，リードタイムなどにも影響する。よって，製品の特徴による需要パターン
に適したSCM戦略の展開が求められる。

製品は，主に機能的（functional）製品と革新的（innovative）製品に分けられ
る（Fisher, 1997）。その特徴によって需要（市場）の不確実性と深く関係する。
そのため，機能的製品は「効率性（efficiency）」が，革新的製品は「市場対応力
（market-responsiveness）」がSCM戦略の焦点となり，必要な諸機能戦略の違い
となる。

機能性重視製品は，製菓，文房具，トイレタリーなど，汎用性の高い工業製

品である。成熟製品が多く，直接的な競争度合いも低い。需要が安定しているため，予測可能性も高い。低価格ニーズに対応するため，規模の経済性を重視し，最低限の在庫による低コスト戦略を遂行する。ロケーションも広範囲をカバーできるところに立地を選び，大量輸送を行うことを基本とする。したがって，この類の製品は，サプライチェーン全体のコストパフォーマンスの向上，すなわち効率性重視戦略がとられる傾向がある。

　次に，革新性重視製品は，市場の成熟度が低く，直接的な競争が低いため，利益が高い。しかしながら，需要の不確実性が高く，需要予測が困難であるため，在庫不足や供給過剰を起こす可能性がある。このような製品の場合，スピード，柔軟性，信頼性，品質重視を実現できる製品設計および生産戦略を講じることが求められる。また，市場需要変動や不確実性に迅速に柔軟に対応できる能力が必要となるため，市場に隣接した形態をとり，コストを掛けても需要・ニーズに俊敏な対応が重視される。すなわち市場対応力がサプライチェーン戦略の焦点となる。そのため，需要に応じて輸送頻度も多くなり，輸送モードもスピード優先となる。たとえば，スマートウォッチやVRゴーグル機器などの革新的な新規製品が当てはまる。

　要するに，製品・サービスの特徴による需要の不確実性との関係を理解し，サプライチェーン全体に通して，製品設計，生産，価格，在庫，リードタイム戦略，サプライヤー戦略が異なることに注意を払うべきであろう。その点で，SCMは競争力を左右する主要な武器といえよう。

［2］ SCMの戦略的適合とトリプルサプライチェーン

　製品特徴による需要の不確実性は，2つに明確に区別されるものもあれば，2つの側面が混在する製品もある。そのため，「需要の不確実性の度合い（≠予測可能な需要）」と「市場対応力と効率性」という2つの軸を同時に考慮しながら現実の製品のポジションを考えると，「戦略的適合ゾーン」というスペクトラムの中に位置することが一般的である（Chopra, 2019）。よって，自社製品の特徴がどのようなものなのかを判断し，サプライチェーンの設計と資源配分，オペレーションを支援できるサプライチェーン戦略を講じるべきであろう（図12-3）。

図12-3　戦略的適合ゾーンの探索

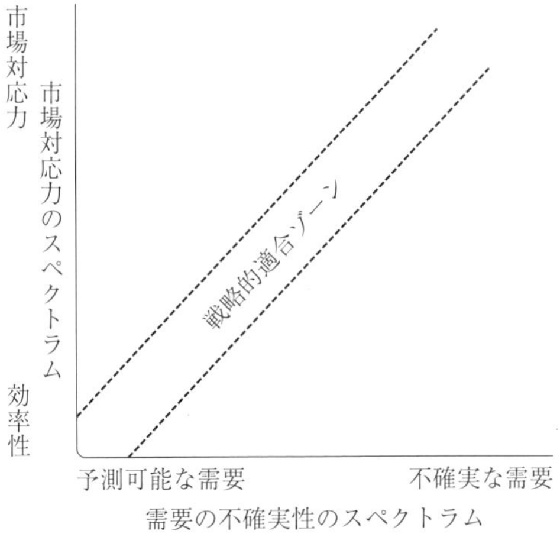

（出所）　Chopra（2019）p.42より引用。

　たとえば，世界最大の家具量販店であるスウェーデンのIKEA社は，サプライチェーンの不確実性を在庫と大きなストアで吸収している。それによって，生産者が抱える不確実性を少なくし，コスト重視の効率性に焦点を当てた生産者でサプライチェーンを構築し，戦略的な適合ゾーンにフィットさせている。

第3節　SCMの業務サイクルとドライバー

1　SCM業務遂行の4つのサイクル

　実際に，SCM運用は計画（plan），ソーシング（sourcing）→生産（make）→納品（deliver）→計画……の4つの業務カテゴリーの循環サイクルによって実行される（Hugos, 2018）。「計画」は，他の3つのカテゴリーの業務において関わる計画を立案すること，需要予測，製品価格策定，在庫管理などが含まれる。次に，「ソーシング」は必要な材料や部品，設備の外注・調達業務と資金確保など，サプライチェーンの効率性に大きな影響を与える業務である。「生産」は，サプライチェーンが提供する製品とサービスの開発業務で，製品デザ

図12-4　サプライチェーンの5つのドライバー

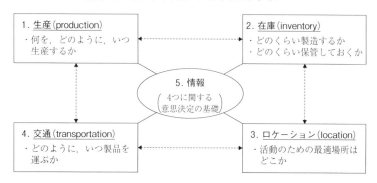

（出所）　Hugos（2018）p.17より筆者作成。

イン，生産管理，施設・設備管理が含まれる。最後に，「配送」は顧客まで製品を届ける業務と返品処理業務を指す。

2　SCM を動かす5つのドライバー

　サプライチェーンの能力（ケイパビリティ）向上のためには，SCM の構成要素もしくは「ドライバー」と呼ばれるものの能力向上が深く関係する。そのドライバーとは，**図12-4**に示す，生産，在庫，ロケーション，交通，そして情報の5つである（Hugos, 2018）。

　①生産

　どの製品を，いつ，どこで，どのくらい必要とされるかに関する市場需要を予測し，生産計画を立案する。その上，生産能力と労働力を確保する活動や品質管理，メンテナンス，調達業務が含まれる。その時，ブルウィップ効果（bull-whip effect）[1]を考慮する必要がある。

　②在庫

　サプライチェーンの各段階において，どの製品品目をどのくらいの量でどこに保有するかに関するものである。具体的には材料，仕掛品や半製品，完成品の在庫量の決定である。在庫は，予期せぬ需要増や円滑な生産活動，異常事態への対処などを考慮し，その量と用意しておく段階（時期）を決める。[2]

③ロケーション

　企業戦略において工場や在庫倉庫，物流拠点，販売店，その他施設をどこに立地させるかは極めて重要な意思決定である。ロケーションはサプライチェーンのコストとパフォーマンスを左右するものである。市場や顧客ニーズへの柔軟な対応，すなわち「市場対応力」を重視すると，市場接近性が優先される。よって，空間的な市場への隣接立地を図るため，生産工場や在庫倉庫，物流拠点が市場ごとに隣接する「分散型」になる。逆に，「効率性」が重視される場合，安価な労働コストや従業員スキル，地価などが優先される。そのため，規模の経済性の享受のため，拠点は一定の場所に集まる「集中型」となる。このようにサプライチェーンの市場対応力もしくは効率性を追求するかによって立地選択が異なってくる。

④交通

　サプライチェーンの段階間もしくは段階内でのモノの輸送・搬送業務を指す。まず輸送モードに関する意思決定が必要になる。次に，各拠点間の順序，頻度，輸送ルートをどのようにデザインするかを決める。最後に，製品の輸送品質を保ちながら，積載効率と簡単な積載方法が可能な容器や包装の仕方を工夫する必要がある。

　輸送モードは船舶，鉄道，パイプライン，トラック，航空機，エレクトロニク輸送車，の6つがあり，地形やインフラ整備，輸送製品の特徴やロケーションなどを考慮し，どのモードを選択もしくは組み合わせるかを決める必要がある。一般的に船舶と鉄道は大量輸送が可能で輸送効率は良いが，輸送スピードが遅い。トラックは相対的に輸送ルートの柔軟性があり，輸送スピードが速いというメリットがあるものの，船舶や鉄道に比べて輸送量が少ないという弱点がある。水や石油，ガスのようなものはパイプラインがよく使われるがインフラの構築に高いコストがかかる。工場内物流では自動的・反復作業に適したエレクトロニク輸送車（例：AGV）などが使われる。

⑤情報

　上記の4つのドライバーは，生産計画，生産状況，在庫情報，輸送状況，販売状況などの情報に基づき，サプライチェーンのオペレーションと相互関連し合いながら運用される。そのため，これらのデータには正確性，適時性，完全

表12-1　不確実性とサプライチェーン戦略およびドライバーとの関係

		効率性重視サプライチェーン （低不確実性）	市場対応力重視サプライチェーン （高不確実性）
サプライチェーン戦略	目　標	最適化需要供給	需要に俊敏な対応
	製品設計戦略	最低生産コスト，成果の最大化	製品分化を遅延するモジュール化
	価格戦略	低価格，低い利潤	高利潤
	生産戦略	高い稼働率を通じた低コスト	需要／供給の不確実性に対応可能な柔軟な生産能力維持
	在庫戦略	低コストのための在庫最小化	緩衝在庫維持
	リードタイム戦略	コストを伴わない短縮	コストがかかっても積極に短縮
	サプライヤー戦略	コストと品質に基づく選定	スピード，柔軟性，信頼性，品質重視
サプライチェーン・ドライバー	生　産	少し超過能力，狭い焦点 少ないセントラル工場	超過生産能力，柔軟性のある製造 多くの小規模工場
	在　庫	低い在庫レベル，少製品品目	高い在庫レベル，多様な製品品目
	ロケーション	広範囲をカバーする中心部立地	顧客近接分散立地
	輸　送	大量出荷，遅く安い輸送モード	多頻度出荷，速く柔軟な輸送モード
	情　報	低い情報コスト	適時の収集と共有，正確なデータ

（出所）Fisher（1997）の議論に基づき作成されたChopra（2019）p.44，Hugos（2018）p.33より引用。

性が求められる。先述した SRM，ISCM，CSM において，共有すべき情報を特定し，共有範囲（社内部署や外部企業など）を決め，各プロセスにおける日々の活動計画の作成と調整などに役立てる。つまり，製品企画部門や生産部門，マーケティング部門，調達部門など，組織の諸機能間の緊密な調整が SCM のパフォーマンスに影響を与える（中野，2010）。そのため，サプライチェーン内の各施設の情報ネットワーク構築が必須課題になっている。

　ここで，先述した不確実性とサプライチェーン戦略と5つのドライバー間の関係をまとめると**表12-1**のとおりである。

③ 淀みのない流れをつくる方法
①プッシュ方式（押し出し方式）：需要予測重視
　サプライチェーンの川上から川下（顧客）へ押し出す方式である。調味料，牛乳，食パン，歯磨き粉，既製服，トイレタリー製品などの場合，比較的需要

と供給の不確実性が低い製品に適した方式である。基本的に，小売業者からの情報をベースに，完成品メーカーが需要予測をし，生産計画を立てて，生産活動が行われる。この方式は，長期計画に基づき生産計画を立てて，生産・供給が行われるため，均一な量を生産すればよい。しかし，高いレベルの在庫を抱えたり，需要がなくなったりすると製品の陳腐化が起こりうる。そして，急な需要増加に生産プロセスが対応できない傾向がある。

　②プル方式（引っ張り方式）：顧客注文情報重視

　サプライチェーンの川下の顧客の「注文情報」に基づき，生産および調達計画を立てて，生産活動を行い，その製品やサービスを顧客まで届ける方式である。つまり，顧客注文情報があって，はじめて生産および調達計画が上流へさかのぼっていく形でサプライチェーンを運用・管理する方式である。原則的には在庫を持たない。しかし，実際には少ない在庫を目指しており，高い柔軟性をもって市場需要変動に対応する能力を備える方式である。主に自動車のように比較的高価な製品，または幅広いニーズに対して，いくつかのモジュール部品で多様なバリエーションを出せる PC などの製品に適する。この方法はプッシュ方式に比べて，リードタイムが長いデメリットがある。

　③プッシュ・プル方式（push-pull system）

　サプライチェーンにおいて，完成品メーカーを起点に，川上の流域においてはプッシュ方式を，最終顧客まで川下領域においてはプル方式を，混合した運営管理方式である。そのため，川上の方は完成品メーカーの需要予測に基づいたプッシュ方式を，完成品メーカーは注文情報に基づいたプル方式でサプライチェーンが運用される。したがって，起点となる完成品メーカーのサプライチェーンの運用能力が極めて重要となる。アサヒビールの取り組みがこの方式に該当する（富田・糸久，2015）。

第4節　SCM とデジタル技術の活用，その他の問題

　1 デジタル技術の活用とその必然性

　企業の事業多角化や市場のグローバル化といった成長の方向性が定まると，製品の多様化，それに伴う生産拠点および流通チャネルが増加・拡大され，必

然的にサプライチェーンへの参加企業数の増加とともに地域も拡大することになる。このことはサプライチェーンの複雑性が増大されるとともに，企業や組織間の共有すべき情報の量は増える一方になり，デジタル情報通信技術の利活用は必須となる。

これまで情報通信技術はSCMの主要なツールとして様々な領域で活用されてきた。1990年代より，MRP（Material Requirements Planning：資材所要量計画）から派生したERP（Enterprise Resource Planning：経営資源計画）システムが多くの企業に採用されてきた。同システムは販売・顧客情報を収集し，在庫と生産状況の把握と同時に，生産計画においても一括管理と一元化を図るものである。

また，既存小売りのビジネス形態を一新させ中抜きとしたアマゾンやアリババのようなEコーマス，デルコンピューターのようなダイレクト販売などは，情報通信技術なしでは不可能なビジネスシステムである。最近はロジスティクスの自動化とモニタリングなどにQRコード，RFID（radio frequency identifier），モバイルデバイスなどの多様な通信機器を活用し，サプライチェーンにおける情報のデジタル化を通じて，多様な情報をリアルタイムで共有できる取組みが行われている。たとえば，第1章で言及したZARAが好例である。

さらには，サプライチェーンネットワーク内の参画企業が必要な情報に対して，必要なときに，正確な情報があってはじめてサプライチェーン全体の効率化と市場対応力を向上させることが可能になる。迅速に，正確な必要情報へのアクセス可能性を高め，共有することでサプライヤー，生産，流通，顧客まで最適化が図られる。これらの活動によって淀みのない流れをつくり，リードタイムを短縮し，顧客価値の向上が望める。そのカギとなるものが情報のデジタル化といってよいだろう。

2 危機に強いSCMの構築

近年地政学リスクが高まる中，サプライチェーンの寸断という危機対応に丈夫な体制構築の必要性が高まっている。組織として最低限の備えのためには，組織力の向上を図るべきである（Shin, 2020）。

まず，関連サプライヤーの生産，調達，在庫状況などの情報の可視化が必要

表12-2　調達，生産・流通のレジリエンス主要指標

調　達 （サプライヤーエコシステム）	生　産 （生産ネットワーク）	流　通 （チャネルおよび顧客）
・製品輸入依存度 ・特定国への集中度 ・市場近接調達先の割合 ・バッファサプライヤーの利用可能性 ・主要原材料・部品の在庫水準	・特定国への依存度 ・アウトソーシング生産量 ・既存生産拠点のバックアップ生産能力（他国の自社拠点を含む）	・関税引き上げの可能性のある地域の割合 ・流通依頼先の分散度 ・出荷のリードタイム ・最終市場向けの在庫水準

（出所）　Shin（2020）を参考に筆者作成。

とされる。そのためには組織の垣根を超えた情報共有とコミットメントが重要である。次に，リスク回復力強化のため，事前に起こりうるリスクを洗い出し，予防策と対策を講じておくことで，万が一の事態が発生した際，組織として俊敏に対応できる体制の構築が望まれる。最後に，想定外の事態になったときに備えて，レジリエンス（再起力，復元力）を高めることが必要である。

　主に調達，生産，流通におけるレジリエンス評価指標が**表12-2**である（Shin, 2020）。それぞれの領域において過度な依存度や集中度を和らげ，取引先の多変化や拠点の分散，そして適量の安定在庫の確保を図ることがレジリエンスの強化につながる。

　サプライチェーンの脆弱性を克服するために以下の4つの方策によってリスク分散することができる（内田, 2020）。

・サプライヤーマップの整備

　　納入先の地理的な分布と制約を事前に認識し，リスクを明確にする。同時に，実際にオペレーションに支障が出たときのため，サプライヤーの生産拠点の位置情報を把握できるマップを事前に整備しておく。

・生産場所の二重化（マルチファブ化）

　　生産拠点の集中化によるメリットもあるが，その拠点がダメージ受けたときのことを考慮し，バックアップ体制を備えることである。

・マルチソース化の徹底

　　アウトソーシングの際，複数のサプライヤーに発注することでリスクの分散を図り，異常事態に備える。

Column：SCM のレジリエンス（resilience）

　危機に対する組織の対応能力は極めて重要な競争力の側面を有する。とりわけ近年サプライチェーンの脆弱性があらわになる事態が多発している。タイの大洪水（2011年7月）[1]，3.11東北地震と原発事故（2011年），熊本地震（2016年4月）などの自然災害はサプライチェーンの寸断を招いた[2]。自然災害に加えて，自動車部品メーカーアイシン精機の火災（1997年2月1日），車載半導体メーカールネサスの那珂工場の火災（2021年3月19日）などの事故や2002～03年に発生したSARS，2020～23年のCOVID-19などの伝染病によってもサプライチェーンの寸断が発生した。また，近年には地政学リスク（政治・外交的対立と葛藤，貿易摩擦，輸出規制など）もサプライチェーンネットワークに大きな影響を与えている[3]。

　グローバル経済の進展により，他国で始まった危機や事故が対岸の火事ではなく，自国の産業や生産にタイムラグをおいて影響を与える。多国籍企業のグローバル化の進展は，市場および資源近接による生産拠点のグローバル・地域間分散を促す傾向がある。特定地域を中心に形成される産業クラスターの活用，規模の経済性を通じて調達メリットの享受，労働力や資源の確保などにより，必然的に川上のサプライヤーが特定リージョンに集中されるようになる。そのため，自然災害や事故などによって，サプライチェーンが寸断され，その脆弱性は市場の混乱まで引き起こすことになる。

　今後も政治外交的な対立や貿易摩擦によるサプライチェーンのリスクは継続する可能性が高い。なぜなら，日米の貿易摩擦（1980年代），米中の貿易戦争，日韓半導体関連産業の輸出禁止処置などの例からわかるように，世界覇権をめぐるナショナリズムとテクノナショナリズムの高揚と国家間対立などが強まっている状況が露呈しているからである。

　1）　タイ北部チャオプラヤ川沿いの工業団地が浸水し，800社を超える企業が被害を受けた。そのうち約450社が日本企業だった。この地域は当時世界のハードディスク（HDD）の約5割を担う集積地であったため，HDD不足によるPC工場の操業中止が頻発した。またホンダの自動車工場が浸水の被害を受け，操業開始まで半年もかかった。

　2）　熊本大地震による自動車および同部品，半導体産業などのサプライチェーンの寸断の実態と復興プロセスについては，西岡・日代・野村（2018）が参考になる。

　3）　Blackwill and Harris（2017）は，近年多発する経済・貿易禁止や規制措置を軍事的手段ではない他の手段による戦争（war by other means）ととらえている。

・使用部品の標準化

　　特殊な製品ではなく，なるべく部品の標準化を図り，汎用性を高めることで，生産拠点や納入先からを分散させることができる。

これらの基本方策も，製品によって重点をおくところが異なる。

[3] 持続可能な SCM と課題

　持続可能なビジネスの実現には持続可能なサプライチェーンの組織能力確保が不可欠である。持続可能なサプライチェーン構築のためには，大きく以下の3つの課題が挙げられよう。

　1つ目は，サプライチェーン全体の頑健性の維持である。それは継続的に魅力ある製品を提案できる製品イノベーション力と調達，製造，流通プロセスのイノベーションを行うことで，他社より競争優位に立つことができる。

　2つ目は，サプライチェーンの効率性の追求だけでは不十分で，短期的な需要や供給の変化に迅速に対応できる俊敏性（Agility），市場の構造変化に対応したサプライチェーンの設計の見直しが可能な適応力（Adaptability），さらにサプライチェーン全体における利害の一致と連携（Alignment）を備えることである（Lee, 2004）。これを「トリプル A サプライチェーン」という。このことは，サプライチェーンの参加企業間で情報を共有し，改善に伴うリスク，コスト，利益を公平に配分するインセンティブの構築がないと，サプライチェーンの持続性と競争力向上は困難であることを意味する。

　3つ目は，サプライチェーン全体における社会要望に応える能力である。近年はSDGsとともに，環境，社会，ガバナンス体制を意識したESG経営がサプライチェーンにも求められる。つまり，サプライチェーンの参加企業において，企業の社会的責務と説明，環境，衛生，安全，人権問題などへ配慮した業務遂行と取組みが，投資家からも重要視されるようになっている。たとえば，アップル社は2030年までにサプライチェーンの「100％カーボンニュートラル達成」を約束し，ホームページに公開している。これからの時代は，自社のサプライチェーンを構成する参画サプライヤーの環境配慮や人権問題まで視野を広げ，マネジメントすることが社会から期待される責務となっている。EU は2023年より，「国境炭素調整処置（国境炭素税）」を導入しており，今後こうし

た動きは一層強化される可能性が高く，サプライチェーンにおけるCO_2低減はそのサプライチェーンの持続性に欠かせないものとなりつつある。

(考えてみましょう)

①サプライチェーン戦略とサプライチェーン・ドライバーとの関係性について説明しましょう。

②サプライチェーンの寸断が引き起こされた異常事態の事例を取り上げ，その原因と復興（正常化）プロセスについて説明しましょう。

注
（1） 需要予測のブレやリードタイム，ロット発注，価格変動，品切れの懸念などの理由で，サプライチェーンの小売企業，完成品企業，部品企業といった参加企業は実際に大きく在庫を保有しようとする。川下よりも川上の企業の方が，需要変動が大きく，保有在庫が多いという現象をブルウィップ効果という（Simchi-Levi et al. 2000）。

（2） 第11章で説明したように，在庫の目的によって，サイクル在庫，安全在庫，季節在庫の3つの在庫がある。その水準は生産能力とリードタイム，輸送時間，そして需要などに影響を受ける。

参考文献

Blackwill, A. R. and Harris, J. M., 2017, *War by Other Means: Geoeconomics and Statecraft*, Belknap Press.

Bowersox, D., Closs, D. and Cooper, M. B., 2002, *Supply Chain Logistics Management*, The McGrow-Hill.（阿保英司・秋川卓也他訳，2004，『サプライチェーン・ロジスティクス』朝倉書店）

Chopra, S., 2019, *Supply Chain Management*, 7 th eds., Pearson.

Fisher, M., 1997, "What is the Right Supply Chain for Your Product," *Harvard Business Review*, March-April, 105-116.

Hugos, M., 2018, *Essentials of Supply Chain Management*, 4 th eds., Wiley.

Krajewski, L., Rthitzman, L. and Malhotra, M., 2018, *Operation Management*, 12th eds., Pearson.

Lee, H. L., 2004, "The Triple A Supply Chain," *Harvard Business Review*, 82 (10), 102-12.

中野幹久，2010，『サプライチェーン・プロセスの運営と変革』白桃書房。

西岡正・目代武史・野村俊郎，2018，『サプライチェーンのリスクマネジメントと組織能力』同文館。

Shin, W. C., 2020, "Global Supply Chains in a Post-Pandemic World: Companies Need to Make Their Networks More Resilient. Here's How," *Harvard Business Review*, 98 (5),

82-89.

Simchi-Levi, D., Kaminsky, P. and Simchi-Levi, E., 2000, *Designing and Managing the Supply Chain: Concepts, Strategies, and Case Studies*, McGraw-Hill.（伊佐田文彦他訳，2002，『サプライ・チェインの設計と管理』朝倉書店）

富田純一・糸久正人，2015，『コアテキスト　生産管理』新世社。

内田康介，2020，「日本企業のサプライチェーン戦略を再構築する：アフターコロナを見据えて」『ハーバードビジネスレビュー』12月号，54－67頁。

終 章　生産マネジメントのホットイシュー

　今日，デジタル技術を中心としたイノベーションが次々と生まれて
おり，その核心は「デジタルトランスフォーメーション（DX）」に集
約されます。日本の製造業においても，デジタル情報通信技術と
IoT，ビックデータ，人工知能（AI）などといった技術を駆使し，い
かに効果的かつ効率的な生産システムの構築とマネジメントをするか
が喫緊の課題です。本章では，今日の生産マネジメントを取り巻く動
きと課題，その方向性とともに，新たなイノベーションに挑戦すべ
き，生産マネジメント課題について解説します。

Keywords▶デジタル化，デジタルトランスフォーメーション（DX），IoT，クラウドコ
ンピューティング，ビックデータ，AI，ロボット化，

第1節　生産マネジメントをめぐる新たな動き

　近年，多様な技術イノベーションが生産マネジメントに新しい課題を与えて
いる。とりわけ，DX に集約できる技術イノベーションが，今後の生産マネジ
メントに大きく影響することになる。

　DX とは，デジタル技術をあらゆる機器や場所に適用・浸透させ，人々の生
活や社会，多様なシステムをより良いものへと変革させることを指す。特に，
DX は製造プロセス全般にデジタル技術を適用させ，より効率的な管理がで
き，生産性を高めることが期待されている。サプライチェーンに DX を適用
できれば，より迅速かつ正確に，またタイミングよく，多様なニーズへの対応
が可能となる。その結果，ビジネス競争力の向上を図る可能性が高まる。その
点で，生産工場やサプライチェーンなどの生産マネジメントの範囲を中心に，
IoT 技術を駆使しデジタル化を進め，生産性を高めようとすることを「第 4 次

産業革命（Industry 4.0：Fourth Industrial Revolution）」ともいう。

　第4次産業革命のコンセプトは，ドイツ政府が2016年にスイスのダボスで開かれた世界経済フォーラムにて提唱したものである。これまで産業および生産のあり方をドラスティックに変える3つの波があったと見なし，今回が4回目の新しい産業革命に該当するという意味で名づけている。これまでの3つの波は，18世紀以降の蒸気機関による工場の機械化（第1次産業革命），20世紀初頭の電気エネルギーをベースとした大量生産システムの誕生（第2次産業革命），そして1970年代初頭からの半導体や情報技術と電子部品を軸としたロボットを活用した自動化（automation）（第3次産業革命）である。第4次産業革命は，デジタル情報およびデータに基づく生産活動を通じて，飛躍的に生産性の向上を狙う取組みと変化を指すものである。

　第4次産業革命を実現するための中核的な技術ドライバーは，IoT（Internet of Things），ビックデータ，AI，ロボット化，超高速インターネットを介してつながるクラウディング技術である。これらの技術を統合的に運用することで，新しいイノベーションの生成を促し，既存システムのあり方を一変させるものとされる。DXも第4次産業革命もデジタル化と総称されるものであるため，ここでは広義の概念としてDXを捉え，生産マネジメントの領域とかかわる深い領域に焦点を絞って解説する。

第2節　DXのドライバー[2]

1 IoT（Internet of Things：モノのインターネット）

　IoTは，基本的に適切なプロセッシングおよびコミュニケーション能力をあらゆる装置（デバイス）に置き換え，インターネット経由でデバイス同士が情報データの送受信をできるようにするという考え方である。つまり，モノが自分の状態に関する情報を発信したり，送信するなど，一定の条件で自動的に動作するという仕組みや状態を作り出すことである。すでに自動車，ビル，産業用機械，ドローン，住宅などにIoTが適用されており，クラウド・コンピューティングを通じてモノのネットワークの構築と拡大が行われている。

　IoTの発展と応用範囲の拡大の背景には，高性能化と低価格の半導体やカメ

ラ，各種センサーなどのハードウェアの進展，データの見える化と分析に適したアプリケーションの開発と改良，そして大量データのやりとりを可能とする高速通信網の発展がある。

［2］ クラウド・コンピューティング（Cloud Computing）

　クラウド・コンピューティングはDXの礎となる技術である。クラウド・コンピューティングとは，インターネット上のサーバーを通じて，データのストレージ（補助記憶装置），ネットワーク，アプリケーション，コンテンツ使用などのIT関連サービスを共通プールとし，同時にアクセスできるコンピュータ環境を指す。クラウド・コンピューティングを通じてオンデマンドにアクセスでき，最少の管理労力で情報共有と同時作業が可能になる。情報処理の方法は，自分のコンピュータに限定されるのではなく，インターネットでつながった分散された他のコンピュータで処理する技術が活用されている。

［3］ ビッグデータとAI

　IoTから転送されたデータが集約されるクラウドは，時間の経過とともに蓄積データが大量になる。まさにビッグデータである。そのビッグデータを的確に分析することで，マネジメントに不可欠な意思決定をより明確かつ正確に行うことが可能とされる。これまでの破片的で部分的なデータから，全体を見通せるビッグデータ分析を用いることによって，曖昧さや経験値，勘に頼っていた経営から統計分析による的確な形に変わる。この手法を通じて，より効果的に関係性のある変数や因子などを割り出したり，その推移と傾向，影響要因などを定めたりする，データに基づく経営が可能になる。

　また，AIの機械学習によってそのデータ精度は飛躍的に向上していく。たとえばChat GPTのような生成AIは文書，画像，動画などの反復的な機械学習を通じて，行動や意思決定，判断の精度を高め，マネジメント分析に活用することができるようになった。すでにマーケティング分野ではビッグデータとAIを活用した取組みが行われており，ビックデータの取引も盛んになりつつある。個人の属性と購買行動，販売時期や状況，売れ筋製品の特徴等々との関係性を調べられる。顧客に適した情報を提供できるデジタル広告はその結果物

の1つであり，すでにこの広告方法は一般的なものになっており，その精度も向上されつつある。

　このように，ビッグデータとAIといった技術を活用し，マネジメントに役立てることに関心が高まっている。そのために，どのようなデータが意思決定や問題解決に役立つのか，どのようなデータをどこからどのように収集するかがマネジメントの出発点になるのである。

　　4 　自動化（ロボット化）

　DXの最後のドライバーは，ロボットを活用した自動化である。自動化の理想的な姿は，ロボット同士の通信とデータのやりとりにより，製品が生産できる完全な自動化である。そうしたシステム構築には工場のIoT化およびAI化が欠かせない。

　自動化は，機械化のメリットを享受しつつ，作業員による判断ミスや品質のブレ，製造プロセスや製品品質に影響を与えるヒューマンエラーを取り除き，その判断までを自動的に行うことである。つまり，ロボット同士で情報のやりとりができ，的確に生産プロセスをこなすことである。そのため，ロボット化による自動化を「RPA（Robotic Process Automation）」といい，ロボットはデジタル労働者と見なされる。この点で，少子高齢化による労働者不足の問題を解決できる方策になりうる。

　ロボットによる自動化のメリットは，休むことなく動き続けること，学習し，同じ失敗を繰り返さないことなどが挙げられる。また，フレキシブルな自動化によって，多様な製品の変化にも対応可能な生産体制の構築ができる。さらに，自動化は労使関係に不安を抱えている生産拠点や進出国においては，ストライキによる生産中止のリスクも防げるメリットがある。

　以上の4つがDXのドライバーであり，相互関連する技術である。

第3節　デジタル化と生産マネジメント

　　1 　スマートファクトリー

　前述した4つDXのドライバーを製造業に当てはめた究極の姿がスマート

ファクトリー（smart factory）といえよう。開発，生産，調達，在庫，物流などの一連の活動にかかわる諸情報を IoT の活用によって，必要な情報を収集し，関連部門や機器が共有し，ロボットが自動的に生産，材料搬入，物流などの活動を行い，高い効率性と柔軟な生産体制を目指すのがスマートファクトリーである。

　ここでスマートファクトリーのシステムのイメージを描いてみよう。

　3 次元 CAD で作成した図面をベースに，量産エンジニアリング前に生産ラインとの適合度合いや不具合をチェックしたり，3 D プリンターで試作品を製造してみたり，生産ラインの改良や変更をシミュレーションしたりすることができる。その上，各種設備や測定機器をネットワークに接続し，直接的にデータを収集し，機械や設備が自動的にやり取りを行える。また RFID や QR コード，各種センサー類（形状，温度，湿度，音など）などを使い，部品の搬入や装着，搬送などの記録を自動的に取りながら，リアルタイムで生産現場の生産および在庫状況が把握できる。さらに，こうした IoT によって収集できたビッグデータを用い，市場の販売および生産状況を照らし合わせ，無駄のない生産と適時供給，工場内の重点管理工程を探知し，事前予知・予兆活動に活用したり，製造の状況や主要成果指標（KPI）をリアルタイムで可視化しながら管理ができる。これらのような活動により，スマートファクトリーはヒトの手を介さず，プロセス全体における生産管理，品質管理，保全活動，需要予測，サプライチェーンと在庫管理などを効率的かつ効果的に行い，無駄なく淀みのない流れをつくることを目指せるコンセプトである。

　その点で，スマートファクトリーは改善活動による生産性向上効果をはるかに超えるインパクトをもたらす。改善活動は持続的に必要であるものの，その対象となるところは部分的で，その効果は当該工程の改善にとどまる場合が多い。しかし，スマートファクトリーの実施はビジネスプロセス全般における情報とモノの流れをシームレスにすることができる。

[2] DX に伴うリスクと組織変革，そして生産マネジメント

　ところが，企業と工場レベルにおいて，スマートファクトリーやロボット化を完全に具現化するには大きな投資が必要になる。多くの企業は投資の意思決

定の際，リスクを回避しつつ，投資効果を考慮する。中小企業を含む大半の企業の場合，財務的な余力があまりなく，既存設備や工場という制約条件を前提にデジタル化を進めなければならない。よって，現実的には既存生産拠点を中心に段階的に実現していく場合が多い。そのため，工場の DX，スマートファクトリー化，ロボット化は中長期的な戦略マップの上で実行されるケースが多いだろう。つまり，スマートファクトリー化は工場の設備状態，管理ポイント，財務力などの制約条件を考慮しつつ，戦略的な視野の上で綿密に計画し，実行しなければならない。

実行するためには，まず自社の生産プロセスとサプライチェーンなどを含めて，現在の状況と管理すべきポイント，ボトルネック，工数，改善すべき箇所などを判断しなければならない。どのような工程やプロセスに重点をおき，データ管理をするか，どのプロセスの不具合が多いか，品質および在庫管理の状態などを把握しなければならない。生産プロセス管理上，最も重要なところを割り出し，IoT と自動化を並行して行わなければならない。その点で，DXの実行にも生産マネジメントの基本的な諸概念や考え方の重要性が活用できる。持続的な生産のデジタル化を遂行し，成果を上げるためには，単なる新しい設備や装置，投資額の多さだけでは決まらず，生産マネジメントの基本的なマインドと考え方，戦略的な取組みが左右するのである。

しかしながら，これまでの生産現場の管理方法をデジタル化し，DX を推進することは容易ではない。新技術や新しい管理方法を導入するときには，組織的な抵抗が付きものである。新しいイノベーションである DX に対するトップの理解と確固たる意志が最も重要とされる。それゆえ，組織内部構成員のコンセンサスを取りながら，目的を明確にして綿密に進めることが求められる。

特に，必要知識とスキル能力を明確にし，人材の育成，新しい知識とスキル養成のための再教育プロセスが必須となる。また，ロボット化・自動化に伴う雇用維持への不安感が組織の不安をあおり，デジタル化の不信につながる。こうした組織的な抵抗や問題が新しい取組みを失敗させたり，途中で頓挫させたりすることがしばしばある。その点で DX は組織変革を伴うプロセスともいえる。

スマートファクトリー構築のためには，データの収集・蓄積，データ分析お

よび予測，データの制御と最適化，この3段階が必要となる。それぞれの段階に必要な活動と能力は以下の通りである。

・データの収集・蓄積

　　設計および生産プロセスに関する理解と知識，問題発見および解決能力，そして現場で取るべきデータの選定，それを数値および計量化するための変数設定と測定方法，さらに測定・情報機器の選択と運用に関する知識が必要になる。つまり，ものづくりプロセスに関する知識とノウハウの蓄積が求められる。

・データ分析および予測

　　データの分析と予測は，無料の統計ソフトウェアやエクセルなどを活用し分析できる。どのような項目（変数）を選定し，相関，因果関係を分析するかは，多様な工程または部署の管理項目をつなぎ，考慮する必要がある。つまり，分析因子の抽出と現象をモデル化できる統計的能力と基礎的なプログラミング能力が求められる。

・データの制御と最適化

　　自動的かつシステマティックな管理，ビックデータの分析のために，高度なプログラミング力と数理統計力を有し，システム統合力のある人材が求められる。外部のIT専門企業を活用する方法もある。その際には，専門企業の提案やカスタマイズ内容を評価できる能力は自社内に有するべきである。

［ 3 ］　現実のDXの姿：旭鉄工の事例

　中小企業としてスマートファクトリー構築に成功した事例として知られている旭鉄工の事例（日経×TECH／日経コンピュータ，2018）を紹介しておこう。

　旭鉄工は，まず工程の可視化を基本コンセプトとして，秋葉原で安価な汎用センサーを購入し，各工程の状態や生産数量，稼働率などを工程別にモニタリングできる遠隔モニタリングシステムを構築，管理ポイントを決めた。1個50円の光センサーを使い全体の生産システムの異常探知体制を構築した。また，1個当たり250円の安価な磁気センサーを採用し，機械や装置の稼働状況，生産リードタイムなどの数値化されたデータの収集とモニタリングを可能にし，

これらの数値データを社員のスマートフォンや社内モニターから確認できるようにすることで，この数値をベースとして稼働率の向上を図った。

さらに，専用ではなく，汎用のAIスピーカーのアレクサを導入し，これまで作業員の手作業で行われた入力作業，記録，作業転換を，簡単に音声認識に変えられ，作業時間の簡素化と残業時間の短縮につながった。こうした簡単な取組みで生産性の30％を向上させることができたのである⁽³⁾。

同社のデジタル化プロセスをみると，大きく3段階に分けて進化してきたことがわかる。第1段階は，特定工程ラインを対象に，スマートフォンによる設備稼働時間と定時時間の確認，という2つのデジタル化から始まった。次に，運用方法の改善重点ポイントを変えて，異常を無線で探知，それを汎用ディスプレイに可視化し，生産個数，機械の停止時間，サイクルタイムを測定できるシステムを構築する段階に移行した。これを通じて余った従業員を改善活動に投入，専念できるように人員配置を変更した。最後に，第3段階では生産状況と生産個数，停止時刻と時間，サイクルタイムに加えて，電池の残量，停止要因入力，金型および機械の切り替え対応など6つの情報項目を表示できるようにシステムを改良した。より広範囲にわたって多様な管理対象と変数を取り入れたことによって，システムの複雑性が増加したこの段階で，内製によるシステム構築方式から外部ソフト開発専門企業への外注方式に切り替えた。こうした新しいシステム構築への改良により，製造時間の4％削減（2万時間），設備投資費の3.3億円低減，工程内不良率1/20にまで減少させる成果を上げたのである⁽⁴⁾。

この事例からわかるように，財務的な制約条件の下，事前にシステムの拡張を考慮しつつ，まず簡単で緊急に要求される管理改善ポイントを見出し，徐々に管理対象を拡大していく方法をとったことが成功要因である。生産マネジメントの基礎概念や考え方は，新しいDX時代を築きあげる際にも依然として有効である。同時に投資リスクを回避しながら，組織全体の学習を促し，組織的な反発や抵抗を和らげるプロセスをとったことが成功につながったと判断できよう。

第4節　日本企業の競争力のポジションの再認識と課題

1　日本企業の競争力の変化と中国製造業の浮上

　序章でフォーチュン（FORTUNE）社による「Global 500（グローバル・フォーチュン500）」の売上高ランキングの変化と日本企業の総体的な地位の低下について説明したことを思い出してもらいたい。1993年にその上位100社にランクインした日本企業は23社だったが，2020年に7社まで減少した。[注(5)]

　逆に，ここ20年間で中国の企業が占める割合が多くなった。2000年代に入り，WTOに加盟し，世界市場に本格的に出てきた中国。安価な人件費と巨大な消費市場の潜在的な可能性が，世界の多国籍企業の投資を呼び込み，その後「世界の工場」と呼ばれるようになった。しかしながら，2010年代に入り，中国は労働集約型中心の産業構造から「製造2025」というスローガンを掲げ，技術集約型および知識集約型産業への進出を図り，高度化を図りつつある。デジタル強国であり，中国発のイノベーションも多くなっており，現在は世界に名を挙げている企業も少なくない。実際に，フォーチュンランキング500に，中国企業数は0社から2010年には47社，2023年には国有系の銀行や保険が多く占めるものの135社（香港を含む）まで増えた。日本企業数は2010年71社で2023には41社と減少した。

　ここでは，日本経済における製造業のポジションについて確認してみよう。

　日本の国内経済における製造業はGDPの約2割を占める代表的な産業である。関連産業間の連関効果まで含めるとその重要性は大きい。また，日本の輸出総額（2021年83.8兆円）のうち，自動車（12.95％），半導体等電子部品（5.95％），鉄鋼（4.6％），自動車部分品（4.3％），半導体製造装置（4.0％）などの割合が多い。[注(6)]産業別就業者数をみると，全体の就業者数約6724万人（2019年平均値）のうち15.8％（1063万人）が，雇用者数は17％弱が製造業で働いている。[注(7)]日本経済にとって，重要なポジションを占める製造業。その主たる活動である生産活動の競争力を高めることは，国民経済だけではなく，産業や企業の競争力向上，雇用の持続的な発展につながる。それは，単純に製造業だけにとどまる話ではない。

　ものづくりの現場で使われている基本原理や生産マネジメントの基本的な考え方や原理は，製造業を越えて，医療サービス，販売，建設業，郵便，宅配，ホテル業など，様々な業種に応用可能である。[8] 低い生産性が懸念されるサービス業への応用可能性は極めて高い。つまり，生産マネジメントはものづくりの世界に限られた議論ではなく，ホテル業，エンタテイメントや医療サービス等々，多様な企業活動に役に立つものとなる。他産業への応用可能性は，生み出される製品や管理プロセスを観察すればよく理解できるだろう。

［2］生産マネジメントをめぐる課題

　グローバル生産活動における各国間の分業構造の深化と相互依存性が高まる中，生産マネジメント論をめぐるDX時代の問題は多岐にわたる。グローバル生産時代に，多国籍企業が抱えていた問題は依然として課題となる。たとえば，部品・設備・材料の現地化，持続可能なサプライチェーンの構築，グローバル人材の育成などが依然として日本の多国籍企業の重要な課題である。また，企業のグローバル化と成長プロセスに欠かせない異文化コミュニケーション能力の養成と人材育成が課題となる。そして，グローバル生産ネットワークの次元でDXを考えると，市場の変化に迅速かつ柔軟に対応できるように，多国籍企業はグローバルなデジタルサプライチェーンをいかに構築するかが中長期課題になりうる。

　さらに，今後は企業の環境，社会的責任がより問われる時代であるため，グローバルサプライチェーンにおける環境や人権問題などにかかわる企業の管理体制と社会的責任を意識し，実行する取組みが生産マネジメント上でも重要な課題になる。いわゆるESG経営の実現である。たとえば，2020年代に入り，中国ウイグル地域の労働者の人権問題が世界的な問題となり，その地域の綿を材料として調達した世界のアパレル企業が制裁を受けることになり，話題を呼んだ。

　最後に，デジタル人材の育成の組織的な取組みと創造的なイノベーションを促す文化づくりが必要である。モノ（製品）をつくることは，メカニカルな加工，組立ての作業にとどまらず，商品や機械，機構などの制御にかかわるソフトウェアも必要になる。そのため，中長期的な観点で産業競争力の底上げと体

Column：デジタル化の歴史とインパクト

世界はデジタル化の渦中にある。一般的に，デジタル化は機械や装置などのハードウェアだけではなく，アナログ式の業務プロセスや作業ルーチン，暗黙知などを含めて，あらゆるものをデジタルデータに置き換え，表現し，自動化させることを指す。半導体，高速インターネット，ハードディスク，通信，モバイル機器などの関連技術の発展と応用範囲の拡大によって，デジタル化は仕事のプロセスやルーチン，コミュニケーションの量や質，方法などを一新させる。

ところが，デジタル化の波は今回が初めてではない[1]。最初のデジタル化の波は，1980年代に起きたPCの普及であった。PCの普及によって，多くの企業や一般人がワープロ，計算表，グラフィック，CADなどのツールを使い，特定業務分野においてより簡単かつ正確に業務を進められるようになった。

第2次デジタル化の波は，1990年代のインターネットと情報通信技術の発展と，2000年代のモバイル革命によって促進された。インターネットの民間需要への商業化はデジタル化の追い風となった。インターネットは，これまでの個別の特定業務の効率化に加え，業務や企業間でのネットワーク化を通じてコミュニケーションを安価で短時間なものにした。そこにはデジタル情報技術が有する特徴[2]，すなわち模倣および複製，情報移転コストがゼロに等しいことが効いている。また，スマートフォンやiPadといったモバイル端末機の普及は，より簡単に生産現場の状況把握や制御を可能にし，生産マネジメントのあり方を大きく変えた。

この時期にウェブアプリケーションやE-mailの改良，ユーザー発の多様なブログ，YouTubeのような動画発信サイト，ソーシャルネットワーキングサービス（SNS）の誕生があった。これらの動きは，供給側（企業）だけではなく需要側（消費者）の積極的な情報発信を可能とし，情報の非対称性を低減させた。このことは企業のビジネスモデルに大きく影響を与えた。そのため企業は，情報通信技術の特徴を認識しながら，変化しつづける技術・市場環境に適応しながら，新しい顧客価値を創出できるビジネスの仕組みへの関心を高めた。GAFAなどを中心としたプラットフォーム・ビジネスがその代表的なものである[3]。

今日の第3次デジタル化の波はDXである。DXはインターネット，コンピュータと半導体，関連通信技術，各種センサーなどの多様な技術的要素を融合しつつ，モバイル端末，IoT，クラウド，AIを活用したデジタル化の取組みを通じて，生産ライン，工場，企業だけではなく，インフラ，健康，医療，公共サービスなどの幅広い分野で実現し，人々の働き方やライフスタイルにも影響を与える。生産現場においては，品質向上，費用逓減，生産性向上，熟練の代替，人材不足の解

消，製品開発期間および量産期間の短縮，新しい付加価値の創出，リスクへの対応
などのメリットをもたらすスマートファクトリーが注目されるようになった。
  1）　デジタル化の波に関しては Siebel（2019）で詳解されている。
  2）　情報技術の特徴については Shapiro and Varian（1997）が参考になる。
  3）　たとえば，GAFA（Google, Apple, Facebook, Amazon）と呼ばれる企業やシェ
      アリングビジネスの先駆的なモデルを提案した Airbnb，Netflix などが挙げられ
      る。

質の変化につながるが，それを担う人材の育成に粘り強く取り組む必要があ
る。また，産業分野の垣根を超えた技術の融合化を進める創造的な人材育成が
伴わないといけない。このことは日本企業の組織文化革新の問題ともいえる。
同調圧力が強いといわれる日本の組織的な問題を正面から立て直すことであ
り，異質な文化や考え方を取り入れる積極性や企業文化形成が必要とされる。
　以上で説明したように，日本の製造業の現在のグローバルポジションを認識
しつつ，新しい技術イノベーションによる挑戦的な取組みが求められる時期に
ある。今後も，競争戦略において，生産マネジメントが武器となるに違いな
い。

　考えてみましょう
　①生産プロセスとサプライチェーンにおける DX の影響と具体的なイメージについて
　　考えてみよう。
　②DX や自動化を進める上で，組織的な問題と対策について考えてみよう。

注
（1）　2016年3月に囲碁の韓国プロ棋士李セドル氏とイギリスの Deep Mind 社（2014年に
　　　Google が買収）の人工知能 AlfaGo Lee との間で世紀の戦いがあった。人間が創った最
　　　も古くて複雑な遊びである囲碁で人工知能が勝利を収めた出来事は，これまでの人工
　　　知能の限界を払拭し，その可能性が注目されるようになった。AI に関する可能性や今
　　　後については松尾（2015）を参照されたい。
（2）　以下，Siebel（2020）を参考に説明する。
（3）　https://www.nhk.or.jp/ohayou/biz/20180803/index.html（2021年8月1日閲覧）
（4）　http://monoist.atmarkit.co.jp/mn/articles/1705/23/news011_2.html
（5）　2020年に100社以内にランクインした企業は，トヨタ自動車（10位），本田技研工業

（39位），三菱商社（42位），日本郵政（60位），日本電信電話（62位），伊藤忠（72位），
ソフトバンクグループ（94位）である。
（6）　財務省貿易統計（https://www.customs.go.jp/toukei/info/）参照。
（7）　労働政策研究・研修機構（https://www.jil.go.jp/kokunai/statistics/chart/html/
g0004.html）より（2020年8月17日閲覧）
（8）　具・小菅・佐藤・松尾（2008），具・久保（2006）などを参照されたい。

参考文献

具承桓・小菅竜介・佐藤秀典・松尾隆，2008，「ものづくり概念のサービス業への適用」『一
橋ビジネスレビュー』56（2），24-41頁。

具承桓・久保亮一，2006，「病院組織における情報技術の導入と組織変革及びその効果分析：
洛和会ヘルスケアシステムの電子カルテ導入事例」『日本経営学会誌』18，3-16頁。

「工場管理」編集部，2018，『中小企業がはじめる！生産現場のIoT』日刊工業新聞社。

松尾豊，2015，『人工知能は人間を超えるか』KADOKAWA。

日経×TECH／日経コンピュータ，2018，『まるわかり！　IoTビジネス2019：50の厳選事
例』日経BP社。

Siebel, T. M., 2019, *Digital Transformation : Survive and Thrive in an Era of Mass
Extinction*, Rosetta Books.

Shapiro, C. and Varian, H., 1997, *Information Rules: A Strategic Guide to the Network
Economy*, Harvard Business Review Press.（大野一訳，2018，『情報経済の鉄則：ネッ
トワーク型経済を生き抜くための戦略ガイド』日経BP社）

索　引

266

〈編者紹介〉

具　承桓（ぐ　すんふぁん）

東京大学大学院経済学研究科博士課程修了。博士（経済学）。

現　在　京都産業大学経営学部・大学院マネジメント研究科教授。

主　著　『製品アーキテクチャのダイナミズム—モジュール化・知識統合・企業間連携』ミネルヴァ
書房，2008年。

"Chapter 9.The rise of the Korean Motor Industry," P. Nieuwenhuis and P. Wells eds.,
The Global Automotive Industry, 95-108, John Wiley & Sons Inc., 2015.

『コアテキスト　経営管理（第2版）』（共著）新世社，2019年。

『イノベーション入門—基礎から実践まで』（共著）新世社，2021年。

〈著者紹介〉

辺　成祐（びょん　そんう）

POSCO（Pohang Iron and Steel Company）本社勤務。

東京大学大学院経済学研究科博士課程満期退学。

近畿大学経営学部・大学院商学研究科准教授を経て，

現　在　東洋大学経営学部・大学院経営学研究科准教授。

主　著　「生産管理における工程間調整—改善の視点から」『東アジア経済経営学会誌』15：41-
50，2022年。

"Managing the interdependence among successive stages of production in steel
industry," *Annals of Business Administrative Science*, 19(6)：293-305，2020.

"Managing tolerance stack-up through process integration team in steel industry,"
Annals of Business Administrative Science, 18(6)：223-236，2019.

安酸建二（やすかた　けんじ）

神戸大学大学院経営学研究科博士課程後期課程修了。博士（経営学）。

現　在　近畿大学経営学部教授・学部長。

主　著　『日本企業のコスト変動分析』中央経済社，2012年。

『販売費及び一般管理費の理論と実証』（共編）中央経済社，2017年。

「決算早期化が財務業績へ与える影響」『会計プログレス』(22)：1-16，2021年。

Horitsu Bunka Sha

生産マネジメント論

2024年7月5日　初版第1刷発行

編　者　　具　　承桓

発行者　　畑　　　光

発行所　　株式会社　法律文化社

〒 603-8053
京都市北区上賀茂岩ヶ垣内町71
電話 075(791)7131　FAX 075(721)8400
https://www.hou-bun.com/

印刷／製本：西濃印刷㈱
装幀：奥野　章

ISBN978-4-589-04344-3

©2024 Seunghwan KU Printed in Japan

具 滋承編著

経　営　学　の　入　門

A 5 判・290頁・2530円

企業形態, 組織・労務管理, ガバナンス, 経営戦略, 財務・会計, マーケティング, 生産管理, イノベーション, ブランド, 消費者行動, 環境, 国際経営など, 経営学を学び始めるために必要な基礎知識を網羅。経営学全体を俯瞰し理解する初学者必携の基礎テキスト。

佐久間信夫・井上善博・矢口義教編著
〔Basic Study Books〕

入　門　企　業　論

A 5 判・280頁・2970円

近年, 企業を取り巻く経済・社会環境は大きく変化し, 特に国際的な環境変化の影響が極めて大きくなっている。本書は, 現代企業の現状と展開を理解するため, その組織的特性や企業行動, ガバナンスの他, 社会的貢献など最新の情報と具体的事例とともに詳解する。

岩谷昌樹著

グローバルビジネスと企業戦略
―経営学で考える多国籍企業―

A 5 判・174頁・2640円

なぜサムスン電子はアジア最大のグローバルブランドになれたのか？なぜシャープは業績不振に陥り, 鴻海精密工業の子会社となったのか？……さまざまな多国籍企業の成功と失敗の事例から, 世界でビジネスを展開し成功するための戦略を学ぶ。

坂本和一著

ド　ラ　ッ　カ　ー　再　発　見
―もう一つの読み方―

四六判・228頁・2750円

「マネジメント」の発明者として知られるP.F.ドラッカーの慧眼, 洞察力, 先見性を原理論・一般論としてだけでなく, 現実の諸事例に照らして再確認する。ドラッカーのもう一つの, 新しい読み方の追究。

山崎修嗣著

日本の自動車サプライヤー・システム

A 5 判・176頁・2860円

日本の自動車産業を下支えしている自動車部品メーカー。政府の産業政策の動向および系列・資本関係の考察を踏まえ, サプライヤー・システムを歴史的・構造的に分析し, その全体像を明らかにする。

━━━法律文化社━━━

表示価格は消費税 10％を含んだ価格です